国家出版基金项目

"十四五"时期国家重点出版物
出版专项规划项目

现代化进程中的哲学问题与哲学话语
系列研究丛书

郝立新　主编

哲学视野下的国家治理制度现代化

刘敬鲁　等——著

辽宁人民出版社

©刘敬鲁 等 2023

图书在版编目（CIP）数据

哲学视野下的国家治理制度现代化 / 刘敬鲁等著 . — 沈阳 : 辽宁人民出版社，2023.5

（现代化进程中的哲学问题与哲学话语系列研究丛书 / 郝立新主编）

ISBN 978-7-205-10706-2

Ⅰ.①哲… Ⅱ.①刘… Ⅲ.①国家—行政管理—现代化管理—研究—中国 Ⅳ.① D630.1

中国国家版本馆 CIP 数据核字（2023）第 012151 号

出版发行：辽宁人民出版社
地　址：沈阳市和平区十一纬路25号　邮编：110003
电话：024-23284321（邮　购）　024-23284324（发行部）
传真：024-23284191（发行部）　024-23284304（办公室）
http://www.lnpph.com.cn

印　　刷：辽宁新华印务有限公司
幅面尺寸：170mm×240mm
印　　张：16.25
插　　页：2
字　　数：260 千字
出版时间：2023 年 5 月第 1 版
印刷时间：2023 年 5 月第 1 次印刷
责任编辑：董　喃
装帧设计：留白文化
责任校对：郑　佳
书　　号：ISBN 978-7-205-10706-2
定　　价：80.00 元

丛书主编

本书作者

郝立新，中国人民大学明德书院院长，教育部长江学者特聘教授，哲学院教授，马克思主义学院教授。兼任教育部教学指导委员会（哲学专业）副主任委员，国务院学位委员会哲学学科评议组成员兼秘书长，中国马克思主义哲学史学会会长，中央马克思主义理论研究和建设工程首席专家。曾任人大哲学院院长、马克思主义学院院长。

主要研究领域：马克思主义哲学，中国特色社会主义理论体系。近年主要著作有：《当代中国马克思主义哲学研究走向》《马克思主义发展史》《新时代中国发展理念》《当代中国文化阐释》《习近平中国特色社会主义思想的哲学意蕴》（英文版）、《中国现代化进程中的价值选择》。在《中国社会科学》《哲学研究》《马克思主义研究》《人民日报》《光明日报》《新华文摘》等刊物上发表论文二百多篇。

刘敬鲁，哲学博士，中国人民大学哲学院教授、博士生导师。主要研究国家治理、管理哲学、经济哲学、现代西方哲学。1998—1999年，获中国—欧盟高等教育项目资助，赴英国研究欧盟的决策体制。先后获得教育部人文社科基金项目"经济哲学的一般问题研究"，北京市社科基金重点项目"我国经济制度的正义完善研究"，国家社科基金一般项目"管理哲学的主要问题研究"、重点项目"西方管理哲学思想史"等。出版《海德格尔人学思想研究》（修订版）、《经济哲学》、《现代管理重大问题哲学研究》、《价值视野下的国家治理》等著作，翻译管理哲学创始人奥利弗·谢尔登的著作《管理哲学》，在《新华文摘》《哲学研究》《哲学动态》《世界哲学》《人民日报》《光明日报》《中国人民大学学报》《教学与研究》《复旦学报》《道德与文明》等刊物上发表论文80余篇。

总　序

现代化是世界性的社会运动或历史进程。从世界范围看，现代化既具有普遍性规律和共同特征，同时又具有由各国历史、制度和经济文化等条件所决定的特殊道路或具体特征。在当代，现代化与哲学之间形成了复杂而丰富的关系。哲学发展受到现代化的深刻影响，同时又对现代化进行批判性的反思和积极性的建构。现代化进程中产生的种种问题备受哲学关注，并引发哲学研究在现实维度上的拓展与深化；哲学对现代化的深层联系和发展密码进行解读，对人们从宏观上、整体上把握现代化具有重要意义。

改革开放之初，邓小平提出了"面向现代化、面向世界、面向未来"的深刻洞见，对中国教育和哲学社会科学发展产生了深远影响。现代化发展一直是当代中国哲学非常关注的现实问题。当我们进入新时代、迈上现代化新征程之际，需要认真思考哲学应如何继续"面向现代化"，如何进一步关注和回应中国式现代化发展进程中的重大问题。笔者认为有必要关注以下方面。

第一，要深入挖掘和充分运用马克思哲学思想的资源，以历史唯物主义为指导。在分析和认识现代化的过程中，存在多种解读模式或理论范式。马克思哲学思想对于我们考察和解读现代化具有重要指导意义。从一定意义上说，马克思对资本主义社会的理论分析与对资本主义现代化的理论分析是一致的。马克思关于社会历史辩证法的思想，关于对资本主义历史进步性的肯定和对资本主义的局限性的分析，关于从民族历史向世界历史的转化、从人的地域性存在向人的世界性存在的转化的论述，关于对资本逻辑的批判和对资本主义异化特别是劳动异化的分析批判，关于社会进步和人的自由而全面发展的思想，关于跨越卡夫丁峡谷的思想等，对于我们认识现代化的历史、现状和未来，对于我们比较资本主义现代化和社会主义现代化的特征和道路，具有重要的世界观和方法论意义。当前，我们秉持马克思的实践精神和批判精神，既要对现代化道路进行建设性的思考，也要对现代化进程中出现的问题进行反思性的批判。

第二，要整体地历史地把握现代化，认清现代化的整体性和复杂性。现代化是一个历史性范畴，也是一个总体性范畴。现代化既是一个历史过程，又是包含多个层次、多向维度、多种矛盾的复杂结构。各个时期、各个国家对这一概念的理解有所不同，甚至大相径庭。从总体上看，现代化是当今世界许多国家发展的重要目标和趋势。它既是历史发生的过程，又是现实进行的运动，也是未来发展的趋势。考察现代化，应该从历史与现实、民族与世界、普遍与特殊、科学与价值、建构与批判等多种维度或比较视野来思考。如果说现代化运动肇始于18世纪的西欧，那么至今已跨越三个多世纪。从世界范围看，现代化有着一些共同的指向和公认的指标，但是各个民族或国家的现代化又存在不同的发展道路、不同的具体目标。从科学维度看，现代化是一个"类似于自然发展的历史过程"，即具有其物质基础、内在的规律性，具有与社会形态发展规律相一致的客观性；从价值维度上看，现代化是由一定社会主体（民族或国家）的利益驱动、为实现一定价值目标的社会运动，是一个进行价值认知、价值认同、价值评价、价值选择、价值创造和价值实现的过程。我们要在现代化发展的规律性、必然性和主体性、价值性的统一中把握现代化，在决定性和选择性中把握现代化。一方面，要看到从传统的农业社会向现代工业社会、信息社会乃至更高文明社会转型或发展过程中必须依赖一定的物质前提、文明条件；另一方面，又要看到与现代化发展相联系的社会制度和实现路径存在多样性和选择性。

第三，深入分析现代化进程中的各种矛盾关系，探索现代化进程中如何实现社会全面进步和人的全面发展目标的路径。无论是在中国还是其他国家，现代化进程往往都存在物的发展与人的发展、物质生活与精神生活、群体发展与个体发展、人与自然环境之间的矛盾，这些矛盾在不同的历史阶段、不同的国家、不同的社会制度下，具有不同的表现和解决途径。在当代中国，如何在促进物的全面丰富的基础上促进人的全面发展、丰富人民的精神世界、提高社会的文明程度的问题日渐凸显。当前，人的现代化和共同富裕备受关注。从社会发展目标和发展动力来说，现代化的本质是人的现代化。人的现代化不是抽象的命题，它是人的发展与总体现代化进程相一致的过程，是人的素质、能力、品格、社会关系由传统状态向现代状态的转变。如果社会现代化没有体现在人的现代化上，或者没有人的现代化作为支撑，那么这样的现代化是不健全的，也是缺乏持续前进的动力的。共同富裕是全体人民的共同富裕，是物质生活和精神生活的共同富裕，是需要经过长期奋斗而逐步实现的过程。以共同富裕为价值目标的中国式现代化，不仅要促进物质文明和精神文明的发展，而且需要大力推进国家治理体系和治理能力现代化，为共同富裕提供制度保障。我们期待，中国式现代化的推进对于普惠人民、造福人类发挥更为重要的作用。

本系列丛书旨在汇聚哲学各分支领域的研究者，对世界现代化和中国式现代化进行多维透视，深化对现代化的哲学问题的研究。受到后现代思潮中解构主义影响，现代化所产生的问题被解构为各自独立的问题，这就造成问题分析与应对的桎梏。因此，有必要通过诸学科联合、相互交叉的方式，从多维视域立体地建构对于现代化问题的全面解读和辨析，进而将碎片化和孤立的视域集合成具备有机整体性、实践性、现实性和历史性的多维视域，以此来形成系统的具有实践意义的有机理论体系。哲学作为人类智慧的凝结，应当肩负起时代的责任，在现代化背景下，对人如何处理与诸多因素之间的关系问题，从思想与实践的双重维度提出应对方案与分析，给予中国现代化进程以强有力的支撑。推陈出新，建立中国自主的话语体系，成为当前哲学工作者亟须面对的重大学术命题。本系列丛书关注并研究了以下问题。

关于现代化和主体性的问题。自工业革命以来，人类生产力的发展速度有了飞跃的提升，呈加速度的状态，推动了人类历史发展，人的生存方式发生了本质性的变化，人的主体性得到了极大的觉醒。与此同时，人与自身、人与人、人与其他事物之间的关系也产生了一定的变化。在现代化过程中，人类的存在方式、交往方式、社会系统和思想观念等，都受到现代化的深刻影响。个体与社会之间的张力愈加突显，"实现自我"与"公共视野"自觉或不自觉地成为人们亟须应对的问题之一，并由此衍生出"治理主体"的合法性问题。此外，主体性的觉醒，使得个体较以往更为关注自身，那么在地方、国家乃至全球的治理过程中，个体的权利与义务、公共性以及正义，在新的时代被赋予了新的内涵，再次成为人们关注的热点。基于上述语境，现代化问题就其本质而言，是对于人的问题，是人与自身、人与人、人与其他事物之间的关系问题。现代化问题从宏观来说，包括如何处理与自然、科技、宗教、传统文化、人自身以及主体间关系等一系列问题。近代以来，人的主体性得到极大的觉醒，自人类进入现代社会，人们如何处理"过去"和"现代"成为一个普遍性问题，如何对过往进行扬弃，适应新的时代，是现代化过程中所有领域都必须面对的。现代化的过程还伴有全球化过程，使得"全球化"的一般性与"民族"的特殊性之间的碰撞，较以往更为激烈，受到人们的普遍关注。

关于建构理解和把握现代的概念框架和现代化进程中人的生存问题。"现代"是标志人类文明发展的形态学概念。从横向空间的角度来讲，现代就是指现代社会；从纵向时间的角度来看，现代就是指现代历史。当历史进入现代，哲学家以实践思维的方式关注现实，对热点问题作出与时俱进的哲学审视，从而超越虚无与喧嚣，安顿我们的心灵。置身于现代性的境遇，我们需要解读当代哲学的公共视野，反思现代性的悖论与后现代哲学的解构之维，思考如何在时代语境中哲学地"改变世界"，阐释人们在现代社会实现自我的思想根基，对人生的可能之路作出兼具现实性与超越性的价值选择，回归生活世界的精神家园。

从西方现代化的大背景看，现代是人被确认为认知主体、权利主体和欲求主体的解放时代。资本和权力以不同的方式规定了现代主体性解放在知识生产、权利保障和欲求满足三个维度上的成就与限度。现代展开为以主体性为中心，以资本和权力为两翼，以知识、权利和欲求为支点而构成的立体结构。通过阐释现代的这些基本概念及其相互关系，为探讨人类社会历史发展的现代化历程提供了宏观的总体性视野，避免了单向度的还原主义理解带来的局限。中国式现代化超越了西方现代化的资本逻辑，开创了人类文明新形态。阐释中国式现代化生成、发展、成形和达到理论自觉以及在实践中再出发的规律，是本丛书担负的一个重要使命。

关于从现代化视角关照中国哲学的问题。现代化使得历史的发展呈现出加速度的状态，使得人类自身与当下现实出现了一定的张力，并且这种张力会随着加速度的提升而增大，人受到精神与现实的双重压迫。当我们从传统文化和思想领域切入，为了缓解这种张力，我们需要对传统进行溯源。一方面，从历史的维度对既有思想和理论进一步挖掘，以历史和现实为基础，并对其进行扬弃，为新的思想和理论的建构做好基础性铺垫；另一方面，从历史之中汲取必要的历史经验，以此为依托，与现实经验相互参照，对中国哲学(广义)进行理论上的补充和建构，反思现代文明的发展，以此再返还中国哲学自身，从政治、伦理和生态三个维度对中国哲学进行建构，让理论自身能够与时代接轨，建立中国自己的学术话语体系，以满足现代化社会的发展需要。作为中国哲学(广义)有机构成中的重要组成部分，中国化的马克思主义哲学亦是如此。中国哲学具有鲜明的特点，即历史性特点、经典性特点和批判性特点，需要在历史中重新确立其主体身份，在经典研讨中激活源头活水，在批判性反思中重构自身。若不能深切把握这三个特点，就无异于失却了自我。当代中国哲学关注的问题都是全球现代化进程中的普遍性问题，如哲学的主体性与普遍性、公民教育、启蒙、权力、生态伦理、气候变化等，这些都是持久不衰的话题，既具有理论性质又富于现实意义。通过对它们的认真探讨，可以充分体现中国哲学之于现代社会、现代世界的"鉴照"。

关于现代化进程中的科学技术问题。现代化进程中最为突出的特色是人和技术的高度交互，技术在各个层面都在深入影响人的生活。这不仅反映在技术可以作为一种工具被随意使用，也反映为技术本身在重塑主体性。前沿技术的发展总是超越了现有法律和伦理框架，亡羊补牢式的研究办法不能提前预知技术可能造成的各种伦理困境，人在物的使用中始终保持高度的道德自由。所以，我们能够把握的，只能是人的意向，技术造成的结果完全由人的意向决定。随着我国进一步深化改革，国际政治经济实力进一步提升，如何处理技术发展和伦理之间的张力成为亟须解决的问题，建构一个有说服力的、能够连接人和技术人工物的主体性观念，并给技术哲学，尤其是技术伦理学讨论提供规范性资源，成为哲学的又一历史任务。当前，中国社会正在进入深度科技化时代，科技在带来巨大机遇的同时也带来诸多风险和挑战。诸多技术风险无法通过技术评估的方法得以规避，这是因为技术评估思路预设了技术是中立的工具，人是唯一的能动者这一现代形而上学，继而无法深刻理解人与技术的关系。只有克服这一现代形而上学，才能真正解决技术风险问题。技术意向性研究指出，技术并非是中立的工具，可任由人使用。技术有意向性，技术意向性始终调节人的知觉，深刻地影响人的根本存在。人与技术在能动性的生成意义上是彼此共构的。伴随科学技术和全球经济一体化的推进，现代化同人们的生活紧密交织在一起，从思维到人们的实践活动，再到社会制度，乃至人们的信仰，都受到了影响和改变。面对时代的变迁，原有的逻辑思维方式已经不能适应快速发展的现代化，逻辑和批判性思维能力的现代化成为亟待解决的时代课题。如何提高人的逻辑和批判性思维能力，是我国现代化进程中必须认真对待的问题。

关于现代化进程中的伦理问题。现代化进程极大地改变了人们的现实环境，使得人们的交往方式发生改变。而互联网的迅猛发展，对基于以往生产方式和生活方式的伦理和道德提出了挑战，如何从思路、手段、途径和方法等方面提出可行性的应对方案，如何在延续原有道德和伦理的优良因素的基础上继往开来，成为中国现代化建设过程中需要攻克的难题。其中，中国网络社会的伦理问题值得关注。网络社会具有区别于农业社会、工业社会的现时代特征，这就是以信息技术为主导的科技进步带来的人的生存方式、交往方式和时空观念的巨大改变，这是对网络社会之历史必然性的揭示。中国政府、中国企业、中国国民在网络社会中提出了多种应对方式，同时面临不少困境。研究者从理性主义现代性问题意识入手，从责任伦理出发，依据责任的大小和关联程度，着重探讨中国网络社会中的各个不同主体的责任及其实施方式，从应用伦理层面为中国网络治理的合法性和构建基于网络社会的人类命运共同体的尝试提出了学理建议。

关于国家治理体系和治理能力现代化的问题。国家治理的本质是在国家与社会之间建立一套规范性系统，这个规范性系统不能仅仅用"典章式"的制度体系来概括，而应被理解为一个良性的、"活的"社会生态系统。要建成这样一个系统，不仅需要制定一系列设计完备、相互衔接的制度体系，更需要在运行这个制度体系的过程中形成一种良性的活动机制。前者是治理体系的基础，后者是治理能力的核心。国家治理的规范性系统需要德治即伦理系统的驱动，伦理系统虽然也是一种约束机制，但这种约束是一种自我约束，其目的是追求某种道德价值。法治不但要契合这些伦理特性，而且要稳定、优化、提升和重组这些伦理特性。从国家治理的角度讲，这就是法治的规范性功能。立足于这一功能，法治构成了国家治理之规范性系统的两大支柱之一，为社会的良性运行提供了刚性的约束机制。在国家治理体系与治理能力现代化的大背景下，为构建国家治理的伦理系统提供一个理论论证和建设思路，研究者从政治与伦理的关系讨论当代政治哲学中道德主义与现实主义的关系，并提出新时代马克思主义伦理学与德治文化共同构成当代中国国家治理现代化事业的文化之基，这是一种具有中国特色的现代文化治理方案。

此外，本丛书还从马克思主义中国化时代化以及当代中国社会实践发展的角度探讨了中国式现代化的实践逻辑。

中国已踏上现代化的新征程，中国与世界的联系更加紧密。在世界历史进程中把握中国式现代化的民族性和世界性，认清中国现代化道路的特质，是中国哲学工作者的重要使命。我们期待这套丛书能为关注现代化的读者提供一些参考、引发一些思考。

十分感谢中国人民大学"双一流"建设项目和北京市"双一流"建设

项目的资助。2019年，中国人民大学哲学院承担了"北京市与中央高校共建双一流大学"项目"现代化进程中的哲学问题与哲学话语"。本丛书是该项目的成果。最后，感谢辽宁人民出版社的大力支持，使本丛书顺利出版。

郝立新

2023年4月

序

以哲学视野研究国家治理制度现代化，对我来说，是从哲学上研究社会现实问题的又一次努力。这还得从我的研究经历说起。

从1982年大学毕业到1996年，我主要从事现代西方哲学研究，特别是海德格尔哲学研究。从1998至1999年，我获得"中国—欧盟高等教育合作项目"资助，赴英国研究欧盟的决策体制。回想起来，这次出国的研究对象和过程，应是无形中促使我逐渐转向研究社会现实哲学问题的重要原因之一。在回国后两年内，我对原来博士毕业论文《海德格尔人学思想研究》进行大幅修改，交付出版，大约从2001年开始，我开始对经济生活的哲学问题进行研究，发表了论文，出版了《经济哲学导论》和《经济哲学》。

在这期间，2006年，由于哲学系让我牵头创办二级学科管理哲学专业，因而我必须开始研究管理问题。在试图努力挖掘中外古代管理哲学思想的过程中，我发现，在中外古代的国家治理理论中，并没有独立于统治思想的管理思想，同时，古代的国家治理实践中也不存在独立于统治的管理，而是在国家治理这一整体实践中不显明地包含着管理。这决定了如果我们要阐发古代管理哲学思想的话，那就必须研究古代的国家治理理论和治理实践。我的这一探索过程，加上国内逐渐兴起的国家治理研究热，使我初步考察了中国古代的孔子、孟子、荀子以及当代西方的罗尔斯、麦金太尔、桑德尔的国家治理理论，并一般地思考了现代国家治理的价值体系建构问题，发表了一些论文。

这样以来，我实际上并不是非常自觉地先后进入了三个研究领域，这无疑花费了大量时间和精力，但在每一个领域内都谈不上是真正意义上的专家。对于我后两个领域的工作，当时担任哲学院院长的郝立新教授有所了解。大约是在2020年，他计划把国家治理现代化作为他所主持的"北京市与中央高校共建双一流大学"项目"现代化进程中的哲学问题与哲学话语"的一个组成部分，并让我来承担，我欣然接受，并把这一部分作为一个子课题来研究，最终把名称确定为"哲学视野下的国家治理制度现代化"。

当我开始思考和确定这一课题的内容时，我认识到这比想象的要复杂得多，要真正对它作出深入研究，有较大难度。因为，虽然我国自从20世纪80年代开始了波澜壮阔的社会主义现代化建设进程，人们对它的探索研究也进入了一个成就极其辉煌的历史时期，而且，在近几年，国家治理制度现代化的建构任务正在变得越来越突出、越来越重要，但是显然，要圆满地完成这一任务，在理论上必须进行一种具有双重性质的工作，这就是，既需要弄清我国社会国情实际对这一任务的特殊要求，也需要弄清人类社会现代阶段对这一任务的一般要求。

经过反复思考，我在研究对象的确定问题上得出了恰当判断：如果同时探讨上述两种要求，那将会是一个内容比较庞大的工作，短时期内难以探讨得充分和深入，而揭示国家治理制度现代化的一般要求，是进行相应实践的一个基本观念前提。因而，我决定本课题将集中探讨这后一个理论问题。现在的结果表明，这一主题选择是大小适度的，在内容和结构的设置上也抓准了主要维度。特别是，整个研究所提出和论证的核心观点是有说服力的：在一般要求的维度上，国家治理制度现代化的根本任务是充分实现人民治理，而这需要在主体制度、权力制度、决策制度、权利义务制度、分配制度等主要方面，确立人民的整体支配地位。

这就是本研究的缘起。对于我来说，这次努力无疑敞开了一些新的问题，启发了一些新的思考空间。

是为序。

目 录

总　序　郝立新 // 001
序 // 001

导　论
国家治理制度现代化哲学研究的重要意义

一、国家治理制度现代化的本质要求和基本特征 // 003
二、国家治理制度现代化哲学研究的必要性 // 007
三、国家治理制度现代化的哲学研究何以可能 // 015
四、内容安排逻辑思路 // 017

第一章
国家治理制度现代化的根本任务：充分实现人民治理

一、从前现代国家到现代国家的历史变革趋势 // 020
二、国家治理制度现代化之根本任务的历史实践经验 // 034

三、国家治理制度现代化之根本任务的不同理论探索 // 047

四、国家治理制度现代化之根本任务的实现原则 // 059

第二章

主体制度的现代化：人民主体为本

一、前现代国家治理主体维度的局限性 // 078

二、国家治理现代化的人民主体地位要求 // 085

三、人民主体的构成要素 // 091

四、建立多元主体协同治理的合理模式 // 101

第三章

权力制度的现代化：人民共同权力支配

一、前现代国家权力制度的正当性来源及弊端 // 111

二、现代国家权力制度的理论和实践 // 116

三、权力制度现代化的主要原则 // 123

四、权力制度现代化的运行方式 // 128

五、权力制度现代化需要重点完善的方面 // 132

第四章

决策制度的现代化：以公共理性为主导

一、决策制度现代化的必然性和公共理性要求 // 140

二、以不同主体理性为主导的决策制度 // 145

三、构建合乎公共理性要求的决策结构要素 // 148

四、构建公共理性决策所需要的公共领域 // 155

第五章

权利义务制度的现代化：平衡理念引领

一、权利义务制度在国家治理制度中的重要性 // 160

二、前现代社会绝对义务本位及其历史局限性 // 167

三、现代西方社会绝对权利本位及其历史局限性 // 173

四、构建和完善以平衡为原则的权利义务制度 // 179

第六章

分配制度的现代化：共享式公平正义

一、分配问题的实践现状和研究进展 // 191

二、分配制度现代化的共享式公平正义价值要求 // 198

三、共享式公平正义对平等与自由的综合 // 203

四、共享式公平正义分配标准 // 210

五、分配制度现代化需要正确处理的关系 // 217

结　语 // 223

参考文献 // 226

后　记 // 241

导论

国家治理制度现代化哲学研究的重要意义

从人类社会的现代化历史来看，尽管国家治理制度现代化是在中国大地上再次奏响进军号角的，但实际上这也是当今人类社会大多数国家仍在进行的政治变革进程。自17世纪西方各民族先后推翻封建制度、建立资本主义制度开始，人类社会进入了现代历史阶段，即实现现代化的历史阶段。20世纪社会主义社会的产生，开启了一种在道路模式上根本不同于资本主义现代化的现代化进程。由此，人类社会的现代化进入了两种模式对比共存、相互作用、相互借鉴这一新的历史时期。从当今人类主要国家的现实来看，它们的现代化建构还远未完结，仍有许多重大任务有待完成。

国家治理制度现代化就是这样一项重大任务。就多数发展中国家来说，它们大体上从20世纪中叶即第二次世界大战以后开始了国家治理制度现代化进程，在民主制度建设方面取得了巨大进展，同时，也还存在着许多需要解决的重要问题，诸如有些国家的民主制度不够健全，有些国家主要由少数精英掌控治理而一般民众在治理中的作用非常不充分，有些国家的个体权利保障制度不够完善等。就发达国家来说，虽然它们在国家治理制度的一些主要维度上实现了现代化，如职责分工比较明确、权力制约制度比较有效、个体权利保障制度体系相对完善等，但在另一些主要维度上也还存在着诸多深层问题，包括无法有效解决社会严重分裂、阶层矛盾尖锐、种族地位显著不平等、决策制度的统一性明显不足等。

对于国家治理制度现代化进行研究，可以从政治学、经济学、管理学、行政学、法学、社会学等多个学科切入，每一个学科都有其自身的独特作用。哲学学科的终极论特征，特别是它的抽象性、批判性、反思性特征，决定了它能够在上述具体学科研究的基础上，全面深入地揭示国家治理制度现代化的本质要求、基本特征、道路选择、必然趋势、历史意义等根本问题，为当今人类众多社会实现国家治理制度现代化提供根本可靠的理念引领。这也是从哲学上对这一问题进行研究的根本必要性所在、重要理论意义和现实意义所在。

一、国家治理制度现代化的本质要求和基本特征

回顾人类社会从前现代阶段向现代阶段的历史变迁，深入考察17世纪以来整个人类社会的国家治理制度现代化的建构进程，可以得出，国家治理制度现代化的根本要求，就是充分建构人民治理国家的制度，充分实现人民在国家生活中的决定地位，简言之，就是充分建构人民民主制度。这意味着需要充分建构人民对国家一切主要事务的决定权制度，包括对国家治理机构体系的安排、治理人员的确定、治理过程的控制、治理成果的分配等方面的决定权。

这是人类现代历史阶段的基本形势所决定的。与前现代历史阶段人们受制于封建专制根本不同，在进入现代历史阶段以后，人们逐步形成突出要求自主决定生活实践、平等参加国家治理的价值观念，逐步形成突出的权利意识、自由平等意识、政治参与意识，并且建构起了相应的具有变革性质的历史实践。从经济生活到政治生活再到文化生活，莫不如此。在国家治理制度方面，则开始了逐步实现人民充分治理国家这样一种现代化过程。

从与前现代阶段的历史对比来看，既然国家治理制度现代化是充分建构人民民主制度的过程，那么这一建构过程的内容就一定是围绕确立充分建构人民的治理作用而展开的。由于人民既是以整体也是以诸多个体及其相互关联的方式而存在的，因此，对上述问题的思考可以主要从人民整体、人民的个体成员、人民的个体成员之间关系这三个方面来展开。

首先是建构人民整体能够充分治理国家的制度。国家持续稳定发展的

根本前提是社会成员的整体统一。从已经进入现代阶段的诸多国家的实践来看，国家治理制度现代化，不仅需要强调个体价值和个体权利，而且更需要把这一社会所有具备正常能力的成员结合为一个强有力的统一体，形成人民团结一致、方向明确、共同努力、共同发展的巨大力量，而不能造成个体权利极度扩张、斗争分裂、互相侵犯的不良局面。由此来看，当今一些西方国家经常发生的个人主义无度越界状况，并不是国家治理制度现代化的标准模式。

其次是建构充分发挥人民每一位正常个体的治理认知和治理实践能力的制度。进入现代阶段的人民，能够逐渐消除前现代阶段大多数成员文化水平低下、治理能力严重不足的状况，逐步掌握基本的社会知识和治理能力，能够处理国家的重大事务，参加国家治理活动。同时，现代阶段的经济政治文化变化复杂，需要集合全体人民的智慧和力量。因此，充分建构人民每一位正常个体在治理方面的主体性制度，是国家治理现代化需要完成的一项基本任务。需要特别强调，这里所说的人民，不是通常所理解的各级领导人员之外的大众，而是包括各级领导人员在内的整体；同时，现代阶段的人民的正常成员，在能力方面并没有实质差别，因而，只要具备正常智力，就都能够担任领导职务。

最后是建构人民的所有正常理智成员都能够平等地参加国家治理的制度。人类社会现代阶段不同于前现代阶段的一个根本过程，是逐步消除前现代阶段的社会不平等，消除等级尊卑、官员本位、民众地位低下的落后状况，实现人民的成员在经济、政治、文化、人格尊严等方面的实质平等，实现每一位正常理智成员在国家治理方面的权利平等。这也要求相应的治理制度建构。

国家治理制度现代化这一不断演进的过程，无疑会形成不同于前现代阶段国家治理制度的一系列新的基本特征。立足于人类社会的这一历史转变，结合对人类社会事物进行分析的逻辑整全要求，可以主要从国家治理制度的根本目的、依靠力量、结构安排、手段方式、运行过程这几个方面来进行阐明。

第一，从国家治理制度的根本目的来看，国家治理制度现代化意味着，这种制度建构必须以充分实现人民的福祉为根本目的。这是国家治理现代化的第一个基本特征。如上所说，进入人类社会现代阶段的人民，是突出要求人人平等、共同奋斗、共同发展的人民，是日益扩展独立的认知能力、实践创造能力、价值实现能力的人民，它必然要求建构能够充分实现自身福祉的国家治理制度。可以看出，这一要求与前现代阶段的国家治理制度以帝王家族的江山稳固为根本目的，是截然不同的。前现代阶段人民的大多数成员，从根本上处于专制制度的压迫之下，难以形成充分独立的反思能力和行动能力，在多数时期所形成的实现共同福祉的要求也是初步的或不强烈的，而在某些情况即使基本形成了这种要求并力求通过反抗斗争来实现，也遭到强大的专制制度的镇压而失败。

第二，从国家治理制度的依靠力量来看，国家治理制度现代化意味着，必须充分建构起依靠全体人民的力量来治理国家的制度，打造全体人民的治理认知和治理实践。这是国家治理制度现代化的第二个基本特征。现代阶段的社会条件更加充分地决定了，个人的治理力量是有限的，全体人民的治理力量是无限的。同时，现代阶段的人民不仅突出要求共同治理国家，而且有足够的能力治理国家。这与前现代阶段主要依靠帝王个体及其统治者少数人的有限力量进行国家治理，以他们的狭隘有限的认知、意愿和偏好为引导，难以做到长期进行成功治理，也是根本不同的。

第三，从国家治理制度的结构安排来看，在现代阶段，由于人们既要求社会不断发展变革也要求社会整体的秩序优良和健康稳定，由于经济发展成为人们社会生活的主旋律，由于人们对政治生活及其他生活的参与要求不断增长，因而需要在这些方面建构起能够不断及时调整改变的制度，特别是建构起经济制度、政治制度、其他制度之间能够相互协同、相互促进的动态过程。具体来说，就是建构起这些制度之间的有机互动关系：当对经济制度的调整改变达到一定程度时，就能够及时有效调整改变政治制度和其他制度，而当对后两者的调整改变达到一定程度时，也能够及时有效调整改变经济制度。

第四，从国家治理制度的手段方式来看，由于现代阶段开始从根本上改变前现代阶段以人治为主导和过度道德化的手段方式，强调国家治理的客观统一规则和合理的道德原则，因而，国家治理制度现代化，必然要求建构以法治为基础、以德治为引领、法治与德治有机统一的手段方式。法治代表的是人们社会生活的刚性规范，是现实性的，德治代表的是柔性规范，是方向性的，以对现代社会生活的本质特点的把握为前提而把二者合理结合起来，才能够使国家生活既稳定有序，又不断向更高目标迈进。

第五，从国家治理制度的运行过程来看，人类进入现代阶段以后，一方面，由于科学技术变革加快、经济生活变动不居、不确定性因素显著增多等原因，人们的社会生活不再是前现代阶段的那种节奏缓慢、循环少变的状况，而是速度加快、不断变化的过程；另一方面，由于经济生活及其他领域对成本节约、时间节约的高度强调，使得人们普遍形成了突出的效率意识，因而，国家治理制度现代化，在运行过程方面必然要求处理基本事宜、应对重大变动、解决复杂矛盾的科学高效，也就是说，要求运行过程的高效率或基本效率。

总之，国家治理制度现代化，是充分建构人民民主制度这一本质要求的过程。这一要求是国家治理制度现代化的一般要求，因而是所有进行现代化建设的国家都需要深刻把握和努力遵循的。自然，这是一个逐步达到的过程，但最终需要基本达到。

二、国家治理制度现代化哲学研究的必要性

国家治理现代化研究是近10年来人文社会科学领域的最大热点问题，所取得的成果可谓汗牛充栋。政治学、管理学、法学、社会学、行政学、历史学等社会科学对这个问题进行了多学科、多视角、多层次的研究。其中，对国家治理制度现代化的研究，也取得了许多有价值的成果。通过文献梳理可以看出，与其他学科视角相比，从哲学的高度对国家治理现代化特别是国家治理制度现代化所进行的研究还明显不足。无论是从理论研究角度还是现实实践角度看，对于这一内容丰富、问题复杂的课题，都需要哲学进行更深、更广的介入。

首先，从理论研究的角度看，虽然有一些从哲学不同学科的角度对国家治理现代化、国家治理制度现代化的研究，但从一般哲学思维角度所进行的研究还相对较少，还没有达到对问题本质的充分把握。

就"国家治理制度现代化"研究来说，在国内，这方面的研究主要集中在"国家治理现代化"和"国家治理体系现代化"的研究中。这主要是因为国内关于国家治理及其现代化的研究以2013年党中央提出的"国家治理体系和治理能力现代化"为主要节点，学者们一致认为国家治理现代化就是指国家治理体系和治理能力的现代化，而国家治理体系和治理能力指的是一个国家的制度体系和制度执行能力。

有学者以中国知网2013—2018年收录的核心期刊文献为样本，分析出中国国家治理现代化研究的热点内容主要集中在以下几个方面：理清国家治理现代化的思想基础；挖掘国家治理现代化的思想基础；阐明法治与国

家治理现代化的关系、协商民主与国家治理现代化的关系;探讨国家治理现代化情景下的政党治理、政府治理、社会治理①。对2013年至今出版的相关专著进行分析,我们也可以得出相应的结论。需要补充的是,国内许多学者在对国外相关治理思想进行引介的同时,也致力于进行国家治理现代化的本土研究。这种本土研究表现在两个方面:首先是提出中国语境下的国家治理概念,对中国治理模式尤其是中国特色社会主义制度的治理优势进行分析,并对如何推进中国国家治理现代化提出自己的建议。其次是挖掘中国国家治理现代化的思想资源,尤其是从马克思关于政治统治和政治管理的区分中分析马克思主义的国家治理思想。

从上面的说明中可以发现,目前关于"国家治理现代化"和"国家治理制度现代化"的研究主要集中在两类问题上——什么是国家治理现代化、国家治理制度现代化;如何实现国家治理现代化、国家治理制度现代化。因此,相应的研究领域主要集中在政治学、管理学、社会学及对其中微观问题进行研究的法学、行政学等学科。从哲学视阈对"国家治理现代化"和"国家治理制度现代化"的研究不论是深度还是广度上来说都远远不够。以"中国知网"的收录为例,以"国家治理现代化"和"国家治理制度"为主题搜索"哲学"相关研究,仅有二十几篇,相关的专著研究更是寥寥无几,这与具体学科大量的国家治理现代化研究形成了鲜明对比。

尽管如此,哲学研究者从自己的角度对国家治理以及现代化所提出的见解还是对这一问题的研究提供了有益补充。《哲学动态》在2015年第1期开设了"哲学视野下的国家治理"专题讨论。本专题共收录了5篇文章,代表了国内目前国家治理现代化哲学研究的主要方向,即从哲学的各主要学科出发去探讨国家治理现代化的问题,具体涉及的领域包括马克思

---

① 梅立润:《中国国家治理现代化研究的学术版图及热点分析》,载《江汉学术》2019年第6期,第10页。

主义哲学、中国哲学、西方哲学、伦理学、政治哲学及法哲学等。

一方面，在马克思主义哲学、中国哲学和西方哲学三大学科领域，学者们主要是从这三大理论传统出发，挖掘国家治理现代化的思想资源。在马克思主义哲学领域，学者们通过对马克思国家学说相关文本的重新解读，探讨了马克思主义关于国家治理的相关阐述。例如张文喜在《论马克思与以国家理性为依据的治理问题》一文中分析了马克思对"以国家理性为依据的治理问题"的深入思考，并且尤为独特地分析了马克思主义政治哲学对"治理"理论的批判[①]。另一种研究路径是运用马克思主义的唯物史观和辩证法等对国家治理及其现代化问题进行分析，例如杨章文和杜玉华在《"中国之治"的马克思主义哲学阐释》一文中不仅从马克思主义哲学的角度分析了"中国之治"的哲学底蕴，而且认为马克思主义的历史唯物主义和辩证唯物主义对于把握国家治理现代化问题具有重要意义[②]。在中国哲学领域，学者们深入分析了中国传统国家治理思想的相关论述，以期对当代中国的国家治理现代化提供有益辅助。周可真在《中国传统国家治理思想的三种基本类型》一文中以国体观念为重点，探讨了儒、道、法三家的国家治理思想，把中国传统国家治理思想划分为三种类型：追求人际公平的儒家型、追求天人之际公平的道家型和追求自我实现效率的法家型[③]。郝耕在《论中国哲学在国家治理现代化进程中的积极作用》一文中指出，中国的国家治理现代化实践应该立足于中国，而中国哲学的人贵于物、义重于利、德高于力、群己和谐、天人合一、善统真美等观念正好吻

---

① 张文喜：《论马克思与以国家理性为依据的治理问题》，载《哲学动态》2015年第1期，第15-25页。
② 杨章文、杜玉华：《"中国之治"的马克思主义哲学阐释》，载《学习与实践》2020年第6期，第5-13页。
③ 周可真：《中国传统国家治理思想的三种基本类型》，载《哲学动态》2015年第1期，第26-35页。

合现时代国家治理的核心价值诉求①。在西方哲学领域，学者们主要是分析了西方的治理话语的哲学基础及其对中国国家治理现代化建设的适用限度和借鉴意义。刘敬鲁在《当代西方国家治理研究的两种价值取向及其意义》一文中分析了当代西方国家治理研究中共同善目的论与权利正义论之间的争论，并指出双方在各自理论上的成就对当今世界各国的实践以及中国国家治理现代化的改革具有启示意义②。池忠军在《西方治理理论的公共哲学批判性诠释》一文中引入了斯金纳的"历史语境"方法，分析了治理现象的公共哲学基础，并以此为基础批判完全以西方治理理论解释中国国家治理现代化实践的非合理性③。

另一方面，除了上述三大领域外，哲学的其他分支学科也从自身的学科性质出发对国家治理现代化进行了特殊视角的思考。例如在伦理学层面，李兰芬在《国家治理现代化的伦理秩序建构》中指出"国家治理的过程也是优化伦理运行机制、整合社会道德资源、有效建构社会伦理秩序的过程，建构或提供一种与社会主义市场经济、法治国家和民族文化精神的发展相适应的、有助于人民幸福生活的伦理秩序体系，是中国国家治理现代化的应有之义"④。叶方兴在《作为伦理实践的现代国家治理》中则揭示了国家治理的伦理身份，认为现代国家治理不仅是一种政治事件，更是一项关切人民福祉的伦理视野⑤。在政治哲学层面，学者们则将国家治理

---

① 郝耕：《论中国哲学在国家治理现代化进程中的积极作用》，载《国家治理现代化研究》2019年第1期，第21—30页。
② 刘敬鲁：《当代西方国家治理研究的两种价值取向及其意义》，载《哲学动态》2015年第1期，第36—44页。
③ 池忠军：《西方治理理论的公共哲学批判性诠释》，载《南京师大学报》（社会科学版）2017年第1期，第36—45页。
④ 李兰芬：《国家治理现代化的伦理秩序建构》，载《哲学动态》2015年第1期，第45页。
⑤ 叶方兴：《作为伦理实践的现代国家治理》，载《复旦学报》（社会科学版）2020年第2期，第111—120页。

现代化的研究视为政治哲学研究的应有之题。例如，张文喜在《政治哲学视阈中的国家治理之"道"》中指出，对治理合理性的反思，不仅要着眼于国家治理之"术"，更要关注国家治理之"道"，并从政治哲学的视角探讨了适合社会主义国家的治理之道①。其他学者则从法哲学、行政哲学等角度对国家治理及其现代化中的微观问题进行了研究。

从上面的文献梳理中可以看出，哲学研究者从哲学的各主要学科出发对国家治理现代化和国家治理制度现代化进行了有益思考，这的确丰富了相关问题的研究内容，也扩展了相关问题的研究广度。但是从研究现状来看，哲学视角下的国家治理制度现代化研究对于一般哲学思维的特点和意义的强调都还很不够。一般来说，有两种研究哲学的方式：一种是"苏格拉底式"的，直接从问题出发；另一种是"学院式"的，从学科化的哲学传统出发。这两种方式的不同决定了哲学研究的问题意识和展开方式的不同。直接从问题出发，就是运用一般哲学的思维方式去对问题进行提问。从学科化的哲学传统出发，虽然同样也包含了对问题的提问，但却是在学科传统的话语体系中去进行。"国家治理制度现代化"本身无疑是哲学各个学科研究的论题范围，我们可以从哲学的不同学科关注点去挖掘哲学的思想资源。但如果要直接从"国家治理制度现代化"这一问题出发去进行哲学研究，就需要直接运用一般哲学思维去把握这一论题，也就是从哲学的终极论特征特别是它的抽象性、反思性和批判性去重新思考什么是国家治理制度现代化、为什么要推进国家治理制度的现代化及如何实现国家治理制度现代化。总的来说，目前哲学学科对国家治理制度现代化研究的介入不仅相较其他学科来说还不够丰富，而且从一般哲学思维的角度去切入相关问题的研究成果还十分稀少。因此，从理论研究的角度看，对国家治

---

① 张文喜：《政治哲学视阈中的国家治理之"道"》，载《中国社会科学》2015年第7期，第26-42页。

理制度现代化进行哲学研究是十分必要的。

其次，从现实实践的角度看，国家治理现代化、国家治理制度现代化仍旧是一项正在进行中的事业，一些国家出现了道路选择失误、民主建设遇挫、阶层分化尖锐、社会矛盾频发等多种深层问题，而对这些问题的解决突出需要哲学的全方位研究，尤其是一般哲学思维的终极研究功能的深入运用。

现代化进程从17世纪在欧洲发源到现在已经经历了400多年，现代化的实践也呈现出"全球现代化与多元现代性"的特征。在全球现代化的背景下，不同国家由于其自然历史条件与社会形态的不同，发展出不同的现代化模式。从发生学看，现代化进程的开启可分为两类："一类是内源的现代化（modernization from within），这是由一个社会的自身力量产生的内部创新，经历漫长过程的社会变革道路，又称内源型变迁（endogenous change），其外部的影响居于次要地位。一类是外源的现代化（modernization from without），这是在国际环境影响下，一个社会受外部冲击而引起内部的思想和政治变革并进而推动经济变革的道路，又称外诱变迁（exogenous change），其内部创新居于次要地位。"[①]对于那些内源现代化的国家来说，它们已经基本实现了现代转型。但现代化是一个综合性、一直进行中的动态过程，这些国家仍旧面临着继续现代化的问题。而对于那些外源现代化的国家来说，其现代化进程是被迫开启的，它们的首要任务无疑是寻找符合国情的现代化道路。尽管两类国家所面临的任务不同，但归根到底都是要追求现代化的发展。因此，在进行现代化建设或探索适合自己的现代化道路的同时，需要搞清楚"什么是国家治理现代化""什么是国家治理制度现代化"这些最本质的问题。也就是说，一个社会在探索现代化的特殊道路时，需要首先弄清现代化的一般性，在众多

---

① 罗荣渠：《现代化新论——世界与中国的现代化进程》（增订本），商务印书馆2004年版，第131页。

表象之中探究本质，发现不同现代化进程中的共同要素。这无疑需要运用哲学思维的抽象性、反思性与批判性。

有学者在对国家治理的研究中注意到，在相关的英文研究中，主要使用的是"governance"一词，而较少使用与中文的"国家治理"相对译的"state governance"一词。"governance"一词在西方治理理论的发展过程中出现了概念泛化现象。根据莱恩（Laurence Lynn）的分析，目前的文献研究是从三个意义上使用"governance"一词的："首先，将governance和government等同，强调的是它在社会中的掌舵者角色；其次，将governance和好政府（good government）或效能政府（effective government）等同，强调对政府好或者政府有效能的价值判断；第三，将governance视为是一种超越政府的新兴社会管理模式，强调在政府之外，要扩张市民社会在决定公共资源使用上的角色，要更多地依赖协商民主（deliberative democracy）来反对代议民主。"[1]简单来说，在第一种意义上，governance等同于"国家治理"，因此在这一使用意义上无需再加上"state"的限定。在第二种意义上，governance等同于"善治"，其本身就包含强烈的价值判断色彩。在第三种意义上，governance意味着更少的、有限度的政府治理。后两者都强调对传统国家或者政府的超越，因此加上"state"的限定就是自相矛盾。因此，"这种表述上的差异源于中西方对国家治理中'国家'的定位与角色的不同理解；其更深层次的原因在于，中国和西方国家在政治发展上处于不同的发展阶段，面临的是不同的治理难题，治理技术的选择也受不同的政治结构和政治文化的影响与限制"[2]。

---

[1] 李修科：《国家治理中的"国家"：场域抑或主体？》，载王浦劬主编：《国家治理现代化研究》（第三辑），中国社会科学出版社2019年版，第58页。

[2] 李修科：《国家治理中的"国家"：场域抑或主体？》，载王浦劬主编：《国家治理现代化研究》（第三辑），中国社会科学出版社2019年版，第56页。

同样，通过文献梳理也可以发现，与中国的"国家治理现代化"研究相比，英文文献中关于"modernization of state governance"的研究较为少见。这同样是因为中西方处于政治发展的不同阶段，其历史进程、文化传统等因素影响着人们对国家治理现代化的不同看法。前面已经提到，"国家治理"或者"governance"本身就是随着现代民族国家建立而发展起来的一种国家实践。西方发达国家的国家治理现代化已经在现代民族国家建立和发展的过程中相伴而生，而治理研究之所以在这些国家兴起，是由于"治理失败"（governing failure）而引发的自省。"治理"作为一种新型管理理念的兴起，是在"国家—市场"的传统框架外，重新思考"国家"（政府）在治理中的定位、将国家与市场之外的其他角色纳入治理主体范畴的结果。而中国等发展中国家是在二战后才建立起真正独立自主的现代民族国家，它们的国家建立过程并非像西方国家一样是一个自然而然的过程。治理研究之所以在这些国家兴起，是针对国家转型时期存在的治理问题尤其是因传统治理手段已经失效、现代治理模式还未有效建立所引发的治理困境的思考。因此，与莱恩的分析框架相对应，西方国家面对的是"治理失败"问题，它们已经走过了governance的第一种意义而谋求对government意义上的governance的超越。而中国等发展中国家摆脱前现代政治社会结构的时间还不够长，正处于向现代社会结构转型时期。对于这些国家来说，如何走向国家治理的现代化仍旧是重要课题，是其建设现代国家的重要一步。但这并非意味着这些国家要像西方国家一样经历上述意义上的连续过程。现代化进程虽然是从西方国家肇始，却并非只有一种模式。中国及其他发展中国家可以根据自身的独特性来实现国家治理的现代化。

因此，可以说，"国家治理现代化""国家治理制度现代化"主要是针对发展中国家而提出的概念，这也是中西方研究重点产生差异的原因。但是，这并不意味着对"国家治理制度现代化"的研究仅仅会对中国以及其他发展中国家有重要意义，而是也会对已经基本完成现代转型的国家完善治理制度有启发意义。国家治理制度现代化就其本质来说是国家治理制度从传统到现代的变迁过程，不论是发展中国家所遇到的问题还是发达国家所遇到的问题，都属于这一变迁过程中的问题，而这一过程是没有绝对终点的。因此，运用哲学思维的功能对国家治理制度现代化的一般问题进行研究，"既包含先期进入现代化治理行列的国家为后起的、力图进入现代化治理行列国家起示范作用的指标，也包含现代化国家治理不断充实的演进性内涵"[①]。

三、国家治理制度现代化的哲学研究何以可能

无论是从哲学角度还是从具体学科角度研究国家治理制度现代化，都需要回答如下三个一般问题："何为国家治理制度现代化""为什么要实现国家治理制度现代化""如何实现国家治理制度现代化"。哲学的终极学科地位，它的抽象、反思、批判特征，决定了它能够对这些问题做出更加彻底的回答。

首先，从哲学上去研究"何为国家治理制度现代化"，能够对国家治理制度现代化的本质规定作出充分把握，这是国家治理制度现代化哲学研究何以可能的第一个基点。

如前所说，就本质而言，国家治理制度现代化是国家治理制度从传统向现代的变迁过程，这种现代化不仅包括治理之术的现代化，更包括治理之道的现代化。同时，不论选择什么样模式和道路，目的都是实现国家治

---

① 燕继荣等：《中国现代国家治理体系的构建》，社会科学文献出版社2018年版，第53页。

理制度的现代化。这就需要明确国家治理制度现代化的核心要素和基本特征，需要剔除各种复杂国情的特殊性，去追问"现代化"本身对"国家治理制度"提出了哪些要求。正是这些要求使得国家治理制度现代化建构的结果不同于传统的国家治理制度，也正是这些要求使得各种不同的现代化模式同属于国家治理制度现代化的范围。对于这些问题，其他具体学科由于视角不同，所得出的结论也具有各自的学科特点，而哲学的功能就是要在其他具体学科的"众说纷纭"中寻找一般性。

其次，从哲学上去研究"为什么要实现国家治理制度现代化"，能够对"为什么"的终极内涵作出更加深入的分析，这是国家治理制度现代化哲学研究何以可能的第二个基点。

为什么要实现，这实际上预设了国家治理制度发展完善的直接价值目标是现代化。也就是说，在这种追问中已经预设了这一维度的"现代化"对国家是善的，是值得努力实现的。这就需要进一步追问，"现代化"如何是善的？如果它是善的，那么它是一种目的善还是手段善？如果它是一种手段善，那么它所要追求的目的善是什么？因此，国家治理制度现代化并不是一个无需追问的价值目标。可以看到，在范围更大的关于现代化和现代性的讨论中，经常会出现深刻批判的声音。例如，泰勒（Charles Taylor）指出现代性有三个隐忧：个人主义、工具主义理性的主导性及这二者所导致的政治层面的危险[①]。因此，我们需要去思考，如果国家治理制度现代化是我们所追求的直接目标，那么我们所要建构的将是什么样的治理制度现代化。

最后，从哲学上去研究"如何实现国家治理制度现代化"，能够对国家治理制度现代化在道路选择方面的特殊要求和一般要求作出辩证的探讨，这是国家治理制度现代化哲学研究何以可能的第三个基点。

[①] [加]查尔斯·泰勒：《现代性之隐忧》，程炼译，中央编译出版社2001年版。

道路选择的特殊要求，来自每一个国家的特殊国情、独有的历史过程、特定禀赋的文化传统等基础因素。只有立足于这些基础因素，深入思考它们的内在本质和所具有的根本限定，才有可能获得道路选择的成功。脱离或违背这些因素，将会导致方向性错误。道路选择的一般要求则来自国家治理制度现代化的一般规律，主要包括必须以充分建构人民在国家治理制度中的主体地位为首要任务，必须正确安排社会的各种主要价值的不同地位，正确设定治理方式的不同维度之间的关系，正确安排国家权力体系特别是不同权力之间的合理结构等。因此，在如何实现国家治理制度现代化方面，需要正确处理特殊要求与一般要求之间的关系。这也恰恰是哲学能够发挥自身优势的地方所在。

总的来说，对于任何一个开始进行国家治理制度现代化的民族来说，都需要形成对这三个一般问题及其关联整体的正确认识，以之指导自己的治理现代化进程。哲学不仅能够深刻把握每一个问题的本质，也能够深刻把握这三个问题的关联整体。例如，对它们的哲学研究可以明确得出一个核心观点，这就是，国家治理制度现代化的本质要求——充分实现人民治理国家，是历史演进所提出的一种根本的规律要求和价值要求，也只有围绕这一根本要求建构起包括富强、自由、平等、公正、法治在内的价值治理体系，才能够从根本上实现国家治理制度现代化。

四、内容安排逻辑思路

本书的主题是从哲学的角度研究国家治理制度现代化。这首先需要讨论清楚国家治理制度现代化的本质要求、基本特征、根本原因、实现方式，本导论已经对此做出了阐明。

国家治理制度现代化必定有一个需要解决的总问题，这就是充分实现人民治理。考虑到需要深入有力地证明这一点是成立的或正当的，本书第一章专门进行讨论。

同时，国家治理制度是由多种维度构成的，因此，国家治理制度现代化说到底需要建构起制度的各个维度的现代化。我们认为，国家治理主要包括治理主体、治理过程、治理结果分配这三个大的方面，由此，国家治理制度现代化主要包括这三大方面的制度的现代化：主体制度现代化、过程制度现代化、分配制度现代化。

本书第二章阐述国家治理的主体制度现代化，认为这是充分实现作为全体社会成员整体的人民成为国家治理主体的过程。

由于过程制度内容很多，有权力制度、决策制度、权利义务制度。因此，这里分别设立相应单章来进行讨论。这构成了第三、四、五章的内容。

第三章论述权力制度现代化，认为这在本质上就是充分建构人民支配国家治理的权力制度。

第四章讨论决策制度的现代化，提出建构和完善公共理性主导的决策制度是决策制度现代化的根本方面。

第五章阐明权利义务制度的现代化，提出需要构建和完善以平衡理念为指导的权利义务制度。

第六章分析分配制度现代化，认为关键是建立共享式的公平正义分配制度，实现经济社会成果分配的基本平等。

结束语再次强调，充分实现人民治理，需要正确处理国家治理制度现代化的一般要求与特殊要求的关系，认为只有在正确坚持特殊要求的前提下，把一般要求与特殊要求的实现有机融合为一体，才能走出一条国家治理制度现代化的成功道路。最后，明确指出了我国国家治理制度现代化的历史开创意义。

第一章

国家治理制度现代化的根本任务：充分实现人民治理

国家治理制度现代化不是偶然的历史事件,而是有规律可循的人类事业。我们认为国家治理制度现代化这一事业本身具有一项根本任务,即充分实现人民治理。深入认识这一根本任务对于人们理解和把握国家治理制度现代化进程,或者对于从事国家治理制度现代化的实践而言都具有重要意义。本章的内容主要有两个方面,首先是确认国家治理制度现代化的根本任务是充分实现人民治理,这将从国家治理制度现代化的历史变革和理论研究过程入手加以考察,继而在历史和理论的考察基础上总结并分析实现这一根本任务需要遵循的四个基本原则。

一、从前现代国家到现代国家的历史变革趋势

国家治理制度是人类社会历史发展的产物。它具备两种重要特征:其一是时间性,其二是人为性。时间性表明,国家治理制度不是从来就有的事物,不是永恒不变的事物,而是有生有灭、有形态变化的存在[①]。它是具有新旧更替的现象,即现代的国家治理制度逐步取代前现代国家治理制度的历史进程。人为性则表明,国家治理制度不是既定单纯的自然产物,而是由人在服从规律的情况下通过有目的的行动创造出来的、受人的主观意志干预和调节的事业。而人的事业不外乎是确立和实现目的的过程。目的又可进一步分出根本目的和次要目的。因此,有充分理由说国家治理制度现代化的根本任务是存在的。

自然,对国家治理制度的社会历史性的确认,只能表明国家治理制度

---

① 参见《马克思恩格斯文集》第四卷,人民出版社2009年版,第193页。

现代化进程自身及其根本任务的现实存在，还未说明当前这一根本任务的具体内涵。这就要求我们进一步去具体地考察从前现代国家到现代国家的历史变革趋势。通过对历史材料的分析，我们能够发现引起前现代国家治理制度衰亡的缺陷、国家治理制度朝向现代发展的必然性以及现代国家治理制度的优越性。本节希望从这三个方面论证，国家治理制度现代化的根本任务就是充分实现人民治理。

（一）前现代国家治理制度的本质局限：少数统治者治理

前现代的国家治理制度存在许多局限性。其中本质的局限性是少数统治者治理。这种国家治理制度的特性一方面威胁到了国家治理制度自身的存续，另一方面也在价值上表现为一种不合意的国家治理制度。下面首先说明为什么治理者的人数问题具有本质意义。接着阐明少数统治者治理这一制度的两方面重大缺陷。

揆诸人类历史，不论是前现代还是现代的国家治理制度都具有纷繁复杂的形态。人们可以从政体、央地关系、经济类型、民族、宗教或礼俗等各种角度来对国家治理制度进行分析。但在这些特征之中，政体或者说治理者的人数对国家治理制度而言具有本质意义。原因有三：第一，政体问题是国家治理制度的核心问题。国家治理制度之所以存在，本是为了通过具体的制度安排实现治理目标。而治理目标的制定和实施取决于治理者亦即实际政治权力的掌握者。这些治理者自身的素质、他们之间可能存在的制度关系（如果存在多个治理者的话）、治理者本身与被治理者之间在制度方面的安排，支配着整个治理活动。因此，任何国家治理制度都不可避免地受制于治理者自身的性质。这是国家治理制度自身的内涵所决定的。少数统治者治理一般意味着贵族或精英政治式的等级制度，而绝大多数人民广泛而真实的治理则意味着人民民主。这里需要附带指出，强调政体的重要性与唯物史观并不矛盾。政治制度确实是在一定社会生产力基础上发展起来的上层建筑,但政治领域本身也具有区别于经济领域的相对独立性。生产力状况导致的阶级矛盾是以政治的中介形式表现出来的。恩格斯和列宁业已指出,国家是"从社会中产生但又自居于社会之上并且日益同社会相异化的力量"[1],"是阶级统治的机关,是一个阶级压迫另一个阶级的机关"[2]。所以对社会的经济分析不能完全取代对政体的政治分析。不论是讨论何种国家治理制度,都无法回避政体这一关键范畴。第二,前现代的各种国家治理制度在政体上存在共性。历史表明,包括雅典的城邦民主制在内,并没有一种前现代的国家治理制度充分实现了人民治理,它们也往往缺乏充分实现人民治理的意图。古希腊城邦中存在的民主制度不过是原始社会军事民主制在文明时代的遗存,而且这种民主制度也是建立在对无公民权的异乡人和奴隶的压迫之上的。而除此之外的大多数前现代国家,更是普遍采用少数人治理的制度。虽然其中存在贵族制、君主制、共和制(所谓混合政体)等形式上的差别,但只有少数人才具有治理资格、才能够实际从事治理的特点是相同的。而其他的分类标准则无法揭示出前现代国家治理制度的这一共性。第三,尝试摆脱少数人治理的制度是国家治理制度现代化这一历史进程的现实特征。我们不能断定既存的各种现代国家治理制度一定都实现了人民治理。比如现代资产阶级国家治理制度只是实现了形式上民主,实际上还是少数大资本家的间接统治。但应该认识到,包含这种制度在内的国家治理制度现代化进程确实在事实和价值两方面都尝试克服少数人治理的弊害。从历史事实上看,虽然存在波折,但主要的发达资本主义国家在现代化过程中还是逐渐废除了国家治理制度中旧的等级制的遗存。而社会主义国家更是一开始就提出通过对社会政治

---

[1] 《马克思恩格斯文集》第四卷,人民出版社2009年版,第189页。
[2] [苏联]列宁:《国家与革命》,人民出版社2015年版,第8页。

经济制度进行鲜明而彻底的改造,从而实现广泛真实的人民民主。英国宪章运动、欧洲大陆的1848年革命、美国20世纪的黑人民权运动、苏联和中国的社会主义改造都是实现人民治理的尝试。这里存在着新的科学社会主义道路和旧的资本主义道路之间的区分,不过并不妨碍人们得出人民治理取代少数统治者治理是历史大势的结论。从价值上看,不论是资产阶级的自由主义理论家还是社会主义者都将人民治理视作价值上正当、因而应由国家治理制度予以实现的目标。现代人不像古人那样服膺习俗或启示信仰的权威,而是从人们的自由与福祉出发来论证制度的正当性,而这种治理模式向人民治理的转变更构成了国家治理制度现代化的本质特征。而我们还需进一步解释,少数统治者治理何以被视为是有缺陷的。

少数统治者治理的缺陷实际上分为两大方面。首先是制度的自我保存和维系方面的缺陷。少数统治者治理影响到了国家治理制度自身的存在与维系。其次是制度的价值正当性问题。价值正当性要求善治的实现。少数统治者治理不仅经常不是实现善治的可靠手段,而且还会反过来制约善治的实现。

自我保存缺陷进一步表现为三个方面的子问题。首先是最关键的利益协调问题。社会团结是国家治理制度稳定存在的现实基础,而社会团结的前提是社会成员间的利益协调。少数统治者治理不能充分实现利益协调。因为少数统治者治理这一现象本身就是对社会中利益分化的承认和固化。承认只有少数人才享有治理的权利或资格,就是公开认可社会中利益的差异化。这种治理制度不是去解决社会中利益冲突的根源,而是要求人们把利益冲突的状况当作合理的现实而加以接受。有些人指望贤明的君王凭借智慧实行正义,给予每个人他们所应得的东西。在此,智慧的原则和正义的应得标准全部委诸少数人的善意、私智和自律。这实际上也就是把国家治理制度和人民的幸福一并交托给偶然性摆布。其次是科学决策的问题。

国家治理制度的正常运转不可能离开理性的维持。但科学决策是有效治理的先决条件。少数统治者治理的问题在于它无法与科学活动的精神特质相契合。默顿指出，科学具有普遍主义、公有性、无私利性和有组织的怀疑四大精神特质[①]。而少数统治者治理一方面难以有效克服私利对决策公正性和有效性的影响，另一方面也由于少数人保持政治秘密的传统而无法达到普遍主义和公有性的规范要求。为了维持等级制的权威，有组织的怀疑也往往在少数统治者治理的情况下受到压制。这意味着少数统治者治理是难以实现科学决策的。最后则是执行力问题。治理的实现要求对治理命令的有效执行。而有效执行的前提是执行人和被执行人对治理权威的承认。而在少数统治者治理的情况下，广大人民群众和少数统治者之间是对立的关系。权力和利益存在分化，猜忌亦将不可避免，命令的执行也就容易受到抵制。以此之故，少数统治者治理的前现代国家治理制度由于利益分化、决策不科学、政令执行无效率的问题而往往陷入治乱循环的历史周期律。

国家治理制度的价值正当性问题则表现为善治的两方面要求。一方面，善治需要充分实现人民的福祉；另一方面，善治需要使作为整体的国家强盛。这两个要求相辅相成。而少数统治者治理在这两方面都是有缺陷的。

从实现人民福祉的角度看，少数统治者治理的制度缺乏对这一点的保证。首先，如前面指出的那样，少数统治者治理的模式将国家治理价值尺度的确定交托给一小部分人，这就难以避免少数人的私利取代人民福祉。一个人虽然未必是自己利益最明智的判断者，但总是自己利益最积极的关切者。在实现人民福祉方面，少数统治者既无法保证他们比人民群众更为

---

① [美]R.K.默顿：《科学社会学》上册，鲁旭东、林聚任译，商务印书馆2003年版，第365页。

明智，因为他们的生活往往脱离人民，也无从期待少数人能够一如既往地像关心自己的利益一样关心全体人民的福祉。其次，少数统治者的治理甚至未必会将人民福祉当作国家治理制度的价值尺度或实现目标。这种情况我们在古代国家的政治意识形态中屡见不鲜。这种治理所试图实现的正义状态是让每个人满足于他们在既存等级制秩序中所占位置的状态。这种等级制秩序一般被理解为君臣父子的纲常或各安其分的正义。例如，中国古代封建社会的民本思想出发点是维护封建等级制秩序，而希腊古典政治哲学则将治理关系比喻为牧人和畜群的关系，强辩说牧人对畜群的关照是为了畜群的利益，以此掩饰少数统治阶级对广大劳动人民的剥削和压迫[1]。就此而言，少数统治者治理是不能真正实现人民福祉这样的善治要求的。

从促进国家强盛的角度看，少数统治者治理也对国家整体的强盛程度产生消极影响。国家的强盛概略而言有三方面指标，即政治的清明、经济的繁荣与人民美德的培育。少数统治者治理意味着，外交上的战争与媾和、经济上的税赋与公共事业管理、政治上的人事安排和法律制定等重大公共事务的决定权都操于少数人之手。决策和计划成为政治秘密，缺乏建议与监督，甚至一部分腐败活动可以公然作为特权存在。这无疑是对清明政治的破坏。另外，少数统治者治理意味着政治权力的垄断。这意味着统治阶级为了避免其他阶级力量壮大破坏自己的执政基础，会主动限制经济活动的发展。与此同时这些统治者还可以利用权力进行寻租活动。而且少数统治者的治理还导致人民本身缺乏政治参与的机会和锻炼，进而缺乏公共精神。人民既然不认为国家治理制度代表他们自己的利益，也就不会积极拥护这一制度并为其做出贡献。

---

[1] [古希腊]柏拉图：《理想国》，郭斌和、张竹明译，商务印书馆1986年版，第28页。

综上所述，少数统治者治理确实是前现代国家治理制度的一项本质缺陷。它的缺陷既表现在本身构成了国家治理制度土崩瓦解的潜在隐患，又表现在它无力实现善治的理想治理目标上。东西方的前现代国家治理制度一治一乱的反复活动便是其典型表现。正是为了解决这一缺陷，国家治理制度现代化才会致力于探索充分实现人民治理的有效路径。人民治理可以将治理者与被治理者的身份统一起来，将分裂的权利和义务统一起来。借由这种方式，前现代国家治理制度在自我维系和实现善治方面的缺陷都将得到克服。在自我维系方面，人民平等的政治参与使得每个人的利益诉求都能得到考量，从而大大有利于利益协调的实现。人民治理也能够通过信息公开和群策群力来解决科学决策的问题。而人民自己当家作主也能够保证治理命令得到贯彻执行。在善治方面，人民是自己利益的切身关照者，也是财富和智慧的创造源泉，这将保证人民福祉得到实现。人民治理也通过取消特权、尊重劳动、公共参与的方式促成国家整体的强盛。同时，有必要补充指出，前现代国家治理制度历史运动的这种一治一乱的反复并不意味着历史循环论，而仅仅是其内在矛盾的外化表现。这种矛盾并不是永恒不变的，而是发展变化的。因此我们有充分理由认为人民治理是前现代国家治理制度的理想替代品，是国家治理制度现代化需要实现的核心目标。从这个角度看，充分实现人民治理无疑是国家治理制度现代化的根本任务和必然趋势。

（二）国家治理制度现代化的历史必然性

前现代国家治理制度因其自身缺陷而迈入朝向人民治理的现代化发展过程。这一点虽然是历史上发生的事实，但也需要加以理论上的辨析。因为关于这一点仍然存在悬而未决的问题。问题可以分为两个方面，一方面人们需要了解国家治理制度现代化的规律或根据，以便根据这一认识来指导实践活动。毕竟当前世界上还存在着大量的欠发达国家未能实现国家治理制度的现代化。而发达资本主义国家也很难说已经真正完成了政治领域的现代化，这些国家在经济上的富裕掩盖了它们社会内部阶级矛盾尖锐、民主不广泛不真实的现实情况。因此各国的治理制度建设都需要这方面的知识。另一方面，存在国家治理制度现代化的既成事实还不足以说明现代化是所有国家治理制度的必然趋势。许多保守派仍然认为人民治理这一现代化的目标是不可行的，因而希望抵制现代化，乃至在已经高度现代化的国家倒行逆施。这需要在理论上加以驳斥。

历史必然性首先表现在社会生产力的发展、生产关系的进步上。资本主义生产方式的迅速发展和全球扩张，促成了产生国家治理制度现代化的两个重要因素出现。第一，前现代国家治理制度那种治乱循环的经济基础被破坏了。它们无法通过旧的改朝换代模式来保证其国家治理制度继续正常运行。建立在新生产方式上的社会已经与旧的政治上层建筑不再相容。欧洲的土地贵族发现他们无法通过地租收入与那些新兴的产业资本相竞争，而他们用于维持自身等级制尊严的炫耀性消费还愈发依赖产业资本的规模化商品生产。欧洲各新兴民族国家的专制君主们寻求市民阶级的支持来压制教会、巩固自身权威、发动王朝争霸战争。在这一过程中，他们亦因沉重的债务问题而受制于资产阶级和新贵族。这一现代化的历史进程也不仅在欧洲发生影响。资本主义的殖民贸易和商品大生产同样破坏了其他地区前现代国家治理制度的社会经济基础。例如，中国的封建王朝曾采用重农抑商的经济政策和海禁的贸易政策来维护自身小农经济的基础。这种制度的传统崩溃模式基于人口增长和内部土地交易带来的土地兼并和人身依附问题。土地兼并和人身依附容易导致在农业歉收时大量贫农破产形成流民，地方势力坐大，中央税源枯竭、权威丧失的问题。这种问题一般是通过王朝更迭的战争加以解决的。战争使得人口减少，出现大量无主土地，统治阶级内部或是通过暴力冲突重新洗牌，或是由新的统治集团取代旧的统治集团。这使得社会资源的供求恢复平衡，资源得到重新分配，从而恢复政府权威、经济增长和社会秩序。但在资本主义出现以后，问题则变成了自然经济如何抵御发达资本主义国家商品倾销的问题。前现代国家在经济实力、工业实力以及行政与战争的组织度上都无法同现代资本主义国家相竞争。传统耕织结合、自给自足的自然经济被资本主义国家的军事侵略和贸易倾销所破坏。破产农民先是卷入对抗封建王朝的起义，接着又被吸纳到殖民地经济生产体系之中。在这样的状况下，单纯通过王朝战争在统治阶级内部洗牌、减少人口并重新分配土地是无法重建秩序的。中国封建社会的地主阶级也无力凭借地租收入和封建王朝的国家机器来同资本主义的殖民国家相竞争。

第二是资本主义的生产方式将新的组织模式强行赋予国家治理制度。我们可以用马克斯·韦伯的术语称之为理性化或合理化的进程。从历史来看，各国的现代化模式确实不尽相同。但我们也要注意到普遍性实际上寓于特殊性之中。不同的现代化模式背后一方面是现实的资本主义经济基础，另一方面则是抽象的资本主义组织原则。二者共同作用，将分散发展的人类各民族历史联系起来，真正构成了各民族彼此间命运攸关的世界历史。国家治理制度要想具有真正的治理能力，就要服从资本主义世界历史情境下的组织原则。这一组织原则的目标即韦伯所谓的合理化，而合理化的本质是计算。治理者不能再像前现代社会那样根据模糊的律法、礼俗施行治理。旧的治理模式需要的是释经家或经学家，这些饱学之士精通关于经典的知识，并努力判断在每个具体的情境中如何按照经典的微言大义做出决断。而资本主义的商品生产是不能容忍这种模糊性存在的。马克思指出："W-G。商品的第一形态变化或卖。商品价值从商品体跳到金体上，像我在别处说过的，是商品的惊险的跳跃。这个跳跃如果不成功，摔坏的不是商品，但一定是商品占有者。"①商品占有者要想在不摔坏自己的同时使利润最大化，就必须在成本—效益分析上精打细算，稳健地评估风险。这一切都要求人们对质上存在无穷差异的万事万物进行量化。另一方面，纵使人们不去完成这种量化工作，他们也需要通过建立即事（sachlich）②的严格规章制度来克服前现代组织原则的模糊性。这种处理方式在科层制官僚体系中表现得最为明显。现代国家治理制度要想获得有效的组织和执行能力就不得不服从于市场和科层制官僚组织的原则。而市场和科层制官僚组织的存在本身，却又是以平等个人的存在为前提的。换言之，市场必须把人当作平等的商品交换者来对待，否则也就不存在什么市场。同理，理性化的科层制官僚眼中没有身份和特权，只有即事的规章制度。也就是说，资本主义的抽象组织原则在形式上把自由平等的个人设定为自己的前提条件。资本主义的生产方式不断发展，迫使各种前现代社会不得不接受了形式上的人民治理原则。国家治理制度不能再将社会成员当作臣民加以统治，而不得不在形式上认可被治理者享有自由、平等的天赋权利。因为社会的经济发展已经在事实上造就了无数平等的商品占有者，并不断地将各种质的差异转化为货币所标示的商品价值差异。因此，国家治理制度也像人类社会生活的其他方面一样，逐步屈服于资本主义社会的理性化组织原则。这为形式上的人民治理出现创造了条件。

由此可见，资本主义生产方式的发展破坏了前现代国家治理制度自我

---

① 《马克思恩格斯文集》第五卷，人民出版社2009年版，第127页。
② 即事（sachlich），又译切事，德语词义指符合实际的、客观的。韦伯在其《经济与社会》中用该词说明官僚制支配的理性主义特点。参见Max Weber. *Gesamtausgabe* Band 22-4, Wirtschaft und Gesellschaft: Die Wirtschaft und die gesellschaftlichen Ordnungen und Mächte. Nachlaß, Teilband 4: Herrschaft, Tübingen, J. C. B. Mohr（Paul Siebeck），2005, S.234.

调整的经济基础，使得这些治理制度无法维系。与此同时，资本主义生产方式的抽象组织原则也迫使新的国家治理制度以自由平等的人民权利为其理想前提。虽然由于这种生产方式自身的缺陷，这种理想始终无法真正落实，但我们仍然可以从这里看出，人民治理是国家治理制度历史发展的大势所趋。人们要想科学认识与此相关的规律，进而把握国家治理制度现代化的进程，就要明确认识到充分实现人民治理就是这一进程的根本任务，进而向着这一任务的实现而努力奋斗。

（三）现代资产阶级国家治理制度的历史进步性：人民治理的初步尝试

在前现代国家治理制度的弊病与国家治理制度发展的历史必然趋势之外，我们还可以从现代资产阶级国家治理制度的历史进步性入手，论证充分实现人民治理是根本任务。历史进步性既表明，这一治理制度确实有其积极意义；另一方面又体现出，这一积极意义是具有历史局限性的。人们之所以承认这种国家治理制度具有进步性，主要是因为其做出了人民治理的初步尝试。诚然这一尝试的动机在相当程度上是虚伪的，现代民主法制原则的最初提出乃是因为封建贵族制衡君权的私心，这些贵族并无意同人民分享权力，但却需要把自己的利益伪装成普遍利益以寻求广泛支持。而且这一尝试本身也并未取得成功，现代资产阶级的代议制民主不过是资本家对社会的间接统治。但同时，也应该看到，这一尝试毕竟为国家治理制度之根本任务的实现提供了宝贵的经验教训。国家治理制度的发展有如黑格尔笔下哲学史的发展，旧的体系不是被简单否定而是被扬弃。现代资产阶级国家治理制度不是国家治理制度发展的终点，但其本身却也构成了新的社会主义国家治理制度得以建立的前提环节。因此根据历史唯物主义的辩证思想，我们在此既要指出其历史进步性的积极意义，也要对其存在的严重问题进行批判性分析,以此表明其尝试是初步的、不成熟的。对积极意义和消极意义的分析将表明,对现代化根本任务完成情况的评价实际上就是根据人民治理是否得到充分实现而做出的。

积极意义有两方面。首先,现代资产阶级的国家治理制度确实在客观上宣传了人民治理的民主观念。与早期资产阶级政治理论家在民主问题上小心谨慎的态度①不同,资产阶级国家为了表示自己相较于前现代国家治理制度的合法性,明确地以人民主权作为国家治理制度的根本原则。这一点可以从美国《独立宣言》和法国《人权宣言》的文本中获得印证。这些国家在个人权利上承认天赋人权,在公共权力上承认主权在民,旗帜鲜明地反对封建等级制和特权,鼓吹自由和平等。也就是说,人民治理作为价值理想在资产阶级的国家治理制度中开始获得广泛承认。其次,现代资产阶级国家治理制度的确探索出了一些积极有效的人民治理制度机制。列宁在总结马克思与恩格斯关于国家问题的经典论述时便明确提到一些这样的机制,如普选制、公职制、计算与监督职能等②。资产阶级的国家机器既有"议会清谈馆"这样粉饰太平、暗中阻碍人民治理的制度机制,同样也存在人民治理也可以应用的制度机制。事情的关键在于避免合理的水平分工和垂直分工异化为统治和压迫的借口和工具,而不是简单否定这些国家治理制度。就上述两方面而言,现代资产阶级国家治理制度为人民治理提供了积极的理论借鉴和制度工具。

历史局限性有三方面。现代资产阶级国家不能真正实现人民治理,缺乏广泛而真实的民主的根本原因在于生产资料私有制与社会化大生产之间的矛盾。这使得我们必须承认现代资产阶级国家治理制度所具有的历史进步意义是非常有限的、初步的。不承认这一点而片面强调其历史进步性,

---

① 王绍光:《民主四讲》,生活·读书·新知三联书店2008年版,第21-26页。
② [苏联]列宁:《国家与革命》,人民出版社2015年版,第48-51、112页。

就会误导人们在国家治理制度现代化上的实践。这一矛盾具体表现如下：首先是市场机制的弊病。现代资产阶级国家把私有制和自由市场当作人民治理的基础，认为普遍的私有制确保了人的自由，而自由市场促进的经济繁荣可以巩固这种自由。这就掩盖了资本主义市场机制之下商品生产服务于剩余价值的积累的本质。在此过程中，生产资料作为资本高度集中。生产资料的私人占有者由于这种占有而得益，成为事实上的食利者，并凭借经济富裕带来的购买力获得了经由市场间接支配他人的权力。而不占有生产资料的劳动者只能被当作与生产资料相对立的、过度供应的劳动力商品受市场调节。在此状况下，劳动者一方面要完成市场竞争带来的高强度生产指标，同时还要应对大量同样的竞争者，从而陷入恶劣的工作环境，被迫接受更长的工作时间和更低的待遇。这一方面导致广大劳动者缺乏参与治理的闲暇，另一方面导致广大劳动者无法充分发展自身的心智能力。而且他们由于自身同生产资料相分离，事实上为了生活而受制于占有生产资料的资本家。而且纵使存在公职机构的普遍选举制度，由于选举需要经济支持，这使得选举的参与者往往不得不接受资本家的资助或干脆就是资本家的利益代言人。因此人民在实质上丧失了参与治理的权利。其次是官僚制弊病。表面看来，在科层制官僚制度即事的规章面前人人平等，但问题在于这一制度本身也是异化的。一方面如前面所提到的，这种制度将人们的财产差异当作正常的、无关紧要的事情加以接受，从而默许了有产者对无产者的间接统治。另外，科层制官僚本身因其掌握执行的政治权力，本身就容易在缺乏民主监督的情况下异化为凌驾于社会之上的特权机构。而在现代资本主义国家中，由于资本主义生产方式对社会的支配地位，议会的议员和新闻媒体往往依附或归属于大企业。这就导致议会和舆论的监督实际上成了资本家集团之间相互攻讦的工具。虽然这种内斗偶尔也能暴露一些问题，能够在一定程度上实现监督职能，但并不能从根本上解决问题。最后则是身份政治弊病。现代资产阶级国家把性别、民族、宗教等曾经在公共领域中发挥重要作用的身份认同当作人的市民身份领域自由选择的事务从而实现了国家的政治解放。但这种政治解放只是国家作为独立的公共权力机构从习俗和身份认同中得到的解放,并非人民整体的解放。人民还未成为国家的主人,并由于这种简单的自由主义处理方式而陷入分裂。社会团结因此受到威胁,进而影响整个国家治理制度的稳定存续。

由此我们可以看到,现代资产阶级国家治理制度相较于前现代各种国家治理制度的长处,正在于其在一定程度上就人民治理方面所作的新制度创设。而现代资产阶级国家治理制度的问题所在,也正在于其没有能够充分实现人民治理,还产生了阻碍人民治理发展、掩盖其实现人民治理不充分的制度因素。这些缺陷是人们在充分实现人民治理时必需加以注意和克服的。这也从另一方面表明,人民治理确实是国家治理制度现代化的根本任务。人们实际上正是根据人民治理的实现程度来臧否现实中的现代国家治理制度。

综上所述,上面从前现代国家治理制度的缺陷、社会生产力发展带来的现代化必然性和现代资产阶级国家治理制度的历史进步性三个方面论证了国家治理制度现代化的根本任务是充分实现人民治理。接下来需要从历史经验和理论发展两个角度进行考察,以期通过现实和理论两方面的资源来阐明国家治理制度现代化之根本任务的内涵。只有在经验分析和理论演绎的基础上,方能有理有据地探寻国家治理制度现代化的根本任务为人们在此方面的实践提出了哪些具体原则。我们首先来回顾国家治理制度现代化之根本任务的历史实践经验。

二、国家治理制度现代化之根本任务的历史实践经验

充分实现人民治理是国家治理制度现代化的根本任务，因而也就构成了不同国家治理制度现代化进程的共性之所在。但充分实现人民治理的各种历史实践之间也存在着差异。因为各国国情不同，在内部发展水平与外部国际环境上均存在不同。因而，人们无从期待它们的国家治理制度现代化进程能够呈现出相同的面貌。按照国家治理制度现代化的起源是内生还是外缘的差别，可以区分出先发现代化国家和后发展国家两种类型。中国虽属于后发展国家的一员，但由于成功坚持了科学社会主义的制度、探索出适合本国国情的发展道路而具有典型意义，宜单独予以考察。

（一）先发现代化国家在根本任务实践过程中的经验教训

英、法、美等先发现代化国家的治理制度现代化进程各有不同。我们可以将其区分两种基本类型。一种类型是英国和法国这样的殖民宗主国。这些国家的治理制度现代化进程是从其旧的封建社会基础上肇始的，也就是说这类国家在制度变迁的过程中具有相对沉重的历史包袱。而另一种类型的先发现代化国家则属于殖民地独立的产物，其社会没有经历奴隶制到封建制的演化过程。这类国家的代表是美国。另外需要强调，美国和德国在工业化（或者说经济现代化）上并不属于先发国家，但美国在国家治理制度的现代化上却远早于德国。这是美国在此列入先发现代化国家的原因。

这种区分意味着由于国情不同，这两类国家在力图实现人民治理的根

本任务过程中不仅存在共性，也存在差异。我们首先讨论它们在这方面所表现出的共性，接着再分别分析其差异。

先发现代化国家在力图实现人民治理的维度上有两个方面的因素：一个方面是有利于充分实现人民治理的积极因素，另一个方面是不利于充分实现人民治理的消极因素。积极因素表现在这些国家生产力较为发达，较早采用了资本主义生产方式。而资本主义生产方式是破除各种封建义务、建立形式的资产阶级民主、宣传民主权利理念、维护资产阶级自由和平等的经济基础。马克思在《共产党宣言》中指出："资产阶级在它已经取得了统治的地方把一切封建的、宗法的和田园诗般的关系都破坏了。它无情地斩断了把人们束缚于天然尊长的形形色色的封建羁绊，它使人和人之间除了赤裸裸的利害关系，除了冷酷无情的'现金交易'，就再也没有任何别的联系了。"[①]例如，英国的圈地运动在13世纪就已出现[②]。这与英国在同欧洲大陆的贸易上所占的地位有密切关系。英国是羊毛和呢绒的传统出口国。而随着欧洲人口的增长和社会经济的发展，这一贸易利益的扩大与封建主兼并土地的过程共同促成了圈地运动的发展。而圈地运动本身则进一步造就了与生产资料相分离的雇佣劳动者，封建主也在这一过程中逐渐从土地贡赋的收取者转变为利用地产进行商品生产的资本家。这种经济转化过程减少了封建贡赋的收入，激化了封建君主和封建贵族之间的矛盾。贵族们在长期斗争中取得对君主的优势，以社会普遍利益的名义立法限制君主征税的权利，从而以间接的方式打击了封建的法律和君主制度。新兴的资产阶级和新贵族逐渐取代旧的土地贵族成为英国的实际治理者。而代议制民主制度也随着这一趋势得以确立。所以我们能够看到，发达的

---

① 《马克思恩格斯文集》第二卷，人民出版社2009年版，第33-34页。
② [美]詹姆斯·W.汤普逊：《中世纪晚期欧洲经济社会史》，徐家玲等译，商务印书馆1992年版，第85页。

资本主义生产关系是先发现代化国家破除旧制度、推进人民治理的重要积极因素。

然而，消极方面的共性也源自资本主义生产关系这一经济基础。资本主义生产关系虽然为现代民主政治的产生创造了条件，但其自身也阻碍着现代民主政治的进一步发展。有产阶级和贵族一样不愿意同"贱民"分享权利。英国、法国乃至美国这些主要资本主义国家在普选制度发展上的表现便是一个典型例证。英国代议制民主的正式建立可以追溯到光荣革命。但这种君主立宪制的国家治理制度在选举上存在财产资格、年龄和身份的严格限制。早在光荣革命前的内战中，平等派就已经提出了接近普选制的平等主义要求。但直到19世纪中叶争取普选权的宪章运动落幕，这一目标仍未实现。英国的选举与议会改革经历了漫长而曲折的斗争。直至第二次世界大战之后，由于生产力发展、社会生活水平提高和教育普及、民主进步运动力量的增长，加之资本主义世界以所谓"自由民主"的意识形态同社会主义阵营对抗的需要，较为完善的、取消了财产资格和性别限制的普选制度才逐步建立起来。而我们还应注意，这还仅仅是形式上的普选制度的确立。现代资产阶级国家治理制度没有采取避免资产阶级间接统治的有效措施，而是满足于这种形式民主的确立。

在共性之外，殖民地国家和欧洲殖民宗主国之间的资产阶级国家治理制度还存在着差别。殖民宗主国主要是西欧的老牌资本主义强国。这些国家具有漫长的封建社会的历史。这种历史传统对这些国家的国家治理制度产生了重要影响。以英国和法国为例。英国本身的资产阶级国家治理制度乃是贵族的上层革命所造就的。由于英国在封建社会的历史上中央集权的程度较低，地方封建势力和资产阶级势力较强，这就导致最高权力的转移相对容易。都铎王朝和斯图亚特王朝的封建君主借助新教和资产阶级的势力打击教会和旧土地贵族。斗争的结果是君主和教会的两败俱伤，新贵族和资产阶级掌握权力。但这种上层革命充斥着不彻底性。新贵族和旧贵族都是土地占有者。区别仅仅在于他们对土地的使用方式逐渐发生了变化，从征收贡赋开始转向土地投资，从地租收入转向商品生产。这种较为和缓的过渡导致其国家治理制度中保留了许多前现代的制度遗存，如君主制度保留了下来，贵族控制着议会上院。法国的变革则相对较彻底，但这种较为彻底的变革为了克服封建社会的历史包袱而付出了沉重的代价。自1789年法国大革命爆发起始到1877年第三共和国两院选举中共和派取得压倒性胜利耗费了将近百年，期间革命与复辟此起彼伏，政权更迭频繁，社会动荡不安。而第三共和国本身也是旧势力与资产阶级妥协的产物[1]。我们也能从法国之后的历史发展中看到，虽然君主制度再无卷土重来的机会，但法国通向人民治理的道路依旧曲折。在1898年德雷福斯事件中，反犹主义者与保皇派还曾一度试图煽动政变[2]。

与英法不同，美国这样的殖民地资本主义国家中最为尖锐的不是克服封建制度遗存的问题，而是殖民主义的问题。殖民活动古已有之，但殖民主义则是资本主义造成的一个特殊现象。欧洲殖民主义的目标是为资本主义的商品生产提供市场和原料产地。其手段则是对美洲的武装征服和资源掠夺，以及在非洲掠夺奴隶。在这一过程中北美的殖民地逐渐发展起来，并同自己的母邦产生了利益分化，最终因为税收和代表问题爆发了独立战争。换言之，像美国这样的资本主义国家是直接建立在殖民主义的基础上的。这就为美国的现代资产阶级国家治理制度带来了不同于欧洲大陆国家的问题。对于英法这样的国家而言，殖民主义问题对其国家治理制度的影响相对有限。因为对它们来说，民族解放运动不仅意味着殖民地利益的丧

---

[1] 吕一民：《法国通史》，上海社会科学院出版社2002年版，第238页。
[2] George. R. Whyte. *The Dreyfus Affair: A Chronological History*, New York: Palgrave Macmillan, 2008, p. 243、249、262-263.

失,也意味着殖民地负担的解除。但美国这样的国家则不然,其制度受到殖民地社会传统的深刻影响。移民(殖民者)和移民(奴隶与外来劳工后代)以及原住民群体之间存在深刻的历史矛盾,这些矛盾又逐渐发酵为种族问题、宗教信仰问题和政治权利问题。这种国家治理制度因而深陷于身份政治的泥沼之中。它是建立在对部分欧洲无产阶级移民以及非裔、亚裔和拉丁裔无产阶级的残酷剥削基础上的。其他种族移民争取政治权利的斗争更为艰难而曲折。该问题在19世纪70年代一度导致了美国分裂的危机。南北战争中北方的胜利虽然避免了国家的解体,在法律上废除了奴隶制,但并未彻底解决对少数族裔的种族歧视问题。在两次世界大战之后,美国又在20世纪60年代左右爆发了黑人民权运动和新左派的学生运动。这些运动反对社会中的不公,要求贯彻人民权利,消除种族歧视,终结越南战争这样的侵略战争。美国政府通过福利政策和武力镇压的方式压制了这些社会矛盾。但纵使是在21世纪初的当下,我们也能从弗洛伊德事件中看出其国家治理制度内部存在的深刻矛盾。种族主义与身份政治问题既是殖民主义的遗存,也是资本主义生产方式不断加以维续的社会现实。富裕的白人作为殖民者的后裔、现代"文明"的代表和资本主义体制的既得利益者,与其他族裔贫困的奴隶和劳工后裔相对立。阶级矛盾由于历史的缘故转化为种族矛盾。这构成了殖民地类型的先发现代国家治理制度的核心问题。

综上所述,先发现代化国家的国家治理制度在实现人民治理的历程中为我们提供了如下经验教训。资本主义生产关系既是破除旧制度的有力武器,又是导致人民治理发展不充分的主要障碍。对于充分实现人民治理来说,生产力的发展与生产关系的进步具有决定性作用。这是这些国家的治理制度得以进行现代化实践的关键。但另一方面,资本主义生产方式本身不足以充当人民治理的经济基础。这一生产方式对于真正的、完善的人民治理而言是落后的。这表现在它既不能彻底清除殖民宗主国的封建社会遗存,还会带来像殖民主义这样引发社会分裂、巩固少数资产阶级统治的问题,从而阻碍人民治理的实现。这启示我们,资本主义的生产方式对于实现人民治理有其积极作用,但要充分实现人民治理,必须扬弃资本主义生产方式,这样才能进一步克服前现代社会腐朽的旧制度,同时解决殖民主义和少数资产阶级统治的问题。

(二)后发展国家在根本任务实践过程中的经验教训

与先发现代化的国家治理制度相似,后发展国家在国家治理制度现代化上也存在不同的模式。从发展状况的角度看,主要有如下三种类型。

后发展国家治理制度现代化的第一种类型是德国和日本这样的后发资本主义国家。它们为了争夺生存空间,逐渐法西斯化或军国主义化。它们对先发资本主义国家工业现代化模式的效仿反而导致了与被模仿者不同的结果,实际上是在逆国家治理制度现代化的大势而动。因为世界业已被先发国家在殖民活动中瓜分殆尽,后发展资本主义国家要想获得商品市场和原料产地就得进行帝国主义争霸战争。它们推行穷兵黩武的侵略扩张政策与种族主义宣传,巩固其国内的政治强权,维护大资产阶级的垄断统治。法西斯主义本质上是垄断的国家资本主义在政治上的表现。从自由竞争阶段向垄断资本主义的发展导致一部分经济较发达的后发展资本主义国家铤而走险,放弃民主共和制度。国家治理制度出于资本主义发展的需要被扭曲。

魏玛德国的资产阶级民主制度的崩溃是一个典型案例。这一国家治理制度的建立并非出于德国民族资本主义发展的需要,而是这种民族资本主义扩张失败后不得已的妥协。德国民族主义者不承认德国在一战中的战争责任①。在此情况下，该制度对外不能解决赔款问题，对内则不能实现人民治理。政权实际上受到军队和地方保守势力的控制和影响。换言之，魏玛德国的民主制度虚有其表，很快就由于不能进一步满足国内资产阶级、右翼保守势力和左翼革命势力间相互冲突的要求而陷入崩溃。最后右倾的军队和纳粹分子达成了合作②，德国的国家治理制度现代化受到重大挫折。日本军国主义的产生也出自类似的资本主义侵略扩张的所谓"生存空间"需要③。德国和日本成功建立资产阶级的民主政体，要等到二战结束后盟国对两国实施军事占领和民主化改造。西德由于马歇尔计划和欧洲煤钢联营而被正式纳入美国主导的资本主义世界经济体系，东德则在苏联影响下实施了社会主义改造。加之德国对战前纳粹势力的清算较为彻底，可以说德国在人民治理的实现程度上相对较高。而日本长期执政的自民党主体依然是战前旧官僚体系的孑遗。其之所以能长期维持代议制民主和选举制度的关键在于美国主导制定的所谓"和平宪法"及美国在日本的长期军事存在和经济控制④。虽然美国在日本的军事存在和经济控制本身主要并不是为了维系日本的民主制度，而是出于遏制社会主义阵营的战略考量，但客观看来毕竟在一定程度上抑制了日本国内的右翼势力。而美国对日本的经济渗透也起到了类似的作用。简言之，德日这样的后发展工业国的国家治理制度现代化过程是异常曲折的。资本主义生产方式在后发国家的迅速发展不但没有能够深化这些国家的人民治理程度，反而使得这些国家链

---

① [瑞士]埃里希·艾克：《魏玛共和国史》上卷，高年生等译，商务印书馆2021年版，第157页。
② [瑞士]埃里希·艾克：《魏玛共和国史》下卷，王步涛等译，商务印书馆2021年版，第413页。
③ [日]井上清：《日本帝国主义的形成》，宿久高等译，孙连璧校，人民出版社1984年版，第2、22页。
④ [日]升味准之辅：《日本政治史》第四册，董果良译，商务印书馆1997年版，第842页。

而走险,试图用绝对主义、种族主义和军国主义的方式整合国内力量,同先发现代化的资本主义国家争夺势力范围。这表明资本主义生产方式对国家治理制度现代化的巨大负面作用。抛开发达资本主义国家有缺陷的形式民主不谈,人们依然不能期待资本主义生产方式为所有国家都提供同样的民主制发展动力。自由竞争蕴涵着自我毁灭的种子,竞争参与者的目的是扩大自身的势力、击败竞争对手,也就是为自身争得垄断地位。这表明的警示是,后发展国家盲目模仿先发现代化国家的殖民争霸道路是极为危险的,只会为国家治理制度的现代化进程带来挫折和毁灭。

后发展国家治理制度现代化的第二种类型是由于民族解放运动获得独立的殖民地国家。这些国家由于长期从属于发达资本主义国家主导的世界经济体系①。这种依附地位导致了它们政治上的独立是不彻底的。这些国家一方面由于经济上弱势的依附地位,无力为了捍卫民族资本的利益而同发达资本主义国家进行帝国主义的争霸战争,避免了自身为了集中力量进行侵略战争而法西斯化。但另一方面,这些后发展国家因此在实现人民治理上存在比美国这样的发达国家更为严重的问题,即买办化。其国家治理制度严格说来是受到前殖民地宗主国或其他帝国主义国家的暗中控制和影响的。治理者往往成了帝国主义国家在其国内的利益代言人。19世纪初的拉丁美洲各国和二战后的亚非地区殖民地独立国家都有类似的问题。拉丁美洲长期是西班牙和葡萄牙两大老牌殖民帝国的殖民地。随着西班牙和葡萄牙旧的封建君主制日趋衰落,在世界市场的竞争中不敌英法等新兴殖民主义国家,其国内爆发资产阶级革命,加之受到美国独立战争的影响,拉丁美洲借机兴起了民族解放和独立的运动。但这一运动并未带来拉丁美洲的真正解放。美国借拉美革命之机对其展开渗透。1823年美国总统门罗发

---

① [德]安德烈·冈德·弗兰克:《依附性积累与不发达》,高铦、高戈译,译林出版社1999年版,第179页。

表咨文，开始试图将整个美洲纳入自己的势力范围[1]。美国对拉丁美洲的介入过程反映出资本主义由殖民主义侵略向帝国主义侵略发展的重大转变。发达资本主义国家不再通过直接的殖民统治控制第三世界国家，而是通过经济手段间接控制这些国家。这样做一方面避免了治理殖民地导致的巨大经济成本和道德负担，另一方面可以更为高效地实现对商品市场和原料产地的控制。这些像拉美一样独立了的前殖民地国家由于历史上曾长期处于殖民状态，其经济结构单一，往往处于产业链下游，属于劳动力密集和资源密集型产业。投资和技术则掌握在发达资本主义国家手中。这使得这些国家在经济和政治上不得不依附于发达资本主义国家。前殖民地国家的人民希望通过社会改革和经济改革的方式提升产业结构，进而改善工作条件和劳动待遇。但这意味着在当地投资的外国大资本面临用工成本上涨，资源价格腾贵，竞争对手涌现等问题。所以发达资本主义国家为了维护自身在前殖民地国家的经济利益，不惜通过经济制裁、暗中煽动和军事干预等手段强行阻断前殖民国家的国家治理制度现代化发展进程。经典例证如智利的阿连德政府。该政府具有一定的社会主义倾向。因此美国纵然知道这是一个民选政府，仍不惜违背自身的意识形态宣传采取经济制裁和颠覆活动[2]，以期使该政府倒台以维护其投资者的利益。而军事独裁者皮诺切特的政变和统治虽然违背了美国"自由民主"的意识形态，却获得了美国的支持，甚至还有芝加哥学派的经济学家指导智利进行经济上的新自由主义改革。由此可以看出，民族解放运动之后建立起来的诸多新兴民族国家虽然通常采用形式上的民主制，在政策上具有一定

---

[1] 张友伦等：《美国通史》第二卷，人民出版社2002年版，第137页。
[2] James Petras, Morris Morley. *The United States and Chile*, New York: Monthly Review Press, 1975, p. 28、33.

社会主义色彩，但这些国家的治理在很长一段时间内难以摆脱资本主义世界经济体系的辖制。这警示我们国家治理制度现代化的实现离不开对资本主义生产方式的扬弃，人民治理的实现需要抵制发达资本主义国家的政治经济侵略。

第三类后发展国家的治理制度现代化采取的是社会主义道路。社会主义道路同样经历了曲折的发展历程。第二国际的领导团体试图通过议会政治和改良主义的道路实现从资本主义向社会主义的和平过渡，以此充分实现人民治理。这导致他们最终背弃了科学社会主义的原则，在一战中变成了以民族利益为借口支持帝国主义争霸战争的帮凶[1]。俄国在马列主义的正确指导下通过十月革命成功建立了社会主义的国家治理制度。这一国家治理制度抓住了经济基础的问题，通过对生产关系进行社会主义改造来克服资本主义生产关系对人民治理造成的阻碍。其实践还为人民治理贡献了先锋队政党和苏维埃制度等宝贵的遗产。当然，苏联的社会主义国家治理制度也存在缺憾。由于对官僚主义和腐败问题治理不力[2]，美苏争霸的技术与军备竞赛导致严重财政问题，大国沙文主义政策导致与其他友好国家离心离德，同时未能妥善应对西方资本主义国家的颜色革命攻势。苏共亡党亡国的教训警示我们，社会主义的国家治理制度不是建成之后就一劳永逸的工程，而是需要妥善维护并长期为之奋斗的事业。社会主义国家治理制度长久稳定的发展需要充分发挥人民民主，解决官僚主义和腐败问题，在国际上不争霸、倡导和平发展和共同繁荣，同时加强自身的意识形态建设。

---

[1] J. Lenz. *The Rise and Fall of The Second International*, New York: International Publishers, 1932, p. 93.
[2] [美]大卫·科兹、弗雷德·威尔：《来自上层的革命——苏联体制的终结》，曹荣湘、孟鸣歧等译，中国人民大学出版社2002年版，第146页。

（三）中国在根本任务实践上的成功经验

上述分析向我们表明，不但先发现代化国家的治理制度未能充分实现人民治理，而且后发展国家也在治理制度现代化的进程中走过歧路、遭受过挫折。资本主义国家制度曾经在推动人民治理的发展上起过积极作用，但现在却变成了充分实现人民治理的阻碍。先发现代化国家满足于自身取得的先发优势，无意深入变革。后发展国家则经常面临要么买办化、要么法西斯化的两难抉择。然而这里仍然存在另一种道路，即中国在国家治理制度现代化建设上的成功经验。这种发展模式坚持走符合国情的科学社会主义道路，避免了国家治理制度法西斯化和买办化的问题，坚持了充分实现人民治理的任务目标。法西斯主义的问题是在先发现代化国家控制世界之后依然试图复制其现代化模式，也就是通过保护民族资本，进行殖民活动以获取商品市场和原料产地的方式实现现代化。结果这就使得罪恶的殖民主义制度演化为残暴的法西斯和军国主义制度。这种新制度是垄断资本主义和专制独裁统治的结合，逆国家治理制度现代化的历史大势而动。这一制度以民族和种族利益为幌子，欺骗、压迫本国人民，侵略、剥削外国人民，认为以人民治理为代价可以换得国家的强盛。结果是将自身拖入毁灭的深渊。而民族解放运动后独立的第三世界国家试图走自己独立发展的道路，但限于历史因素，自身经济结构单一且国家总体实力不足以保证独立自主。后果是受到帝国主义国家的间接支配。中国发展的历史进程避免了法西斯化和买办化的问题并实现了独立自主，为后发展国家探索充分实现人民治理的道路提供了宝贵经验。

到目前为止，中国国家治理制度现代化的发展经历了三大阶段。第一阶段是封建王朝末期保守主义的改良阶段。改良的主要倡导者是清末的开明官僚与士大夫。他们的基本主张是在不触动封建社会上层建筑的情况下引进西方先进技术以自强①。他们的反对者则认为先进工业技术的发展是对儒家礼教中"义利之辩"这一核心原则的背离,认为善治的关键在于对纲常名教的遵守而不是对利益的满足和解决②。反对派的主张固然不能解决封建国家治理制度崩溃的危机,很快便丧失了实际的政治影响。而洋务运动所提出的保守的改良主义方案也是自我毁灭的。他们试图调和封建社会的上层建筑和工业文明的经济基础,以此来保全旧的国家治理制度。如果官督商办企业按照旧的封建官僚习气进行治理,那么很快就会被市场竞争所淘汰。如果这些洋务企业服从市场竞争的规律,那么治理者就必须按照资本主义市场规律和理性化的组织原则行事。历史事实证明,清政府腐朽没落、权威丧失、治理绩效低下,已经无法扮演封建国家和帝国主义买办的双重角色,最终在民族资产阶级领导的起义面前土崩瓦解。

第二阶段是资产阶级民主共和国的治理阶段。但这道路也被证明是不成功的。建立现代资产阶级国家治理制度的尝试不断受到挫折。旧制度的瓦解不是因为新兴力量足够强大,而是因为旧制度自身的无能。民族资产阶级力量弱小,相应的议会政党政治虚弱无力,建立不久的民国,很快便沦入北洋军阀的统治下。而此后,国民政府则随着蒋介石和汪精卫相继背叛国民革命表明其反动性质③。蒋介石所支配的南京国民政府是建立在帝国主义、大地主和民族资产阶级的支持之上的大军阀政权。其支持者之间利益不一致,也就导致该政权不断地在法西斯化和买办化之间摇摆不定。加之帝国主义对中国的侵略力度较大,这导致南京国民政府买办化的程度相对强于法西斯化的程度。换言之,当时的国家治理制度同时面临法西斯

---

① 张之洞:《劝学篇》,中州古籍出版社1998年版,第50-51、111页。
② 李细珠:《晚清保守思想的原型——倭仁研究》,社会科学文献出版社2000年版,第178-181页。
③ 金冲及:《二十世纪中国史纲》第一卷,社会科学文献出版社2009年版,第256-273页。

化和买办化的双重危险，但买办化的程度更高。如果任由这种情况发展下去，中国就有踏上殖民地独立国家买办化道路的风险，也就是变成在经济和政治上依附于发达资本主义国家的附庸。这种国家治理制度的形式和执政的阶层不由人民决定，而是服务于外国投资者的利益。而如果民族资产阶级力量较强，这些资产阶级寻求自身发展的需要则不免有将中国卷入帝国主义争霸战争的风险。中华民国的历史发展表明，照搬先发现代化国家的模式，试图通过发展资本主义生产关系以推动国家治理制度现代化的道路是不可行的。正如黑格尔所说的主奴关系辩证法那样，精神的发展并不是由奴隶简单重复主人的成功模式而得以实现的。相反，奴隶是通过劳动确证了自身的存在和力量，从而开辟出新的发展道路[①]。后发展的殖民地半殖民地国家不能也无需效仿先发现代化国家的殖民主义模式。

第三阶段是中华人民共和国的社会主义阶段。俄国十月革命的经验启发了中国的有识之士。社会主义道路可以避免资本主义阻碍人民治理实现的弊害。虽然科学社会主义的、共产主义的意识形态与资本主义社会的意识形态尖锐对立，不过坚持共产主义理想和科学社会主义原则的国家不会主动发动争霸战争，反之因为自身的人民立场而坚持和平发展的道路。具体说来是因为社会主义改造消除了资本主义式剩余价值生产的经济基础，为和平创造了物质条件。另一方面，坚持社会主义道路维护了国家治理制度的独立自主性。社会主义的经济改造和外交政策使得中国得以免于发达资本主义国家主导的世界经济体系的控制。这为后来中国以平等姿态同世界各国展开外交和经贸往来创造了前提条件。简言之，中国共产党通过土地革命战争、抗日战争和解放战争打垮了日本帝国主义侵略者和南京国民政府的买办势力，建立并发展了符合国情的社会主义国家治理制度，避免

---

① [德]黑格尔：《精神现象学》上册，贺麟、王玖兴译，上海人民出版社2013年版，第189—190页。

了中国国家治理制度现代化面临的法西斯主义危险和买办化危险。社会主义改造为充分实现人民治理奠定了经济基础。人民代表大会制度、多党合作与政治协商制度以及基层民主自治制度的建立，更是为充分实现人民治理提供了直接的制度保障。中国的成功经验为充分实现人民治理探索了一条崭新的道路。

三、国家治理制度现代化之根本任务的不同理论探索

在国家治理制度现代化的漫长历史进程中，关于根本任务的理论探索也得到了长足发展。理论研究者在价值和方法问题上对充分实现人民治理做出了丰富的研究成果。其中政治哲学主要研究充分实现人民治理的价值论证，而公共管理理论则主要研究充分实现人民治理的实践方法。而相应的政治哲学本身又可以分出权利正义论谱系和共同善目的论谱系[①]。我们接下来就从历史唯物主义的立场出发对这些理论成果分别加以评析。

（一）政治哲学权利正义论谱系：
充分实现每个理性个体的国家治理权利

政治哲学权利正义论谱系发轫于早期近代政治哲学。其目标在于解决中世纪封建国家治理制度崩溃引起的危机。这种哲学在现实中受到资本主义生产方式发展和封建依附关系崩溃的影响，在理论上则受到新兴自然科学之"分解——综合"方法的影响。社会现实因素塑造了权利正义论的

---

① 刘敬鲁：《价值视野下的国家治理》，商务印书馆2017年版，第39页。

理论目标。封建王朝战争使得封建贵族财源紧张，促使他们倚重关税解决财政问题，鼓励贸易。而新航路的开辟则创造了巨大的商品市场和原料产地。这使得早已存在的圈地运动进一步发展，贵族违背封建义务剥夺了农业人口的生产资料，从而把他们抛向新兴制造业。资本主义生产方式的出现塑造了资产阶级，他们迫切需要变革国家治理制度以满足自身的利益需要。新贵族和资产阶级敌视君主强化专制权力的行为，反对无休止的征税。他们同时希望解决封建制度解体过程中出现的社会失范现象。早期的权利正义论思潮正呼应了这一诉求。理论因素也响应了这一现实变化，服务于人类福祉的新兴自然科学开始取代中世纪思辨的经院学术。霍布斯公然宣称："哲学的目的或目标，就在于我们可以利用事先看到的结果来为我们谋取利益，或者可以通过把一些物体相互地应用到另外一些物体上，在物质、力量和工业所及的限度内，产生出类似我们心灵所设想的那些结果，来为人生谋取福利。"[1]霍布斯所理解的哲学，就是心灵对事物进行分解——综合的推理活动，就是新兴自然科学应用的研究方法。感觉经验和理性推理取代了传统政治哲学的空洞思辨。我们能够在约翰·洛克的哲学中看到早期权利正义论对这两方面因素的经典综合。

洛克继承了培根、霍布斯以降的英国经验主义哲学传统，吸收了这一传统中自然科学的影响因素。他认为感觉经验是人类知识的来源[2]，用分析的方式处理人类经验，通过个别的感觉观念要素来说明整体的人类知识构成[3]。这种哲学认识论反映在政治哲学上，就形成了通过自然状态下独立个体彼此间订立社会契约的方式来说明国家治理制度形成过程的理论。换言之，国家治理制度起源于社会契约，而社会契约之所以订立，则是因

---

[1] [英]霍布斯：《论物体》，段德智译，商务印书馆2019年版，第20—21页。
[2] [英]洛克：《人类理解论》上册，关文运译，商务印书馆1959年版，第72页。
[3] [英]洛克：《人类理解论》上册，关文运译，商务印书馆1959年版，第138页。

为人们在契约中让渡彼此的自然权利①。但这不过是对霍布斯理论的概述和发挥。洛克进一步的贡献在于，通过引入劳动与所有权的概念，他更新了人们对自然状态的理解，从而避免了使权利正义论得出霍布斯式的绝对主义结论②。换言之，洛克提出了占有式个人主义的权利正义论。这一理论主张人通过劳动获得土地和财产的私有权，这迎合了资产阶级的需要，在观念上正当化了他们利益诉求③。此外，这一理论也从个体的自然权利和社会契约出发，肯定了人民拥有反抗暴政的革命权力。可以说，洛克的权利正义论为即将建立并逐步完善的资产阶级代议制民主提供了哲学上的奠基和辩护工作，同时沉重打击了维护封建义务和君主专制权力的旧政治哲学。

随着资产阶级国家治理制度的建立和稳定，资本主义生产方式的进一步发展，权利正义论也出现了新的进展。商品经济的关系开始渗透到社会的各个角落，劳资矛盾日益激化，欧洲各国为争夺殖民地爆发了新的争霸战争。国家治理制度需要新的理论指导来应对日益复杂的国内国际局势。国家治理的活动已经不能简单地在自然法和自然权利的框架下得到妥善安排了。从先验正确的自然法原则出发，演绎各种法规来应对国际关系与国内问题固然不敷，而像英国那样依靠传统的习惯法来应对新形势也难免捉襟见肘。因此出现了以边沁和密尔为代表的功利主义者。他们试图用更贴近资本主义社会现实状况的效用分析来更新权利正义论，以便能够提供一种科学的、量化的方法解决国家治理制度面临的新问题。这种效用分析本身并不构成对权利正义原则的否定。边沁、密尔这样的思想家仍旧认为国

---

① [英]洛克：《政府论》下册，叶启芳、瞿菊农译，商务印书馆1982年版，第59—61页。
② [英]洛克：《政府论》下册，叶启芳、瞿菊农译，商务印书馆1982年版，第61页。
③ [英]洛克：《政府论》下册，叶启芳、瞿菊农译，商务印书馆1982年版，第30—33页。

家治理制度在起源上源于诸多个体让渡自然权利的社会契约建构。不过新的分析方法改变了人们对权利和正义概念的理解。他们试图从心理效用的角度对所有伦理和法的范畴进行科学的说明，希望能够通过对人的心理感受的苦乐程度入手，将质上存在差异的各种价值关系梳理清楚，提供一种清晰合理的价值排序来指导国家治理活动，安排国家治理制度[①]。这样就能够为各种相互冲突的权利提供一种使用量化手段的、高效的评估与处理方法。功利主义进一步完善了权利正义论的体系，为人们从个体主义心理角度论证资本主义民主制度提供了新的理论手段，一定程度上弥补了权利正义论对共同善和福利问题关注不足的缺陷。其问题则在于，心理主义的效用分析过于片面，而且其效用原则无法与权利正义论对程序正义的关注妥善地协调起来。

随着资本主义从自由竞争向垄断的发展，殖民地瓜分趋于饱和，主要资本主义国家内部出现尖锐的矛盾，特别是缺乏殖民地的后发展资本主义强国如德、俄、日和先发资本主义强国如英、法之间关系日趋紧张，由此爆发了两次世界大战。两次世界大战后旧的世界殖民体系瓦解，主要资本主义国家普遍采用凯恩斯式计划经济和福利国家制度实施治理活动以促进战后复兴。然而这种计划经济和福利国家制度在缓和社会矛盾，恢复经济的过程中产生了新的社会问题，出现了放任的自由主义方式与福利经济方式之间的斗争。这关乎现代资产阶级国家治理制度的稳定。因而促成了罗尔斯对权利正义论的再一次更新。罗尔斯本人以长期支配伦理学与政治哲学传统的功利主义作为论战对象，认为这种以效用为基础的分析方法不足以妥善解决国家治理制度的问题。他通过批评功利主义质疑了国家治理问题上的福利主义方案和放任自由主义方案。在理论建构上，他试图从康德

---

① [英]边沁：《道德与立法原理导论》，时殷弘译，商务印书馆2000年版，第57-60页。

哲学那里汲取思想资源以复兴旧的契约论传统。这种更新的契约论可以为社会制度的首要价值——正义提供论证[①]。而正义则构成了国家治理制度建构的指南。这种建构试图解决前两种权利正义理论未能妥善解决的平等与自由的关系问题。洛克的占有式个人主义和边沁、密尔的功利主义都无法在权利正义论的架构内妥善考虑平等问题。这导致相应的国家治理制度安排一方面承认自由和机会平等，另一方面却无力阻止社会中不平等与自由丧失的现象。这就导致既存的资本主义国家治理制度是虚伪的、不充分的民主。这种民主虽然在形式上成立，但在实际上则是少数有产者的间接统治。罗尔斯提出，为了实现平等的政治自由，需要实行财产所有的民主制。他通过原初状态的思维实验论证正义原则的合理性与可能性[②]，继而试图说明人们可以在理性多元论的现实基础上通过重叠共识和反思平衡来落实这一原则[③]，实现每个个体平等的政治自由和财产所有的民主制。这是力求在不触动资本主义基本经济制度的基础上根据权利正义原则出发建构人民治理的崭新理论尝试。显然，由于没有考虑生产方式问题，这种理论难以达到自己的目标。但这一理论深入探索了与人民治理息息相关的正义问题、多元论问题和共识问题，对人们进一步探索人民治理的实现途径具有一定的积极意义。

简言之，权利正义论努力探究充分实现人民治理的方式，反映了国家治理制度现代化的深入过程。同时我们也应注意到，这一理论谱系囿于自身的资本主义前提，始终无法真正解决阻碍人民治理充分实现的症结。这

[①] [美]约翰·罗尔斯：《正义论》，何怀宏等译，中国社会科学出版社1988年版，第1页。

[②] [美]约翰·罗尔斯：《正义论》，何怀宏等译，中国社会科学出版社1988年版，第113页。

[③] John Rawls. *Justice as Fairness: A Restatement*, London: The Belknap Press of Harvard University Press, 2001, pp. 29–38.

是其局限性所在。

（二）政治哲学共同善目的论谱系：
充分实现国家治理制度下全体成员的共同善

政治哲学中的共同善目的论谱系历史悠久，人们在古希腊柏拉图和亚里士多德的政治学著作中已经可以看到这种理论的雏形。共同善目的论曾经被用于为古代城邦治理制度和中世纪的封建王国治理制度辩护。而随着资本主义的产生和权利正义论的兴起，这一理论谱系的发展一度受到抑制。权利的概念取代了善的概念成为国家治理制度安排的根本指南。但随着现代资本主义国家治理制度逐步建立，其弊端日益明显，共同善目的论也开始复兴。共同善目的论的主要目标不是确保每个治理主体对国家的治理权利，而是试图探索能够整合所有理性个体治理活动的共同善，解决由于资本主义发展、利己主义和个人主义思潮流行而导致的社会失范与国家分裂问题，重建社会团结以培植稳定的国家治理制度，实现人们的共同福祉。这一理论谱系在思想上借鉴了古代和中世纪的政治哲学思想资源，在现实中则以受到资本主义市场体系冲击的各种共同体（如国家、同业公会、社区、种族、身份团体等）为基础。在近代，资本主义生产方式的发展大大改变了社会的阶级构成。新兴的资产阶级经济实力不断壮大，但在政治上缺乏代表权力。与此同时资本主义生产关系的发展也意味着生产者与生产资料之间的分离，封建土地制度的崩溃将大量无产者抛向市场，而市场竞争积累剩余价值的需要则导致了对无产者的无情剥削。这导致了资本主义生产关系发达的国家爆发了各种形式的革命。其中尤以法国大革命最为激进、最为彻底。而这场最为激进和彻底的革命一方面造成了恐怖状态的发生，另一方面也未能兑现其"自由、平等、博爱"的承诺。这引发政治哲学中对权利正义论思想的反思和清算。权利正义论思想是启蒙哲学的一个重要组成部分,而启蒙哲学又是法国大革命的指导思想。这种从共同善目的论角度出发进行启蒙反思的一个重要代表即黑格尔。

黑格尔既是启蒙的批评者,又是启蒙的捍卫者。他并不试图恢复古代的国家治理制度,而是尝试揭示启蒙的权利正义论的缺陷,从共同善目的论的角度重新构造现代的国家治理制度。他拒绝把国家治理制度理解为社会契约的产物,而强调国家是伦理理念的现实,是客观精神[①]。通过将国家概念纳入他自己的形而上学体系,黑格尔把国家说成一种有机的整体。这种整体不能来自个体任意的约定,而只能是历史发展的必然产物。换言之,不是个人的约定创造国家,而是作为伦理观念实质的民族精神塑造了国家。国家治理制度是绝对精神自我实现过程在客观精神阶段的一个环节。他通过这种方式拒斥了权利正义论的个人主义和契约论诠释,恢复了对国家的目的论解释。但另一方面,黑格尔并不主张废除国家治理制度现代化的成果。他强调国家是主观自由的现实化,认为国家本身不是单纯否定了市民社会的片面自由,而是将市民社会和家庭综合起来的更高阶段[②]。他所描述的理想国家治理制度是对当时普鲁士国家治理制度的美化。这种国家治理制度属于资产阶级君主立宪制,由世袭君主的决断权力(王权—单一性)、等级制团体和同业公会的立法与咨议活动(立法—普遍性)、行政官僚的科层制权力(行政—特殊性)所组成[③]。他认为这种国家治理制度提供了自由概念的定在,不会陷入法国大革命的抽象人民革命原则产生的恐怖之中,能够用实质性的伦理填补抽象自由的空虚。黑格

---

① [德]黑格尔:《法哲学原理》,范扬、张企泰译,商务印书馆1961年版,第288页。
② [德]黑格尔:《法哲学原理》,范扬、张企泰译,商务印书馆1961年版,第287页。
③ [德]黑格尔:《法哲学原理》,范扬、张企泰译,商务印书馆1961年版,第326-327,407-408页。

尔的这种共同善目的论一方面正确揭示了启蒙的权利正义论原则缺乏实质伦理内容，因而难以建立稳定民主国家治理制度的特点，另一方面也带有浓厚的保守气质和大量残存的封建因素。他试图把启蒙国家治理制度的抽象自由原则改造为自在自为的自由理念，但实际上不过是把建立在偶然和任意基础上的王权强行说成是自在自为的自由理念的完成。这反映出共同善目的论自身依然带有前现代国家治理制度的消极影响。

共同善目的论的第二次复兴发生在20世纪70年代，属于对福利国家制度衰退、新自由主义兴起和罗尔斯式新型权利正义论发展的理论回应。其代表即社群主义。社群主义主张新的权利正义论仍然未能正确认识国家治理制度安排的根据。它批评权利正义论所提出的正义优先于善的主张。如桑德尔就指出，整个道义论的自由主义谱系都依赖于哲学上对有选择能力和占有能力的主体的预设。这种主体预设构成了正义优先于善的理论前提[①]。权利正义论的支持者要么像康德那样用批判哲学的先验方法确定一个先验主体的存在，进而用这个主体来担保实践理性的选择能力和义务优先于形形色色的欲望、福利或善；要么像罗尔斯那样寄希望于通过在一个设定好的原初状态中多元理性主体的重叠共识活动来确立正义原则的优先性。当然，在道义论之外，还有诺齐克这样从财产占有角度主张最弱意义国家的权利正义论者。权利正义论的这些理论的共同问题就是忽视了主体所处的社会环境和客观道德秩序的必要性。真正有选择和占有能力的个体需要作为某一共同体、某一历史的成员而存在[②]。这些个体需要一种客观的、作为统一体的善来指导他们。没有这种对共同善之优先性的恰切考

---

① [美]迈克尔·J. 桑德尔：《自由主义与正义的局限》，万俊人等译，译林出版社2011年版，第18页。
② [美]迈克尔·J. 桑德尔：《自由主义与正义的局限》，万俊人等译，译林出版社2011年版，第202页。

量，国家治理制度将是有缺陷的。人们将无从建立起适合道德自律的伦理规范。这就导致权利正义论指导下的现代国家治理制度将会是失范的国家治理制度。以此，他们再一次强调共同善或者说社会目的对于国家治理制度现代化的重要性。但社群主义提倡者们的问题在于，他们的共同善目的论长于哲学上的驳论，短于理论上的建构。同黑格尔的共同善目的论相比，他们具体的建设性政治主张则较为空疏。桑德尔、麦金太尔的论著都较为理论化，侧重于对自由主义的批判。而塞尔兹尼克所提出的小共同体自治、社会互助和分权等制度安排主张，则缺乏与传统保守主义主张之间的区别，不过是关于现代资产阶级国家治理制度的局部修正方案[1]。这是社群主义理论的不足之处。

综上所述，政治哲学的共同善目的论谱系有其前现代的理论渊源，主要是作为权利正义论的批评者而出现的。它通过对现代资产阶级国家治理制度和权利正义论的批评揭示出维系社会团结、要求整体福祉的共同善和社会目的对于国家治理制度现代化的重要意义。这是它的主要贡献。其缺陷在于缺乏正面的现代化制度建设方案。黑格尔式的方案过于保守，一方面以伦理理念的现实的名义牺牲了国家治理的现代化目标，另一方面也不能真正保证伦理理念的现实性。社群主义虽然不反对人民治理的根本任务，但缺乏调和民主参与和人民福祉两种原则的具体制度方案，只是以共同善和社会的名义批判自由主义的权利正义论。换言之，它们在制度上的方案不过是主张对既存的现代资本主义国家治理制度修修补补，并不能真正解决通过制度安排充分实现人民治理的问题。因此我们可以得出这样的结论，共同善目的论关于权利正义论的弊病的分析提出了正确的问题，但尚未提供相应足够充分的解答。

---

[1] 参见[美]菲利普·塞尔兹尼克：《社群主义的说服力》，马洪、李清伟译，上海人民出版社2009年版。

（三）现代公共管理理论：充分实现国家治理制度的理性化

现代公共管理理论产生于19世纪末，是工业革命和社会制度变革的共同作用的产物。工业革命的发展一方面产生了对科学化、理性化管理的需要，另一方面更创造了理性化管理的技术手段。而早期资本主义国家治理制度的腐化和低效则构成了现代公共管理理论产生的直接原因。以美国为例，南北战争的结束整合了其国内的经济结构，而西进运动更带来了农牧业和采矿业的繁荣，吸引欧洲的移民继续涌入，使得资本主义生产关系得到了深远持久的发展。这种资本主义的经济繁荣进而导致了整个社会上层建筑的资本主义化。政党党魁与大企业相互勾结，相互进行利益授受。大企业对党魁提供选举的经济支持，而党魁在选举成功后则进行政治分赃。这构成了镀金时代美国国家治理的重大问题，也导致了改革国家治理制度的进步主义运动兴起。文官制度改革的倡议早在1867年就已出现，到20世纪初经由威尔逊和古德诺这样的行政理论家的发展，终于形成了独立的现代公共管理理论。

现代公共管理理论的主要目标是解决新兴的资本主义国家治理制度所出现的腐败和低效的问题。这些问题是传统政治哲学未曾予以充分处理的。正如前两节所介绍的那样，政治哲学传统的权利正义论谱系和共同善目的论谱系更多地关注国家治理制度安排的正当性基础与根据，反而忽视了具体制度安排如何遏制腐败、提升效率的问题。像威尔逊和古德诺这样的早期行政学家注意到了这种缺陷，主张通过区分政治与行政，建立专业的行政学研究对此加以解决[1]。这种早期的现代公共管理理论致力于采用即事的科层制官僚体系代替腐败无能的政党分赃制度。为了实现

---

[1] Woodrow Wilson, "The Study of Administration", *Political Science Quarterly*, Vol. 56, No. 4, 1941, p. 494.

这一点，这种理论主张强化中央政府的权威，建立明晰的管理规章制度，通过公开的、竞争性的考试选拔职业官僚。古德诺明确地强调："在我们自己情况下，要想不失去民治政府，在很大程度上要看我们是否有能力防止政治对行政施加过大的压力，以及防止控制行政的政党利用行政来不正当地影响公共意志的表达。"[1]通过建立这种独立的、理性的科层制官僚体系，进而让这种行政权力真正与立法权力形成制衡，早期现代公共管理理论指导下的官僚制改革在一定程度上减轻了党魁政治和分赃制的弊害[2]，使得美国得以整合国内力量进行海外势力扩张。但我们也需要认识到，这种韦伯式的理性化手段并不能从根本上解决美国国家治理制度中腐败和低效的问题。因为这些理性化的手段并不触及生产资料私有制，不过是为了稳固资产阶级的统治而做出的让步。人民对惩治腐败和真正参与治理的要求没有得到充分实现。

经历了20世纪30年代的大萧条和第二次世界大战之后，现代资本主义的国家治理制度进入了新阶段。这种国家治理制度在经济上以凯恩斯主义的经济干预手段和福利政策来调和阶级矛盾，巩固资本主义生产关系；在政治上则逐渐完成了普选制的建立，完善了资产阶级的代议制民主。这些措施促成了战后近三十年的经济复苏。但随着70年代石油危机的爆发和经济滞胀的普遍状况，这种国家治理制度也难以为继。早期公共管理理论的解决方案，也暴露出一些不可忽视的问题。而现在这一解决方案又愈发暴露出新的问题。官僚制体系僵化死板，导致了治理效率低下，产生了严重的浪费问题。滞胀经济下福利国家所面临的债务问题趋于恶化。新公共管理理论因此应运而生。新公共管理理论的重点是批

---

[1] [美]F. J. 古德诺：《政治与行政》，王元译，华夏出版社1987年版，第70页。
[2] 丁则民等：《美国通史》第三卷，人民出版社2002年版，第218页。

判既存的科层制官僚体系。这一理论接受了关于人是有限理性存在者的哲学人类学前提,强调仅靠人的有限理性并不足以应对现实治理活动中纷繁复杂的实际情况。他们进而建议包括国家治理制度在内的公共管理应采用去中心化的、分权的改革措施①。公共部门应当减少税收、削减预算,从治理活动的实际"划桨手"转变为在社会服务机构和资本之间建立联系、发布任务的"掌舵人"②。这也就是试图用合同制与委托—代理机制替代传统的政府直接干预,从而发挥商品市场和服务市场专业化分工的比较优势,从而降低成本、提高效率。应当承认,新公共管理理论在这一方面的探索确实为解决官僚制度效率低下的弊病提供了较为有效的解决方案。不过这一方案也产生了许多新问题。一些公共部门由于其事业的特殊性质不适于委托给企业或社会组织,比如国防、司法和成本较高的公益性事业。而且分权和去中心化治理也可能会导致威胁国家治理制度稳定存在的分裂问题。前者牵涉资本主义逐利原则对公共事业的异化和破坏,后者则涉及如何兼顾治理效率和政治稳定的复杂问题。换言之,新公共管理理论在解决腐败和效率问题的同时威胁到了社会团结和民主参与的原则。这些都是实现人民治理需要遵循的原则。新公共管理理论尚不能为之提供足够充分、合理的解决方案。

通过对上述三种与国家治理制度现代化相关的理论探索进行分析,我们可以简要地概括出它们各自的得失。政治哲学的权利正义论谱系旨在充分实现每个理性个体的治理权利,探索了占有式个人主义、功利主义和道义论的社会契约论解决方案。换言之,这一理论谱系主要关注如何实现民

---

① [英]简·莱恩:《新公共管理》,赵成根等译,中国青年出版社2004年版,第220-221页。
② [美]戴维·奥斯本、特德·盖布勒:《改革政府》,周敦仁等译,上海译文出版社2006年版,第10页。

主参与的问题。但民主参与只是充分实现人民治理所需的一个原则,权利正义论未能妥善解决如何充分维持社会团结,如何有效提升治理效率、增进人民福祉等问题。与之相对,政治哲学的共同善目的论谱系意识到了社会团结的重要性,也指出了正义优先于善这一主张的局限性。换言之,它充分关注到了社会团结和人民福祉的重要性。但问题在于,这一理论谱系有为了维护共同善而牺牲民主参与原则的倾向,而且像权利正义论一样未能对治理手段问题予以恰当关注。现代公共管理理论则深入探索了治理制度的理性化问题,对治理的效率和有效性问题做了充分考察,但其弊端在于缺乏对治理的正当性问题和目的问题的深入探讨,而这正是前两种政治哲学理论谱系的长处。因此我们能看到,之前的政治哲学研究和公共管理研究实际上已经探索到事关国家治理制度现代化之根本任务实现的四大原则,即社会团结、民主参与、人民福祉和有效治理。但由于学科分化的问题,尚未能对此予以综合考察。接下来我们就将对这些原则进一步做出分析,以便说明充分实现人民治理所需要满足的规范性要求和条件。

四、国家治理制度现代化之根本任务的实现原则

　　国家治理制度现代化的历史经验和理论探索启示我们,充分实现人民治理既是所有致力于实现治理制度现代化的国家的根本任务,也是一项复杂艰巨的系统性事业。单纯模仿先发现代化国家的资本主义道路不能真正实现这一根本任务。只有走符合自身国情的道路才能够取得成功。而政治哲学和公共管理理论的研究成果又提示我们,普遍性寓于特殊性之中。要想充分实现人民治理,那么就需要在立足特殊国情的基础上确定根本任务

的实现原则。这些实现原则对于国家治理制度的现代化活动而言具有普遍意义。前两节中我们通过对国家治理制度现代化的历史进程和理论发展进行考察，归纳出四个根本任务的实现原则，即：社会团结原则、民主参与原则、人民福祉原则和有效治理原则。其中社会团结原则是国家治理制度存在的必要条件，因而也是其他各原则的实现前提，应首先予以考察。而民主参与原则、人民福祉原则和有效治理原则的讨论，则分别对应其代表性的政治哲学或公共管理理论在现代化进程中的演进顺序。权利正义论首先系统主张了民主参与原则。共同善目的论作为对权利正义论的反动为国家治理制度现代化补充了人民福祉的原则。而诞生最晚的现代公共管理理论则系统阐述了有效治理的原则。思想史的演进反映了理论内在的逻辑运动。每一个继起的原则都能够补充和深化前一个原则的主张。因此我们接下来宜依此顺序具体分析这些原则的必要性、内涵以及实现方式。

（一）社会团结原则

社会团结是国家治理制度稳定存在的前提条件。没有社会团结，不但国家治理制度现代化的根本任务无法完成，就连国家治理制度的存在本身都成问题。国家治理制度要想稳定存在，就必须满足三个要件。第一，存在治理权威。治理者及其权力应当获得有效的承认。治理者与被治理者之间缺乏信任关系就意味着权威的丧失。这会导致治理活动不能令行禁止，反过来还有因为权威不受承认而导致产生权力争夺的危险。第二，治理制度需要稳定的社会环境。如果一个国家之中，社会由于阶级、性别、种族、宗教等原因而陷入分裂，那么纵使存在治理权威也会面临极大的治理负担。如果治理者不能解决这些矛盾冲突，那么社会就有解体之虞，国家治理制度的建立也就无从谈起。第三，社会团结是社会各组成部分有效沟通的前提条件。而有效沟通本身是国家治理制度得以正常运转的前提。如果社会团结不存在,那么治理活动本身要想实现信息的收集和传布就格外困难。因为分裂的社会成员彼此间相互疑惧甚至敌对,这就使得有效沟通成为不可能。

上述三个要件指出了社会团结对于一般国家治理制度的重要意义。此外,社会团结对于试图充分实现人民治理的目标而言也是至关重要的。在前现代的国家治理制度中,等级制原则被视作天经地义。君主个人以其血统和军事征服的暴力获得统治资格。帝国这个术语因此被用来与民族国家相对,指包含了诸多不同民族的政治共同体。不同的民族并非由于实现了社会团结而在一个共同体中生活,而是因为君主的暴力征服活动而慑服其权威之下。这种治理制度本身是落后的、不稳定的,也不必过多费心于真正社会团结的实现。但旨在充分实现人民治理的国家治理制度现代化则不同。人民治理的必要前提就是社会团结。因为如果一个社会中广大的人民因为阶级、性别、种族和宗教等问题陷入分裂,那也就谈不上人民实施治理,存在的只会是不同阶级或身份团体之间无休止的争斗。而这种争斗的结果只会是少数胜利者对其他大多数人的统治。这违背人民治理的根本任务目标。而一旦存在社会团结,也就是说人民并未产生利益和阶级分化,那么人民作为一个整体实施治理活动也就成为可能。在这种情况下,人们方能展望卢梭所谓"公意"对"众意"的替代[①]。人民群众具有共同的利益,才能心往一处想,劲往一处使。

因此,社会团结原则不论是从其对维系国家治理制度的普遍意义上看,还是从对于充分实现人民治理的特殊意义上看,都具有不可替代性。因此我们有充足的理由认为社会团结原则是充分实现人民治理的必要条件。

既然社会团结原则对于充分实现人民治理至关重要,那么我们就更

---

① [法]卢梭:《社会契约论》,何兆武译,商务印书馆2003年版,第38-40页。

不能误解它的内涵。社会团结原则要求的是多元理性主体的和谐共存，而不是治理主体的同质化。换言之，也就是要实现和而不同的政治共同体。这种共同体的制度模式既不同于同质民主模式也不同于等级制模式。古代希腊的城邦民主制即建立在小共同体基础上的同质民主模式。由于城邦规模足够小，社会成员也就往往以同一血族或同一民族的成员为主，彼此之间相互熟识，而且再加上古代社会生产力不发达，阶级分化程度低，使城邦民主制可以建立在利益休戚与共的武装公民的联合之上。这种古代的民主制带有人类文明社会初期军事民主制的色彩，其基础是不发达的生产力和小共同体的社会生活。而随着生产力发展和社会进步，国家治理制度无法再在这样简陋的基础上维持人民治理了。遑论古代的城邦民主制往往还需要使用奴隶劳动的经济模式对自身加以补充。由此可见，卢梭认为在处于青春时代的民族的小共同体中才适宜实现人民治理的政治哲学观点[①]，是存在时代局限性的。他以古代有缺陷的奴隶制民主作为模板设计人民治理的国家治理制度，从而为国家治理制度现代化提出了无法复现的前提条件。现代繁荣的世界市场和发达的专业化分工体系都意味着采用同质化手段实现人民治理是不现实的。而等级制模式更是直接与充分实现人民治理的根本任务相冲突。这一模式让人们把不平等当作天经地义的事情加以接受，违背了人类社会历史发展的进步要求。

社会团结原则可以通过经济—生产关系和政治—教化活动两种路径加以实现。经济—生产关系的实现路径可以为社会团结的实现奠定基础。而政治—教化活动则负责将生产实践领域的现实需要转化为法律和习俗的确定形式。就经济路径而言，我们已经知道社会团结不以实行牺牲多样性的同质化为前提。人民内部在经济能力、经济利益、经济地位等方面存在

---

① [法]卢梭：《社会契约论》，何兆武译，商务印书馆2003年版，第56-65页。

一定差别是正常的，并不是说为了实现社会团结就要取消这些差异。问题在于找出妨碍社会团结的主要矛盾并加以解决。所以社会团结原则要求人们承认社会经济中存在的合理差异，反对那些造成剥削与压迫的不合理矛盾[①]。而像地主和资产阶级通过垄断生产资料攫取社会权力，进而支配和压迫其他社会成员，这种阶级矛盾威胁社会团结。人们因而需要通过大力发展生产力、变革生产关系来消灭社会成员之间利益分化的基础。就政治路径而言，仅仅消灭了政治利益分化还不够。社会的意识形态上层建筑也应当适应经济基础的变化。这要求多元异质的社会成员之间应在共同利益的基础上建立共识。从辩证法上讲，这也就是要求人们不是把普遍性和特殊性对立起来，而是要将特殊性看作普遍性的有机环节。同质民主模式的普遍性是空洞的、抽象的。只有经过社会分工的发展，人民在不同领域发展了自身的美德或能力，这样才能使普遍性取得其具体的内容。而社会团结就是要求这种具体的特殊内容和抽象的普遍性统一起来。这种统一不能通过黑格尔所谓"单一性"的王权来实现，而应当通过共同利益基础上的人民治理来实现。这种共同利益的实现途径既包括对每个个体民主参与权利的承认（公民身份），也包括人民群众在工资收入、劳动保障和社会福利上的公平分配（人民的物质福祉）。没有这种治理活动作为中介，人民群众也就难以形成共识。这实际上也表明，社会团结原则的实现需要国家治理制度贯彻民主参与原则和人民福祉原则。这一认识正好印证了第一节中我们对前现代国家治理制度的判断。那些制度没有致力于实现人民治理，只是用暴力的阶级统治压制社会矛盾，因此不可能实现真正的社会团结，也就无从保证国家治理制度的稳定存续。

至此我们确认，社会团结原则对于充分实现人民治理至关重要。这一

---

① 参见《马克思恩格斯文集》第一卷，人民出版社2009年版，第537页。

原则要求国家治理制度尊重差异，谋求共识。这两项要求实际上又与民主参与原则和人民福祉原则的实现密不可分。我们也能就此看出，根本任务的各个实现原则彼此之间不是孤立的，而是相辅相成的。因此接下来我们便转入对民主参与原则的分析。

（二）民主参与原则

民主参与原则的必要性体现在如下两个方面。

首先，它是充分实现人民治理的内在要求，人民治理这一范畴本身就蕴涵着民主参与的意义。如果没有广泛而真实的民主参与，那么人民治理就是一句空话。现代资本主义的国家治理制度就是一个典型案例。从其国家治理制度的法权安排上看，人民是具有民主参与的权利的。但如果我们透过这种法权安排的表象去观察其国家治理制度的实际运行过程，就会发现问题。这种治理制度实际上往往将权力分置于作为立法机构的议会和作为行政机构的政府手中。换言之，这种权力事实上要么掌握在议会多数党手中，要么掌握在行政机构的官僚手中。这里存在着政党和官僚同广大人民之间的关系异化问题。人民并不实际参与治理活动，而仅仅通过定期选举的方式来选择接受治理委托的对象。这样一方面逐渐削弱了人民参与治理活动的能力，另一方面则导致掌握治理权力的团体容易形成自身的独有利益。长此以往就会导致人民与治理代理机构之间的分化乃至对立，人民治理就不可能实现。

其次，它是辨别人民治理实现程度的重要指标。民主参与原则对于人们判断人民治理实现的充分程度而言也是必要的。民主参与的程度是人民治理充分程度的体现。人民越是积极踊跃地参与到国家治理活动中，我们就可以说人民治理实现的越充分。在社会重大议题的讨论与决策上，人民群众越是群策群力、建言献策，就表明这里人民治理的实现程度越高。

如果虽然存在人民民主参与的机制，但人民群众却并不积极行使自己的参与权利，那么我们就有理由认为这里人民治理的程度是相当有限的。在现代资本主义的国家治理制度中，确实存在一些民主参与的机制。但我们能够看到，资本主义的社会环境将人塑造成利己主义的冷漠个体。这些个体虽然愿意捍卫自身的消极自由，却往往缺乏行使积极自由的公共精神。当然，问题也不仅仅在于人民受到利己主义思想的影响。资本主义国家治理制度受制于资本主义的生产关系，这意味着公共参与的精神不得不同自由放任的"自生自发秩序"作斗争。这种经济基础的影响也是打击资本主义国家人民民主参与积极性的一个重要原因。我们可以从主要资本主义国家选举活动中有限的投票率里看出这些征兆。所以我们有理由认为，民主参与原则不仅确定了人民治理是否存在，还标志着人民治理的实现程度。因此，民主参与原则作为人民治理的内在要求和程度标志而言是不可或缺的。我们应当承认民主参与的必要性，遵循民主参与的原则，才能充分实现人民治理。

民主参与原则的内涵则在于以下三个条件：反映人民意志、体现人民诉求、汇集人民智慧。满足了这三个条件，我们才能认为民主参与得到了真正落实。因为这三个条件分别从知、情、意的角度反映了人民对治理活动的参与过程。

第一个条件是反映人民意志。意志是主体自身的目的或原则对客体的主动、有意识的投射。换言之，意志本身表现了主体的目的和志趣。国家治理制度要想贯彻民主参与的原则，就必须在制度安排和政策实施上体现人民意志。这也就要求国家治理制度的制度安排应当提供人民表达意志、进行决策、达成共识的机制。民主参与的过程不应当是议会议员或职业官僚用自己意志代替人民做出主张、进行决断的过程。民主参与的过程应当是由人民根据自己的意志来做出主张、进行决断。第二个条件是体现人民诉求。这一点是从情感和利益角度出发所做的分析。人并不是独立存在的主体，而是生活在具体社会历史环境中的生命有机体。所以我们不能仅仅考虑人民主观意志的表达，还要考虑他们自身受环境因素影响的情感和利益。因为意志所指向的目标或规划并不总是与情感和实际利益保持一致。意志的规划可能会出错，由此出发的实践会通过情感的伤害和利益的损失来惩罚人们。例如国家可能通过民主决策的方式决定大力开发自然资源以促进经济发展。但如果这种开发计划未能慎重考虑环境污染、资源浪费和建立健全产业体系的问题，就有可能因为盲目开发导致人民的利益受损、产业由于高度依赖资源优势而在国际分工中处于不利地位等问题。因此国家治理制度要想符合民主参与原则的要求，就应该在反映人民意志的同时顾及人民的真实需要。这一制度不仅要使出自人民意志的决断成为可能，还要能够根据人民的真实利益需要对决断做出有效的限制，准备好可以补救决策失误的预防措施。第三个条件是汇集人民智慧。前两个条件分别从参与动机和参与效果的规范角度体现了民主参与原则的内涵。但要想让这两个规范角度真正落到实处，就需要理性、科学的决策机制。这里所做的就是知识或者说理性角度的分析。理性和科学的决策机制应当源于广大劳动人民的集体智慧。这也就要求人民群众在国家治理制度中能够充分交流意见，提供信息。与之相应就需要有能够使信息充分流动的制度安排。以此，人民群众在生产生活实践中所积累的丰富知识就能够为治理活动提供知识储备上的基础。治理活动因而才能真正来自人民、依靠人民、为了人民。

为了使制度能够反映人民意志、体现人民诉求、汇集人民智慧，就需要人们在制度安排层面破除阻碍民主参与的因素，为上述三者的实现提供渠道和帮助。阻碍民主参与的因素有经济、政治、文化三个方面。经济剥削使人民因异化劳动而陷于贫穷和繁忙的境地，也就丧失了民主参与的可能性。政治上的委托—代理模式以专业化的名义僭取了人民的政治参与资格。这并不是说事事都要非专业人士亲力亲为,而是强调人民可以把具体的工程委托给专业人士,却不应放弃属于自身的治理权能和监督义务。文化上资本主义生产方式滋生了利己主义和政治冷淡主义的意识形态,它们使人们忘记了积极自由是消极自由的前提条件。人民不应将自身人身、财产等权利的实现仅仅寄托于少数人或许具有的善意之上。与此相应,国家治理制度也应当在经济上建立劳动和医疗等社会保障制度,通过合理的再分配机制免除人民群众政治参与的后顾之忧。在政治上,国家治理制度应当提供人民意志表达的渠道和平台。如我国的人民代表大会制度、多党合作和政治协商制度、基层民主自治制度、社会听证制度等都是这一方面的典型例证。在文化上,国家治理制度应当积极创造有利于民主参与的文化氛围,培育人民群众的公共精神和主人翁意识。这也就是要让人民群众确立公共事务就是自身事务的意识,从而能够主动为国家治理活动提出意见、贡献力量、承担责任。通过这些方式,国家治理制度方能全面有效地贯彻民主参与的原则。

(三)人民福祉原则

人民福祉原则的必要性也表现为两个方面,它既是充分实现人民治理的内在要求,还为人民对人民治理目标的承认和拥护提供了外部诱因。

就内在要求而言,若没有贯彻人民福祉原则,那么纵然存在团结稳定的社会和民主参与的机制,人们也不能说人民治理得到了充分实现。因为人民治理如果徒具形式,实现的却是少数特权阶层的利益,那么就算不上真正的人民治理。这一点在现代资产阶级的国家治理制度中表现得最为明显。虽然这种国家治理制度具有民主选举的形式,但它既没有解决资本主义生产方式带来的异化问题,又不能通过这种制度来为人民福祉提供保障。异化问题指大多数劳动人民和少数资本家之间阶级分化，劳动人民进而丧失自由的问题。仅凭普选制和代议制民主并不能解决社会阶级分化的问题。经济干预制度试图通过税收和福利的再分配手段来缓解社会矛盾，结果造成了沉重的公共债务。而且税收在市场经济条件下是可以被资本家转嫁给消费者与雇佣劳动者的。换言之，增税将导致企业为降低成本而裁员、缩减投资、提升商品价格。而如果不增加税收，国家则难以负担调和阶级矛盾所需要的高额福利支出。这是异化问题不能在现代资产阶级国家治理制度下通过再分配政策得到彻底解决的原因。而不能为人民福祉提供保障则是说这些国家服膺资产阶级政治经济学的分工和比较优势学说。因此人民不过是通过选举的形式来用委托治理权力的方式"购买"专业治理机构的服务。而政党和职业官僚就是治理服务的提供者。所以并不是人民在治理，而是人民委托某些"专业机构"来代理自己治理。"专业机构"凭借自身对专业技术知识的垄断而获取利益，还可以以此为借口逃避人民群众的监督。这意味着委托代理机制很难避免委托者和代理人之间产生利益的分化与对立。该制度不但未能促成人民福祉的实现，还导致实际掌握治理权力的团体拥有了不同于人民福祉的一己私利。

就外部诱因而言，如果只考虑保证民主参与，却并不在乎人民治理的成果是否能为民所享，那么人民就会厌弃这一制度，转而寻找更加能够保障自身福祉的治理制度。为此相当一部分人甚至会愿意放弃自己的部分治理权利以换取对自身福祉的保证。前现代的亚里士多德政治哲学认为人可以区分为自然主人和自然奴隶。自然奴隶被认为是缺乏用于辨明自身乃至社会福祉的理性，从而有必要依附那些具有理性天性的主人[①]。不是所有的人都能通过教育变成理性的人。教育只能使那些具有理性潜能的人实

---

① 《亚里士多德全集》第九卷，颜一、秦典华译，中国人民大学出版社1994年版，第9-10页。

现他们的潜能,却不能凭空创造这些人的禀赋。因此该理论就认为人民福祉的原则要求智慧的人进行统治。只有智慧的人才能实现整体的善。而善优先于人的自由,是指导治理的根本原则。如今该学说的形而上学基础已经被现代自然科学驳倒了。但我们也应当承认亚里士多德对善或幸福的强调有部分合理性。现实经验告诉我们,确实有相当多的人是宁愿为了自身福祉的实现而选择放弃自己的治理权利的。自然等级制固然是失败的,它的主张不能兑现其实现人民福祉的许诺。但这并不构成国家治理制度现代化忽视人民福祉的理由。人们一方面应该避免放弃权利导致自身福祉缺乏保障,另一方面应避免将善与正义对立起来。要想确保人民治理的充分实现,就应该保障人民福祉。这样才能使人民群众全心全意、毫无后顾之忧地支持人民治理。

因此,人民福祉原则的实现对于充分实现人民治理至关重要。它既是充分实现人民治理的题中应有之义,又是这一根本任务能够得到人民群众广泛支持和拥护的重要原因。因此,我们就有必要对人民福祉原则的内涵进行澄清。这就是要说明人民福祉原则具体要求国家治理制度实现哪些类型的人民福祉。

人民福祉并不是某种单一利益,而是人民群众各方面利益的统一整体。举例而言,只有政治权利却缺乏经济上的物质保障;或者经济利益得到实现的同时健康受损、环境破坏,这些都不能被看作是人民福祉的实现。所以人民福祉原则要求国家治理制度尽可能实现人民群众最广泛的利益。我们可以大致将人民福祉区分为经济利益、政治利益、文化利益、健康利益、环境利益、自由全面发展的利益这六个基本类型。这六大类利益的满足构成了实现人民福祉的基本条件。

经济利益是六大类利益中的基础性利益,有两方面基本内涵。经济利益首先是指人民应当具有维持生活的基本收入保障,其次是指人民群众的收入可以满足其享受优质生活、促进自我发展的需求。政治利益是六大类利益中的核心利益，与人民治理的关系最为紧密。政治利益包括一系列具体的公民权利。这些公民权利可以分为两类，包括人格和人身财产不受侵害的消极权利与进行政治参与的积极权利。文化利益指人民在进行文化创造、享受文化产品、接受文化熏陶等方面的利益。健康利益主要指人民群众的生命健康权利的实现，涉及体育健身、卫生与疾病预防、医疗等方面。环境利益同样涉及多个方面，其中比较主要的有自然资源保护、自然环境保护与污染治理、生态保护、人居环境改善等。最后则是人民自由全面发展的利益。这一利益主要包括三个方面。第一个方面是国家治理制度应当从各种角度为人民自由而全面的发展创造条件。这种条件的创造实际上包括了前面提到的各种其他利益。没有这些利益的存在，人民的自由全面发展就是不可能的。第二个方面则是指国家治理制度不应过度干涉人民自由全面发展的选择。前现代国家治理制度的拥趸主张，人民的发展只能是在通晓自然目的的少数"贤能"治理者指导之下的发展。这不过是对现存的等级制度的神圣化与合理化。国家治理制度要想完成充分实现人民治理的根本任务，就应当拒斥这样一种不科学的世界观，保障人民的自由全面发展。第三个方面是保障人民自由全面发展的权利不等于放任自流。相反，为了保障人民自由全面的发展，就要通过制度预防人们滥用自己的自由侵犯他人的自由全面发展的权利。这就同样需要健全的法律法规和预防惩戒机制。

上述六大类利益表明人民福祉本身具有极其丰富的内涵，这就为与之相应的实现活动提出了较高的实践要求。各种利益需要不同的制度保证和资源投入，而它们彼此之间相互联系，甚至还有可能发生冲突。因此我们有必要分析它们可能的实现方式。

在各种不同的利益中，经济利益和政治利益是最为重要的两个环节。

按照人类社会变革的历史经验，前现代国家治理制度向现代国家治理制度转型的过程中最大的阻力就是既得利益问题。而既得利益中最重要的就是经济利益和政治利益。经济利益事关人本身的再生产，是其他一切利益的基础，而政治利益则是决断的权威本身。其他各种利益都可以从二者派生出来。没有经济利益的实现，人连生存都成问题，遑论其他利益的实现。而若人不享有政治利益，人的其他各项利益是否能实现则皆取决于他人的意志，从而缺乏保障。因此，国家治理制度现代化实际上要求统治者放弃他们的对政治、经济利益的垄断，进而实现广大人民的政治、经济利益共享。

实现人民福祉原则的关键在于变革社会的政治经济制度，使之符合人民群众的利益诉求。但对社会政治经济制度的变革阻力重重，这就需要人们在制度变革之前做好准备工作。准备工作包含生产力和理论文化研究两大方面，分别对应物质和观念上的准备条件。生产力的发展不是实现人民福祉的全部，但没有生产力的发展人民福祉的实现是不可能的。因此首要的任务是在既存的旧制度下努力发展生产，为制度变革和人民福祉的实现创造物质条件和社会需要。此外即发展理论文化工作。人们应当通过理论研究认识人类社会发展的规律，明确人民根本的利益诉求。这种科学认识因其把握本质而具有正确性和说服力，可以争取社会中多数人的支持。这构成了国家治理制度能够贯彻人民福祉原则必不可少的准备工作。而一旦准备工作成熟，人们就应当推进国家治理制度的变革。变革应优先针对政治和经济制度。人民应当首先掌握政权，从而使国家机器的强制性权威服务于人民利益。接着应当改革经济制度以奠定其他各项利益得以维持和产生的基础。毕竟包括权威和暴力在内的政治利益是事关制度转型的决断之关键，而经济利益也是其他利益存续的必要前提。在政治上确认了广大人民的政治参与权利并通过经济制度维护人民劳动权益，促进生产力发展和社会总产品的公平分配之后，其他方面的文化利益、健康利益、环境利益和自由发展利益等就可以通过逐步的制度安排和调整顺势实现。这些制度虽然不像政治经济制度那样对于贯彻人民福祉而言具有根本意义，但对于各自的领域而言具有不可或缺的直接作用。

简言之，人民福祉原则的贯彻由于事涉利益关系，有必要从制度变迁的一般经验中加以考察。因而其实现可以区分为生产力发展和文化指导的准备阶段，政治经济权力转移的制度变革阶段，其他文化、卫生、环境等制度随之完善的巩固阶段。国家治理制度现代化的历史经验表明，这种实现方式能够较为有效地减少变革阻力，实现人民福祉。

（四）有效治理原则

有效治理指治理活动本身一方面能够实现目标（有效性），另一方面可以保证任务高效完成（高效性）。任何国家治理制度都不可避免地要涉及有效治理的问题。而充分实现人民治理更是需要贯彻有效治理原则。从普遍性上看，国家治理制度的存在是为了解决人类共同生活产生的种种社会问题。一个无效的治理制度有如无法使用的工具，也就丧失了自身存在的理由。从国家治理制度现代化的特定角度来看，有效治理原则针对的是现代国家治理制度中暴露出的腐败和低效两方面的问题。这两方面问题阻碍着人民治理的充分实现。腐败意味着以权谋私、贪污受贿的现象。腐败的国家治理制度不是为了人民而是为了少数统治者的私利，是在向前现代的国家治理制度退化。但腐败与公开的等级制及特权的区别在于，它知道自身缺乏正当性且不合时宜。因此腐败依然使用民主和平等的表象来伪装自身。克服这一点要求国家治理制度贯彻有效治理的原则，也就是要保证充分实现人民治理这一根本任务目标能够对治理过程实施控制。不贯彻有效治理原则，人们就无法保证治理制度是否沿着正确道路发展。另一方面，国家治理制度现代化必须解决治理效率低下的问题。现代资产阶级国家治理制度的一个显著弊端即其公共决策活动的低效化。这种国家治理制度的形式民主把议会变成了党派利益讨价还价的场所。这导致其国家治理制度在面对重大紧急情况时往往反应迟缓，应对措施软弱无力。其政治纲领和制度规划受到党派利益团体为争夺政权而相互倾轧的干扰和阻碍，无法及时有效地响应社会的现实需要。而施政上的低效表现则反过来使得人们质疑这些国家治理制度的可靠性。

有效治理原则意味着治理的理性化。我们无需在早期现代公共管理理论推崇的科层制官僚体系和新公共管理理论推崇的委托—代理机制之间做出非此即彼的选择。而应当提炼并综合它们各自理论中的正确因素。科层制官僚体系的即事要求和新公共管理理论对效率的关注，对于健康发展的国家治理制度而言都是不可或缺的。概括说来，理性化本身包含即事、量化、有效性和高效率四重内涵。即事是指治理制度本身的设计和安排不是出自某种先天正当原则的抽象演绎，而是为了解决实践中的具体问题。如官僚的选拔并不应像中国古代的科举一样重视所谓"文学之选"，而应当通过考核选拔适于处理专业事务的技术官僚。这些官僚由于具有对应领域的专业技术知识而能有效完成任务。量化则指可计算性，用韦伯的话来说就是："只要人们想知道，他任何时候都能够知道；从原则上说，再也没有什么神秘莫测、无法计算的力量在起作用，人们可以通过计算掌握一切。"[①]这就是要让人们通过数学运算过程对社会运行发展的过程进行除魅。有效性指治理制度应当能够作为达到目的的有效手段。国家治理制度现在不再仅仅以自身的存续为目的，而应当为解决人民生产生活中遇到的问题提供公共服务。高效率指治理制度在目标实现上应当努力以较小的代价得到较多的成果。国家建立在人民的辛勤劳动之上。为了使国家治理制

---

① [德]马克斯·韦伯：《学术与政治》，冯克利译，生活·读书·新知三联书店1998年版，第29页。

度能够真正对人民的福祉负责，它就应当进行高效的治理，爱惜民力。这就使得人们用量化分析指导国家治理制度降低成本提高效率成了势在必行之事。上述四条要求构成了有效治理原则的实质内涵。

国家治理制度要想贯彻有效治理的原则，与民主参与和人民福祉原则一样面对既得利益者阻挠的风险。但是此处制度变迁的侧重点与前两种原则有所不同。有效治理原则本身的目标是充分实现国家治理制度的理性化。因此实现有效治理原则的准备工作应当重点围绕科学教育展开。在经济上国家治理制度应当加大对科学教育事业的投入，为其提供物质基础。在观念上国家治理制度应当积极学习、宣传哲学社会科学中关于组织理性化的先进研究成果，用科学的认识武装人民的头脑。通过这种方式，人们就可以为国家治理制度的理性化创造科学的指导理论、充足的建设人才队伍以及支持和理解的社会舆论氛围。在制度的具体变革过程中，则应当注意对两种既存的理性化范式进行协调。官僚制面临控制过于严格而导致权力寻租、组织内部交易成本过高等与效率低下相关的问题。委托—代理制度则要面临治理制度控制力不足，放任的市场竞争损害公共事业和人民福祉，金融投机的原则取代理性的即事原则等问题。为了扬长避短，人们应当尝试信任人民群众的主观能动性。上述两种公共管理理论范式的误区在于它们都不信任人民群众，把人民群众和有效治理对立起来。二者的差别无非在于前者信任技术官僚、后者信任市场竞争和企业家。二者都受制于专业分工产生的片面性。

相反，有效治理原则与人民治理的目标并不对立，它可以同民主参与和人民福祉的原则协调起来。这背后的原理在于，即事、量化、有效性和高效率四项原则的具体内涵都根植于现代科学的知识论之中。这种知识论是经验科学的知识论。换言之，知识的真正来源是人民群众在生产生活实践中积累起来的经验知识。脱离了人民群众的实践，专家就无从寻获真理的标准。这就要求人们在国家治理制度理性化的过程中充分发挥人民群众的才智和力量。民主的参与和监督是根治官僚制和市场化弊病的关键。国家治理制度的设计应当透明公开，使得人民群众可以凭借不同行业的专业身份与不同领域的利益相关者身份对公共议题发表看法、交换意见。这样，制度才能够像人的科学认识那样一方面从先前积累的知识中充分获益，另一方面则能够根据实践的现实反馈修正、完善自己的结论。通过这种信任人民、依靠人民的制度设计，国家治理制度才能真正实现自身的理性化，从而落实有效治理的原则。

综上所述，国家治理制度现代化的根本任务即充分实现人民治理。而根本任务的实现本身要求国家治理制度贯彻社会团结、民主参与、人民福祉和有效治理这四项原则。就根本任务的确认而言，前现代国家治理制度采用少数统治者统治的缺陷，生产力发展引起的社会制度变革趋势以及现代资产阶级国家治理制度的历史进步意义均为其提供了充足的论据。就根本任务的实现而言，国家治理制度现代化过程中先发现代化国家和后发展国家的经验教训表明，资本主义的生产方式既为人民治理创造了一定的社会条件，又阻碍着人民治理的进一步发展。因此，国家治理制度的现代化不能简单套用发达资本主义国家的经验。而政治哲学和公共管理理论的相关研究则从不同角度为我们揭示出国家治理制度现代化之根本任务需要遵循的四个原则。这是充分实现人民治理所必需的普遍要求。当前我国正行进在符合本国国情的社会主义现代化道路上。这意味着我们要在克服资本主义现代化道路产生的弊病的同时实现现代化的普遍要求和本国国情的特殊要求的辩证统一。说到底，只有社会主义道路才能真正实现和贯彻这些原则，最终充分实现人民治理。当然，根本任务的实现也不能仅仅停留在抽象原则的讨论上，接下来让我们转入对国家治理制度现代化中各项具体制度的分析。

第二章

主体制度的现代化：人民主体为本

主体制度现代化是国家治理现代化制度体系的核心，这是人类社会从前现代国家治理向现代国家治理之历史性变革所决定的。因此，在推进国家治理现代化的进程中，必须对主体制度进行完善与变革。需要指出的是，本章也是本著作所说的"人民主体"，指的是人民作为国家治理的主体。国家治理主体制度的现代化，就是使人民充分成为国家治理的决定力量。基于这一考虑，本章将首先分析前现代国家治理主体的狭隘性，以此引出治理主体制度变革的必然要求；继而分析国家治理现代化的人民主体地位要求，以及人民主体的构成要素，即多元主体的建构与发展；最后讨论国家治理现代化需要建立多元主体协同治理的合理模式。

一、前现代国家治理主体维度的局限性

前现代国家是相对于现代国家而言、尚未完成现代国家建构的国家。前现代国家与现代国家在经济基础、阶级结构、文化意识等方面都不同，因而其所匹配的国家治理主体自然存在较大的差异。当国家进入现代阶段，原有的治理主体将会难以适应现代国家的发展，表现出不可避免的局限性。对前现代国家治理主体维度的局限性进行剖析是我们把握国家治理主体制度现代化核心内涵的必要前提，基于此，本节围绕"前现代国家治理主体维度的局限性"这一主题，首先介绍前现代国家的治理主体及其特点，进而分析这一治理主体的狭隘性局限，最后探讨其局限性的根源与实质，突出治理主体制度变革的迫切要求。

（一）前现代国家的治理主体及其特点

国家治理的首要问题是谁来治理的问题①，这是国家治理的主体问题。国家治理主体与国家统治类型密切相关，不同的统治类型决定了治理主体的不同设置和特点，因此，在分析前现代国家的治理主体及其特点之前，需要对前现代国家的统治类型进行说明。马克斯·韦伯关于统治的理论对国家统治类型进行了深入的探讨，为我们剖析前现代国家的治理主体及其特点提供了理论依据。韦伯指出："国家恰如历史上在它之前的政治团体一样，是一种依仗合法的（也就是说：被视为合法的）暴力手段的人对人的统治关系。"②任何统治都必须具备合法性基础。他提出了三种合法性统治的类型——"魅力型的统治""传统型的统治"和"合法型的统治"③。"魅力型的统治"建立在非凡的献身于一个人及由他所默示和创立的制度的神圣性，或者英雄气概，或者楷模样板之上；"传统型的统治"建立在一般的相信历来适用的传统的神圣性和由传统授命实施权威的统治者的合法性之上；"合法型的统治"建立在相信统治者的章程所规定的制度和指令权利的合法性之上④。前现代国家的统治类型主要表现为"魅力型的统治"和"传统型的统治"，而现代国家以"合法型的统治"为主要统治方式。在"魅力型的统治"中，统治者被认为是拥有某种神圣超凡魅力的人，统治者依靠这种魅力而赢得被统治者的相信和服从。

---

① 俞可平：《推进国家治理与社会治理现代化》，当代中国出版社2014年版，第2页。
② [德]马克斯·韦伯：《经济与社会》下卷，林荣远译，商务印书馆1997年版，第732页。
③ [德]马克斯·韦伯：《经济与社会》上卷，林荣远译，商务印书馆1997年版，第241页。
④ [德]马克斯·韦伯：《经济与社会》上卷，林荣远译，商务印书馆1997年版，第241页。

在"传统型的统治"中,统治者所拥有的统治地位和权力源于世代的传承①。韦伯指出,尽管统治者主要依据传统进行统治,但统治者的任意专断从原则上讲是不受任何限制的,统治者的才能和谋略在很大程度上影响着统治的效果。

基于韦伯对前现代两种统治类型的论述,回顾前现代国家治理的历史进程,我们可以归纳出前现代国家治理在主体维度上的主要特性。

首先,从治理主体的权力归属上看,前现代国家的治理权归属于最高统治者或以最高统治者为核心的统治团体,人民的绝大多数从根本上处于被统治的状态,无权参与国家治理活动。无论是"魅力型的统治"还是"传统型的统治",统治者都独揽国家治理大权,主要依靠发挥个人的才能和作用来管理全国范围内大大小小的事务。这种国家治理所遵循的理念是"主权在君"理念。在西方,自雅典城邦消亡之后所兴起的罗马共和国开始是贵族制,后来变成寡头制,由贵族阶级构成的元老院是国家的最高权力机关,掌握着广泛的实权,实行终身制,"罗马人民"对他们的进退没有任何影响。从罗马共和国消亡直到18、19世纪近2000年间,世界上不少地方都出现过某种形式的议会或选举,在不同程度上限制了皇权、王权、教权、领主权,但是议会机关都毫无例外地由贵族把持,且多不具有立法机构的权力和职能,选举几乎毫无例外地成为极少数人的游戏②。前现代时期的东方国家莫不如此。在古代中国,无论是夏商周的奴隶社会时期,还是自秦至清的封建社会时期,统治者独揽国家治理大权的传统不仅从未改变,而且还有逐渐加强的趋势,清朝雍正帝设立军机处标志着君主专制统治达到顶峰。

---

① 参见[德]马克斯·韦伯:《经济与社会》上卷,林荣远译,商务印书馆1997年版,第252页。
② 参见王绍光:《民主四讲》,生活·读书·新知三联书店2008年版,第13页。

其次，从治理主体的成员设置来看，前现代国家的治理主体主要是一元而非多元。"魅力型的统治"中拥有非凡异能的统治者是国家唯一的治理主体，"传统型的统治"中即便设立了行政管理班子，也需要严格听从统治者的指挥，处处遵循统治者的意愿，因而国家治理主体也是一元的。"权力出于一，高于一，一于国家，再由家国一体而一于君主，这不但是历代统治者所信奉并视为万古不变的法则，而且也是中国普通老百姓毫不怀疑的政治原理。长期以来，权力一元的信念支配着中国的政治领域，一直不容动摇。"[①]权力的一元化意味着国家治理主体的一元化，一元主体的观念自秦王朝统一以来便被确立，并随着历代统治者的强化而成为政治生活的基本原则。一元主体模式在西方前现代社会同样普遍，自古罗马帝国的罗马皇帝，至中世纪时期欧洲各国的大帝，国家治理的主体同样是一元化。

最后，从治理主体的治理方式来看，前现代国家治理主体的治理方式是单向度统治而非双向互动式的治理。"主权在君"的权力归属和"一元主体"的主体结构决定了自上而下的统治成为前现代国家治理的主要方式。统治者通过权力权威、管控压制的方式自上而下地发号施令，制定和实施政策，对国家事务进行单向管理，这种治理方式与前现代国家的社会基础相适应，有助于前现代国家的稳定与发展。

（二）前现代国家治理在主体维度上的狭隘性局限

前现代国家治理主体与前现代社会的历史阶段相适应，然而，当社会开始向现代阶段迈进，原有的国家治理主体就表现出了不可避免的局限性。以下将对前现代国家治理在主体维度上的狭隘性局限进行具体分析，

---

① 刘文瑞：《中国古代政治制度》上，中国书籍出版社2018年版，第35页。

以此展现国家治理主体制度现代化的迫切要求。

第一,主权在君的主体观念不符合现代社会的主权在民要求。西方工业革命的发生和扩展促使世界各国陆续开展工业化,这带动了国家经济结构的变动,随之而来的便是社会阶级的变化、文化和政治的变革。资产阶级作为新兴阶级,借助其在经济上的强大力量破除了原有的社会和政治壁垒,一跃成为国家的统治阶级,建立起资本主义现代国家,声称国家权力属于人民,并通过实行资产阶级代议制满足人民对民主政治的要求。美国学者斯科特·戈登认为,现代国家是"民主的"和"立宪的",包含着保护公民利益和自由的权力控制的制度化结构①。相对于传统的封建王朝统治,这是一个巨大的历史进步。马克思指出:"君主主权与人民主权相对立,前者是在君主身上实现的主权,后者是在人民身上实现的主权。不是君主的主权,就是人民的主权——问题就在这里!"②在现代民主政治的浪潮中,与人民主权相对立的君主主权已经完全失去了存在的理由,只能退出历史舞台。俞可平也提出,传统的官本主义、权力本位的思想与现代政治文明是背道而驰的③。前现代国家主权在君观念与现代国家主权在民要求的对立,使得前现代国家治理主体维度的局限性暴露无遗。

第二,一元主体的主体结构难以有效应对现代社会的复杂性和多变性。控制论专家斯塔福德·比尔曾指出:"旧世界的特点是需要管理事务——新世界的特点需要处理复杂性。"④进入现代社会以来,商品经济取代传统自然经济成为主导的经济形式,社会分工愈加细化,人与人之间

---

① 参见[美]斯科特·戈登:《控制国家:西方宪政的历史》,应奇、陈丽微、孟军、李勇译,江苏人民出版社2001年版,导论第5页。
② 《马克思恩格斯全集》第一卷,人民出版社1956年版,第279页。
③ 俞可平:《推进国家治理体系和治理能力现代化》,载《前线》2014年第1期。
④ [美]W. E. 哈拉尔:《新资本主义》,冯韵文、黄育馥译,社会科学文献出版社1991年版,第119页。

的交往密切,社会事务日益复杂,呈现出与前现代社会完全不同的社会特点。俞可平谈道:"西方政治学家和管理学家之所以提出治理概念,主张用治理代替统治,是因为他们在社会资源的配置中不仅看到了市场的失效,也看到了政府的失效。市场的失效指的是仅运用市场的手段无法达到经济学中的帕累托最优。市场在限制垄断、提供公共产品、约束个人的极端自私行为、克服生产的无政府状态、统治成本等方面存在着内在的缺陷,单纯运用市场手段不可能实现社会资料的最佳配置。同样,仅仅依靠国家的计划和命令等手段,也无法达到资源配置的最优化,最终不能促进和保障公民的政治利益和经济利益。"[①]鉴于此,越来越多的学者指出要通过治理机制,实现市场与政府的协调,以促进资源配置的最优化。传统的一元主体除了难以实现各种资源的有效配置之外,也难以有效处理日益复杂的社会事务,后者只能借助于灵活多变的社会组织才能有效解决。此外,政府与市场、国家与公民之间的良好沟通也需要社会组织的帮助。原有的一元主体难以满足以上种种要求,这种主体结构的狭隘性局限在复杂多变的现代社会清晰地凸显出来。

第三,一元主体的单向统治无法适应现代社会中各主体对平等地位的追求。在前现代国家阶段,治理主体是统治者这一一元主体,主要通过强制的自上而下的命令来实现对国家事务的治理,这种治理方式没有认识到治理主体的多元性及其共治的重要性,因而也不可能建构起各种主体间的平等地位。然而,自从人类开始迈向现代社会以来,随着各种主体参与国家治理的实践日益增多,多元主体之间的平等协商变得日益重要,原有的单向统治已经无法适应这种以平等参与为实质的新的治理主体格局的建构。

除了以上三方面的局限性,我们还可以从刘瑜在福山《政治秩序和

[①] 俞可平:《治理与善治》,社会科学文献出版社2000年版,第6—7页。

政治衰败》导读提出的专制与依附主义之间的必然关系这一角度来对前现代国家治理主体维度的局限性进行剖析。刘瑜指出，与"国家建构"[①]相对立，前现代国家治理主体在本质上是以"私利"的逻辑取代"公益"的逻辑，使得各种局部的、特殊的利益绑架了权力实践[②]。专制本身就是为"片面的"利益服务的，这种利益可以体现为一个人、一个家族、一个部族、一个教派、一个党或者一个阶级[③]。也就是说，具有专制主义特点的前现代国家并未从维护国家公共利益的角度进行充分合理的国家治理主体制度建构，因而在国家治理主体维度上必然具有狭隘性局限。

（三）前现代国家治理主体维度局限性的根源与实质

随着前现代国家治理向现代国家治理迈进，前现代国家治理主体维度的狭隘性局限越发突出。无疑，这一局限性是不可避免的，具有深刻的社会历史根源。这一点可以从历史唯物主义理论的角度进行分析。

马克思所创立的历史唯物主义，科学地揭示了社会历史发展的基本规律。马克思认为，物质生产是人类历史的首要前提，生产力与生产关系的矛盾运动、经济基础与上层建筑的矛盾运动不断推动着人类社会向前发展。历史唯物主义的这一基本原理，为揭示前现代国家治理主体维度的局限性根源和本质提供了理论依据。就经济基础与上层建筑的矛盾运动来看，经济基础决定上层建筑，上层建筑反作用于经济基础，两者之间是辩

---

① 国家建构包含两方面：一个是国家能力，一个是官僚机构的中立性和自主性。前者涉及政府在特定疆域里垄断暴力的能力，后者涉及政府能够超越阶级、派系、利益集团、家族进行决策的不偏不倚性。参见[美]弗朗西斯·福山：《政治秩序与政治衰败》，毛俊杰译，广西师范大学出版社2015年版，前言第ii页。
② 参见[美]弗朗西斯·福山：《政治秩序与政治衰败》，毛俊杰译，广西师范大学出版社2015年版，前言第ii页。
③ 参见[美]弗朗西斯·福山：《政治秩序与政治衰败》，毛俊杰译，广西师范大学出版社2015年版，前言第v页。

证的运动过程。就人类国家治理的历史来说，前现代国家的治理主体属于上层建筑的范畴，它必须要与前现代的经济基础相适应。然而，自进入现代社会以来，社会的经济基础发生了重大变革，工业生产取代了农业生产，自给自足的自然经济转变为以自由平等交换为内核的商品经济。这种经济基础的变革要求上层建筑也随之做出改变，治理主体作为政治上层建筑的核心要素，必然要开启现代化进程，原有的治理主体因不能适应时代发展而只能退出历史舞台。由此来看，前现代国家治理主体维度的局限性源于不能适应时代变革的需要，并非具有内生于原有主体的本质性。

以历史唯物主义视角对前现代国家治理主体维度的局限性所做出的剖析，使我们认识到这一局限性的产生是历史发展的必然结果，也更加凸显了国家治理主体制度现代化的必然性和迫切性。治理主体制度的现代化是国家治理制度现代化的核心内容，正在进行现代化建设的国家应该充分意识到这种现代化进程的特性和需求，有针对性地展开相应的建构实践。

二、国家治理现代化的人民主体地位要求

在前现代国家中，人民是被统治对象，而在现代国家中，人民逐渐成为治理主体，这一转变体现了现代国家与前现代国家的本质差异。国家治理制度的现代化，必须充分建构人民的治理主体地位，将此作为国家治理制度现代化的一个重要价值目标。基于"国家治理现代化的人民主体地位要求"这一主题，本节首先分析人民的内涵及其对现代国家的赋权，明确国家治理制度现代化为何需要把人民建构为治理主体；继而讨论如何充分建构人民在现代国家治理中的主体地位，为国家治理的主体

制度现代化提供逻辑上的启发和引导；最后分析建构人民治理主体地位的合理性与意义，增强现代国家建构人民治理主体地位的决心。

（一）人民对现代国家治理的赋权

探讨国家治理现代化中人民主体地位的建构问题，需要首先弄清人民的内涵，弄清人民对现代国家治理所具有的赋权意义。

人民这一概念在不同国家和各个国家的不同时期，其内容均不相同①。例如，在中国抗日战争时期，人民指一切参加抗日战争的阶级、阶层和社会集团；在中国解放战争时期，人民指一切反对帝国主义和官僚资产阶级、地主阶级以及代表这些阶级的国民党反动派的阶级、阶层、社会集团；在社会主义现代化建设的新时期，人民指全体社会主义劳动者、社会主义事业的建设者、拥护社会主义的爱国者和拥护祖国统一的爱国者。从历史的视角看，"人民"的内涵经历了重要转变。在中国古代，"人"与"民"多分开使用，王侯将相等上层人物、统治阶级是"人"，臣民百姓等下层人物、被统治阶级是"民"，二词合用构成"人民"时多取"民"的含义，即被统治的普通民众。在欧洲古代，也将人划分为不同的等级，没有形成"人民"这一整体概念，偶尔出现的"人民"之称也主要指社会的底层和弱势群体，也就是被神和权势所驾驭的芸芸众生。这一内涵直到欧洲17世纪启蒙运动才发生根本改变。启蒙运动以来，一方面，人们的自主意识突出发展，"人"和"民"统一为一个整体范畴，另一方面，人民开始成为世俗社会至高无上的唯一主体，从而确立了现代文明价值体系的最高主体或终极主体的理念：人民至上理念②。自此，人民的作

---

① 参见《毛泽东文集》第七卷，人民出版社1993年版，第205页。
② 参见李德顺、王金霞：《论当代中国的"人民主体"理念》，载《哲学研究》2016年第6期。

用和价值才得以被发现。在对这一根本问题的探讨方面,马克思的人民主体学说作出了历史性贡献。马克思认为,人民是社会和历史的真正主体,是社会物质财富和精神财富的创造者,是社会发展和变革的决定力量,人民的实践活动是历史进步的直接动力。

人民至上的理念及对人民价值的肯定在现代国家逐步成为现实。不同于前现代国家以"君权神授"或"王位继承"等学说来论证统治权力的合法性,现代国家的建构和发展建立在人民同意的原则基础之上,以人民共同意志作为国家政权合法性的来源和基石。近代以来的契约论对人民与国家的这一新型关系提供了基本合理的解释。契约论认为,国家是人们之间订立契约的结果,人们通过彼此协商将一部分权力授予代表全体意志的集体,这个集体就是国家,由它保护人民的生命、自由和财产安全。卢梭提出:"我们每个人都以其自身及其全部的力量共同置于公意的最高指导之下,并且我们在共同体中接纳每一个成员作为全体不可分割的一部分"[①],"这一由全体个人的结合所形成的公共人格,以前称为城邦,现在则称为共和国或政治体;当它是被动时,它的成员就称它为国家……至于结合者,他们集体地被称为人民。"[②]通过这一社会契约论思想,我们可以认识到国家的主权在于人民,人民与国家的关系是委托与被委托的关系,人民委托国家建立良好的政治秩序以保障自身的权益,国家接受人民的委托,通过实现人民的需求来获取政权的合法性。正是人民对于现代国家政权的合法赋予意义,决定了现代国家治理必须建构起人民的治理主体地位,必须使人民成为现代国家治理的主人。

---

① [法]让-雅克·卢梭:《社会契约论》,何兆武译,商务印书馆2003年版,第20页。
② [法]让-雅克·卢梭:《社会契约论》,何兆武译,商务印书馆2003年版,第21页。

（二）充分建构人民在国家治理中的主体地位

充分建构人民在现代国家治理中的主体地位，需要将目的引领、制度建设、个体自觉结合起来。唯有如此，才能真正完成建构任务。

第一，在目的引领方面，必须将充分实现人民在国家治理中的主体地位作为国家治理现代化的一个重要价值目的，并以此引导和规范国家治理现代化发展。明确这一价值目的能够具有双重意义：一方面，能够以它引导国家治理中各个领域和各项事务的现代化；另一方面，能够以它规范国家治理现代化进程，防止出现违背人民意志、损害人民利益的各种行为。

第二，在制度建设方面，需要充分建构人民对国家治理的主导权，建构或完善人民当家作主意义上的民主制度。人民当家作主即人民是国家的主人，其实质是人民的意志表达和利益维护[①]。"民主"一词源于希腊文，其含义是"统治归于人民"或人民主权，即由全体人民（而不是他们选出的代表）平等地、无差别地参与国家决策和进行国家管理，这是民主最原始、最简单的含义[②]。自现代以来，人民当家作主意义上的民主制度意味着人民或通过他们的代表，能够以国家主人的姿态真正享有参与国家治理的权力，切实参与到国家治理的各项活动中。二战以来，殖民国家独立之后的民主建设运动和民主理论的发展推动着民主浪潮不断高涨，民主政治逐步变成被广泛认可的共同价值。杨光斌曾指出："当今世界，规范意义上的民主就两个，一个是自由主义民主，一个叫社会主义民主，或者

---

① 参见杨武松：《公民在国家治理中的作用及制度维护》，载《河北法学》2015年第1期。
② 参见王绍光：《民主四讲》，生活·读书·新知三联书店2008年版，第2页。

叫人民民主。"①自由主义民主就是资本主义民主,这种民主被称作"选举式民主",核心内涵是选民在不同政党的政治家中进行选择,因而实质上是政党斗争式的"党争民主"②。因此,资本主义国家的自由主义民主制度在实质上是一种异化的民主制度,难以保证人民在国家治理中的主体地位。与之不同,社会主义国家的民主制度建构,能够充分实现人民当家作主,充分实现人民参与国家和社会各项事务管理的权力。

第三,在个体自觉方面,需要大力培育和提高人民个体参与国家治理的主体意识和主体责任,使人民个体真正意识到自己的主体地位,积极投入到国家治理活动中。自觉意识和独立自主是主体的基本规定性。主体意识是指主体能够意识到自身所处的重要地位,对自己的职责和义务具备清晰的把握;主体责任是指主体能够积极承担起自身职责,并对自己行为后果负责③。为培育和提高人民个体在现代国家治理中的主体意识和主体责任,除了为人民个体参与治理提供制度层面的保障之外,政府还应树立以人民为中心的服务理念,始终将人民的利益和要求放在首位,使人民切实感受到自己是国家的主人。此外,加强对人民的主体意识教育也是激发人民主体精神的重要路径,为此,政府应该通过媒介、线下宣讲活动等各种形式加强对人民主体意识的教育。

通过目的引领、制度建设和个体自觉这三种路径来建构人民在现代国家治理实践中的主体地位,说到底是建构人民对国家治理的权力,符合现代国家的建构逻辑和发展要求。正在进行现代化建设的国家应该结合本国具体情

---

① 杨光斌:《国家治理视野下的自由主义民主与人民民主》,载《行政科学论坛》2017年第9期。
② 参见杨光斌:《国家治理视野下的自由主义民主与人民民主》,载《行政科学论坛》2017年第9期。
③ 参见许斗斗、宁杰:《国家治理中人民主体的责任价值》,载《学术研究》2017年第1期。

况，制定出建构人民主体地位的合理策略，真正实现人民当家作主。

（三）建构人民治理主体地位的合理性与意义

首先，现代国家充分建构人民在国家治理中的主体地位，体现了对人民价值的尊重，而在一些国家特别是社会主义国家，也是对马克思人民主体思想在国家治理领域中的运用。马克思通过对唯心史观的批判，指出从事现实社会生产的人民才是社会和历史的真正主体，是社会发展和变革的决定力量，这是马克思人民主体思想的核心。现代国家在推进国家治理现代化进程中，需要充分汲取马克思人民主体学说的理论营养，充分认识并重视人民在社会历史发展中的重要作用，在实践层面不断建构人民在国家治理中的主体地位。这种以人民为中心的治理理念将会极大调动人民参与治理的积极性和主动性，使其更加充分地发挥自身的潜能，从而形成促进国家治理现代化发展的强大动力。

其次，充分建构人民在现代国家治理中的主体地位符合世界民主发展的潮流。1991年，亨廷顿出版《第三波：20世纪后期民主化浪潮》一书，试图解释发生在1974—1990年间这一波民主化的原因、方式及其直接后果。他指出，在葡萄牙经历军事政变走向民主体制之后的15年中，大概有30个国家实现了由威权主义向民主政治的转型，至少还另有几十个国家受到了民主浪潮的冲击，这一民主浪潮演化为全球性浪潮[①]。当今世界，民主化进程仍在继续，处于现代化进程中的国家正在不断推行民主体制改革，完善民主政治建设。因此，可以说，建构人民治理主体地位这一活动在客观实践上符合当今世界民主发展潮流，具有现实层面的合理性。

最后，充分建构人民在现代国家治理中的主体地位，能够有效弥补

[①] 参见[美]塞缪尔·P. 亨廷顿：《第三波：20世纪后期民主化浪潮》，刘军宁译，上海三联书店1998年版，第1—4页。

当前诸多国家中存在的精英治理、专家治理所造成的治理短板，开拓国家治理新局面。20世纪，现代国家治理普遍倾向于依赖专家技术支持的一种现代性和技术理性的治理模式，这一治理模式在强调理性、技术和专业知识的"技术路线"时，容易将专家和精英推向治理的核心主体地位，忽视了人民在治理过程中的重要作用，这种"公众性缺失"的"技术路线"损害了公共决策的民主性和公共性，对公共决策的质量造成了严重的负面影响[1]。基于此，现代国家在进行现代化变革的过程中，必须正确地将人民置于国家治理的领域之中，并使其占据国家治理的主体地位。

此外，建构人民的治理主体地位意味着人民将会有更多的途径表达自身的诉求，将自身的意志融入国家治理活动中，这在一定程度上减少了国家权力异化为私人拐杖的可能性。基于以上分析可以看出，建构人民在现代国家治理中的主体地位，既体现了对人民主体价值的尊重，符合现代民主发展潮流，又弥补了现代国家的治理困境，能够为现代国家的发展带来更加强劲的发展动力。

三、人民主体的构成要素

作为现代国家治理主体的人民是一个整体概念，一般指一个社会中的绝大多数社会成员。在现代国家建设初期，政府代表人民的意志行使国家治理的权力，政府作为单一要素成为人民治理主体。然而，随着经济的发展、文化的变革及社会趋向复杂化和多元化，政府难以真正按照人民的

---

[1] 参见杨武松：《公民在国家治理中的作用及制度维护》，载《河北法学》2015年第1期。

意志独立高效地处理国家的各项事务，在这种情况下，市场、社会组织等其他主体的出现便成为必然。人民主体的构成要素由政府这一单一要素主体转变为由政府、市场、社会组织和公民构成的多元要素主体。人民主体构成要素的这一转变，符合现代国家的发展趋势，是国家治理现代化变革的必然要求，有助于推动现代国家实现"善治"目标。为更好地认识人民主体的构成要素即多元主体，本节首先分析了多元要素主体形成的时代背景，进而阐述了多元要素主体在现代国家治理中所应承担的角色及其建构思路，最后切入社会现实，分析英国、美国和我国这三大国家多元要素主体的建构实践，从现实角度说明多元主体的建构是时代发展的必然趋势。

（一）多元要素主体形成的时代背景

国家治理现代化所要求的多元要素主体的建构，是一个漫长的历史过程。其中，一个取得突出成就的阶段是20世纪80年代以来由各种因素所推动的实质进展阶段。对这一阶段进行剖析，能够更好地理解国家治理现代化的多元要素主体要求。

首先，政府统治的失效为多元要素主体的形成提供了契机。政府统治的失效起源于政府的财政危机。20世纪八九十年代，西方政府的财政预算赤字和债务迅速增长，经济增速缓慢，一些国家甚至出现了经济负增长，政府的财政能力较之以前大为减弱，财政危机爆发。与此同时，社会公众对公共服务的需求增加，而政府原有的管理模式一时难以满足公众这一需求，两者之间的矛盾开始凸显。为了缓解财政危机和满足人民对公共服务的要求，政府通过将公共服务外包给非政府组织或者与非政府组织合作的方式来提供公共服务，这一方面缓解了政府在财政支出方面的压力，同时也有助于政府提升其公共服务水平。此外，工业和科技的发展在带来社会进步的同时也造成了很多社会问题，例如城市化问题、教育问题、环境污染问题等，这些层出不穷的社会问题增加了政府管理的压力[①]，政府在管理过程中也暴露出不可避免的局限性，遭到了社会公众的强烈批评。在这种情况下，政府不得不顺应形势将其他主体引入到国家和社会各项事务的治理中，以此保障国家治理的水平。由此可以看出，正是政府统治的失效为多元要素主体的形成提供了良好的契机。

其次，全球化的发展为多元要素主体的形成带来了外部推动力。20世纪80年代以来，全球化进程逐渐加快，世界一体化趋势日益明显，资本、贸易、人员、信息在全球范围内的流动和扩张速度空前提高，"蝴蝶效应""传导效应""交互效应"突出，社会事务呈现出前所未有的复杂性和多样性。对于这一新的人类现实，齐格蒙特·鲍曼的看法虽然太过夸张，但也的确表明了问题的空前棘手："全球化使得人类无法再通过所谓的理性来认知人类历史发展的方向，控制人类社会发展的路径，人类的未来变得既奇妙又恐怖，但本质上来讲是一种不可预测性。"[②]正是因为全球化所带来的上述深刻变化，使得原有的一元主体难以有效独立应对国家治理的现实问题，而市场、社会组织和公民的作用则变得越来越重要，这推动了多元要素主体结构的形成。

再次，信息技术的发达为多元要素主体的形成提供了技术支持。20世纪80年代以来互联网的迅猛发展改变了信息传播方式，使得信息以前所未有的速度传播开来，这对多元要素主体结构的形成具有极大的促进作用。一方面，互联网的发展，增加了其他主体在信息和知识方面的占有量，在很大程度上打破了原有的政府垄断信息这种不对称现象，这要求政府具有

---

① 参见党秀云：《公民社会与公共治理》，国家行政学院出版社2014年版，第44页。
② [英]齐格蒙特·鲍曼：《被围困的社会》，郇建立译，江苏人民出版社2006年版，第129页。

更高的开放程度,同时,占有信息的其他社会主体会在一定程度上挤占政府的权力空间,与政府共享国家治理权,这对政府一元统治的权威是一种挑战,正如奈斯比特在《大趋势》中所说:"电脑将粉碎金字塔:我们创造出等级制度——金字塔式的管理制度,这是因为我们过去需要它来追踪人、记录人所做的事;现代有了电脑做记录,我们就可以把机构重新安排成横向结构。"[1]另一方面,信息技术的发展促使信息的收集、处理和传播更为便利,这缩短了政府、市场、社会组织和公民个人之间的相对距离,使它们之间的沟通更为密切,为多元主体结构的形成和各主体间的协作提供了良好的技术支持。

最后,各种社会组织的大量兴起为多元要素主体的形成提供了重要的社会基础和现实动力。20世纪70年代以后,在西方和许多发展中国家涌现出大量社会组织,包括各种非政府组织、公民自愿性社团和协会等。这既标志着政府权力下移而向社会回归,也意味着公民自治和社会自我管理能力的提升。这为公民组织参与国家治理奠定了良好的基础,也为多元要素主体的形成提供了有利的条件。

当然,多元主体结构得以形成的因素绝不止以上四个方面,在此只是给出一个大致的历史框架,以表明多元主体的形成,并不是纯粹的理论构造,而是国家治理主体制度现代化的必然过程,是对社会发展的时代要求的回应,是国家治理制度迈向更高阶段的重要实践[2]。

---

[1] [美]约翰·奈斯比特:《大趋势:改变我们生活的十个新方向》,梅艳译,中国社会科学出版社1984年版,第259页。
[2] 参见江必新、鞠成伟:《国家治理现代化比较研究》,中国法制出版社2016年版,第3页。

（二）多元要素主体的角色定位与建构

在建构现代国家的实践中，由政府、市场、社会组织和公民构成的多元主体结构的形成，颠覆了原有一元主体结构，这意味着要对新型的多元主体进行角色定位，并基于这一角色定位进行合理的实践建构。需要注意的是，任何一种变革都是在一定的场域背景中发生的，多元主体的角色定位和建构也必须考虑到场域背景，其中包含一国的制度性质、政府的类型、文化因素、民族构成等。由于本书所设定的研究范围是一般意义上的国家治理制度现代化，所以这里对于本部分的主题只进行一般意义上的探讨，而不提供具体的行动方案。

首先，推进国家治理主体制度现代化，就要使政府由全能型政府转变为服务型政府。陈金钊和俞海涛指出："多元主体的共治格局，权力的服务功能要求国家必须由单一的统治功能向社会服务功能转化，这就需要分权、下放权力以及转移权力，由全能型政府向服务型政府转变。"[1]这意味着在多元主体进行治理的条件下，政府不再是唯一的权力中心，而是更多地承担裁决者、服务者和引导者的角色，既要为包括自身在内的多元主体的治理活动制定规则，又要为其他主体的治理活动提供良好服务。从这一理念出发，政府至少要做出如下变革：第一，实行权力下放，把治理国家的权力从政府手中转移到多元主体的手中，通过合理的分权使得市场、社会组织和公民都能有效地参与到国家治理的活动中；第二，利用现代信息技术等手段，为多元主体的治理活动提供更多的服务；第三，制定主体治理规则，加强对多元主体的引导和协调，促使其达到协同治理的高效状态；第四，改革政府机构，精简工作人员，增强其廉政意识和服务意识，

---

[1] 陈金钊、俞海涛：《国家治理体系现代化的主体之维》，载《法学论坛》2020年第3期。

提高政府的办事效率和服务水平①。

其次,推进国家治理主体制度现代化,就要让市场主体在资源配置中起决定性作用。市场自身的特性使其在资源配置中具备一系列优势。市场经济包含供求、价格、竞争和风险等要素,这些要素的联动作用形成供求规律、价值规律、竞争规律、货币流通规律等基本规律,支配着经济的运行,其具体过程可表述为:由于市场参与者的逐利目的,买者与卖者之间、买者之间及卖者之间会根据市场价格的变化展开多种形式的竞争,这种竞争会进一步导致供求关系的变化,而供求又会影响价格,因此,市场便围绕"价格——竞争——供求——价格"这一循环模式不断运行,从而使资源的配置大致处于平衡状态②。正是因为市场有如此重要的作用,所以在推进国家治理主体制度现代化进程中,必须要将市场作为多元主体中的一元。同时,也要反对"市场神话"的观念,充分认识和控制市场运行所存在的风险。为此,一方面需要设立严格的市场监管体系,建立公平的市场秩序和良好的竞争环境,促进市场运行更加规范,另一方面,需要根据市场形势实施适当的宏观调控,纠正市场运行中存在的不足,使得资源配置更加高效。

再次,推进国家治理主体制度现代化,需要充分发挥社会组织的优势和作用。社会组织是指由一定数量的社会成员按照一定的规范并围绕一定的目标聚合而成的社会群体,是"处于政府和私营企业之间的那块制度空间"③。萨拉蒙教授在《全球公民社会——非营利部门国际指数》中提出

---

① 参见臧雷振:《国家治理现代化的建构路径——作为治理主体的灵巧型政府实践》,载《中国治理评论》2015年第1期。
② 参见林金忠:《从"看不见的手"到"市场神话"》,载《经济学家》2012年第7期。
③ 王绍光:《多元与统一——第三部门国际比较研究》,浙江人民出版社1999年版,第6页。

了社会组织的五大特性：组织性、私立性、非利润分配性、自治性、志愿性①。社会组织能够在社会治理中发挥重要作用。第一，由于社会组织大多是民间自发形成的群体，代表了众多群体的利益需求，因而充分发挥它们在汇聚民意方面的作用，能够为政府了解人民的需求提供良好的渠道。第二，社会组织能够为不同利益主体之间的沟通和协商搭建交流平台，这有助于缓解社会矛盾。第三，社会组织提供的公共产品和公共服务更加贴近人民的需求，更容易被人民认同和接受，正如密尔所说："政府运作起来倾向于一刀切。志愿组织则相反，它们在不同的领域里活动，因而各方面都具备丰富的经验。"②第四，社会组织有助于促进社会公平正义。例如，各种慈善组织能够为社会弱势群体提供很大帮助，这对社会的有序运行和国家的良好治理都会发挥重要作用。因此，在推进国家治理主体制度现代化的进程中，必须有效促进社会组织的发展，建立有助于社会组织运行的政策和制度环境，改善对社会组织的管理方式，不断激发社会组织的内在活力，发挥社会组织的应有功能。

最后，推进国家治理主体制度现代化，就要使公民真正参与到国家治理中。现代国家中的公民是具有一国国籍，并根据该国法律规定享有权利和承担义务的人。"公民不是宗法社会和等级社会的臣民，也不是近代商业社会或西方早期市民社会意义上的纯粹经济人，而是经济人、政治人和道德人的统一"③，对现代国家经济、政治、文化和社会的发展都具有重要作用。在经济方面，公民个体资本进入市场有助于促进国家经济发展，推动国家经济建设；在政治方面，公民在国家治理中主要发挥"意志表

---

① 参见[美]莱斯特·M.萨拉蒙等：《全球公民社会——非营利部门国际指数》，陈一梅等译，北京大学出版社2007年版，第12-13页。
② 转引王绍光：《多元与统一——第三部门国际比较研究》，浙江人民出版社1999年版，第55页。
③ 冯周卓：《论公民社会与国家治理》，载《理论与改革》2003年第6期。

达"和"利益维护"的作用①,公民有序的政治参与也是国家现代化民主政治建设的前提;在文化方面,公民个体的价值观反映、影响着社会价值观;在社会方面,公民自发进行的各种公益活动、组织活动有助于促进社会的良好运行。所以,在推进国家治理主体制度现代化进程中,必须要重视公民主体的建构。

在这方面,公民公共精神的培养最为关键。帕特南将公共精神定义为一种关心公共事务,并愿意致力于公共生活的改善和公共秩序的建设,以营造适宜于人生存和发展条件的政治理念、伦理追求和政治哲学②。这一公共精神的培养通过增强公民独立自主的主体意识、关心维护公共利益的公共意识和责任意识来实现③。国家治理者要通过对公民公共精神的培养,使公民意识到自身对国家和社会的责任感,不断提升自身素质和修养,提升个体的治理能力,增强参与国家公共事务的自觉性和主动性,更好地发挥自身在国家治理中的作用。此外,现代国家的建构还必须落实公民的政治权利,使得公民充分参加选举、决策、管理和监督,并与政府一道共同形成公共权威和公共秩序④,为实现国家"善治"贡献力量。

总之,多元要素主体的建构需要把政府、市场、社会组织和公民这四大主体有机结合起来,形成国家治理的多主体参与和优势互补。明确多元主体在国家治理中的角色定位并对其进行合理建构,能够促使各主体的优势得以充分彰显和发挥,推动公共利益的最大化,促进国家治理目标的实现。

---

① 参见杨武松:《公民在国家治理中的作用及制度维护》,载《河北法学》2015年第1期。
② 参见[美]罗伯特·D. 帕特南:《使民主运转起来》,王列、赖海榕译,江西人民出版社2001年版,第56页。
③ 参见周伟、谢斌:《我国政府主导下的跨域公共问题多元主体合作治理理路探析》,载《理论导刊》2015年第3期。
④ 参见俞可平:《治理与善治》,社会科学文献出版社2000年版,第12页。

（三）三种不同类型国家的多元要素主体建构实践

通过对多元主体形成背景和角色定位的介绍，我们已对国家治理主体制度现代化所应建构的多元主体有了基本的把握。本部分将展示三种不同类型国家，即英国、美国和我国的多元要素主体建构实践，以便更加深刻地理解国家治理现代化的多元主体要求。

英国是福利性质的资本主义国家。它的国家治理的多元主体建构实践突出表现在20世纪80年代以后对地方治理的变革中。20世纪50年代左右，英国通过了《国民保险法》《国民保健法》和《国民救济法》等一系列法律，奠定了英国福利国家的法律基础；60年代，福利体系建设完成，福利国家治理模式在英国正式建立。这种治理模式以政府干预为主要原则，政府有权力介入国家和社会的各项事务，这曾经极大促进了英国的经济社会发展。然而，这一治理模式在20世纪70年代后遭遇严重危机，出现了失业率暴增、社会矛盾突出、公共财政赤字等突出问题，这使得对它的变革迫在眉睫。撒切尔夫人上台后积极推行改革，放弃了福利国家这种单一的治理主体，把企业和志愿部门引入地方治理体系，地方治理的主体变得多元化起来。除了中央的间接参与之外，地方治理的直接参与者变成了一个包括地方政府、私人部门、第三部门和地方居民在内的复杂体系[1]。此外，当时的英国政府还积极探索民主型国家治理模式，克服代议制下的间接民主实践问题，重视普通民众在国家治理活动中的参与性，形成兼顾多元主体的共同政治利益诉求的共同治理结构[2]。

---

[1] 参见陈国申：《从传统到现代：英国地方治理变迁》，华中师范大学博士论文，2008年。

[2] 参见梁芷铭、徐福林、罗福勇：《多元主体与合作共治：国家治理结构的国际经验与本土资源》，载《前沿》2015年第7期。

美国是极端自由资本主义国家。美国进步时代的改革塑造了多元主体独立参与的国家治理结构。关于美国的进步时代，诸多学者认为其大致包括19世纪90年代至20世纪20年代这段时期。进步时代是美国国家建设历史上至关重要的时期，也是一个关键性的国家治理转折时期[①]。进步时代的改革源于当时所面临的社会巨变。19世纪，美国工业化进程逐渐加快，经济发展迅猛，促进原有社会结构发生改变，与此同时，由于美国长期奉行自由主义，政府职能严重受限，未能有效应对经济社会发展所带来的新的问题和挑战，由此，社会问题日益突出，国家治理变革成为当务之急。为有效解决这一难题，美国政府引入多元化主体以整合社会各阶层的力量，并积极寻求社会个体成员自由和社会集体凝聚力之间的平衡[②]。这一多元主体结构包括政府、营利性企业、非营利性社会组织等，各主体能够依据自身所具备的优势发挥各自所承担的国家治理职能，但也存在着突出的问题，这就是各主体的独立自主决策过强，经常难以统一整合，形成强大的整体力量。

我国是社会主义国家。我国的多元主体结构仍处于完善过程中。自1949年新中国成立直至1978年改革开放，我国一直实行政府全能的一元主体治理模式，政府作为国家治理的唯一主体，全权管理国家和社会的各项事务，政治权力几乎无孔不入、无所不能、无所不及，市场和社会很少有重要的参与国家治理的机会[③]。这一模式直至1978年改革开放才被逐渐打破。改革开放以来，社会主义市场经济体制逐步建立，市场作为新型主体积极发挥经济调节的作用，极大促进了我国的经济发展。伴随着经济政治

---

① 参见马骏：《经济、社会变迁与国家治理转型：美国进步时代改革》，载《公共管理研究》2008年第6卷。
② 参见梁芷铭、徐福林、罗福勇：《多元主体与合作共治：国家治理结构的国际经验与本土资源》，载《前沿》2015年第7期。
③ 参见张天勇、韩璞庚：《多元协同：走向现代治理的主体建构》，载《学习与探索》2014年第12期。

的发展,社会组织也日益增多和逐渐壮大,促进了政府与市场、国家与个人之间的沟通与交流,对社会发展发挥着日益重要的作用。同时,公民个体参与国家治理的意识和能力明显提高,开始成为我国国家治理的重要力量。目前,"国家——市场——社会——公民"的多元要素主体结构逐渐形成。但是,目前这一多元主体结构仍然存在很多问题,例如政府的有些管制没有充足的必要性根据,诸多类型的公民社会组织还没有达到足够的自主,市场机制还不够完善,公民个体的某些治理权利还未充分实现等,因此,我国需要继续推行治理主体机制改革,不断完善国家治理的多元主体结构,提高治理效率和治理水平。

通过对英国、美国和我国这三个国家多元要素主体建构实践的把握,可以看到,不同国家基于不同的发展阶段和时代背景,具有不同的多元要素主体建构历程,有些国家的多元要素主体结构已趋于完善,有些国家的多元要素主体结构还处于发展阶段。但无论如何,多元要素主体建构是国家治理主体制度现代化的必然趋势,当事国应该结合本国国情,不断完善本国的多元要素主体结构,为国家治理现代化发展注入强劲动力。

四、建立多元主体协同治理的合理模式

不同于一元统治的明确性和直接性,国家治理主体制度现代化所要建构的多元主体由于其在性质功能和价值诉求等方面的不同往往会使其采取相异的行动方案,这决定了只有建立多元主体协同治理的合理模式,形成各主体优势互补、相辅相成的格局,才能实现治理活动的有序性和稳定性,形成国家治理的强大合力,共同推动国家走向"善治"。正如恩格斯所说:"许多

人协作，许多力量融合为一个总的力量，用马克思的话来说，就造成'新的力量'，这种力量和它的一个个力量的总和有本质的差别"①。基于"建立多元主体协同治理的合理模式"这一主题，本节首先分析多元主体协同治理的合理模式结构，明确这一模式的特性；其次，基于对多元主体协同治理合理模式的解析，指出现代国家可以从四个方面入手去建立这一模式。

（一）多元主体协同治理合理模式的结构

建立多元主体协同治理合理模式的前提是对这一模式形成全面而深入的认知。作为需要建立的模式，它将是一种由行为者以特定方式进行活动所形成的结构统一体。

首先，所要建立的这一模式的主体是多元的，这就是前面所说的政府、市场、社会组织和公民这四大主体。各主体在性质、功能、职能领域等方面均不相同，政府通常在国家治理活动中扮演着裁决者、引导者和服务者的角色，市场决定国家资源的配置，社会组织作为国家与社会、政府与人民之间的中介为彼此间沟通提供平台，公民通过积极参与政治、经济和社会生活为国家发展贡献自己的力量。

其次，所要建立的这一模式的多元主体的活动方式是协同。现代协同理论认为，"协同有助于整个系统的稳定性和有序化，能从量和质两方面放大系统的功效，创造演绎出局部所没有的新功能，实现力量增值"②。根据这一观念，协同是实现"1+1＞2"的关键环节，协同治理也即通过"各个组织行为体之间的协作，以实现整体大于部分之和的效果"③。由

---

① [德]弗里德里希·恩格斯：《反杜林论》，人民出版社1970年版，第124页。
② 陆世宏：《协同治理与和谐社会的构建》，载《广西民族大学学报（哲学社会科学版）》2006年第6期。
③ 李汉卿：《协同治理理论探析》，载《理治月刊》2014年第1期。

此来看，实现多元主体的协同是现代国家治理的内在要求，也是实现国家治理能力现代化的重要方面。现代国家治理活动是多要素、多环节、多过程所构成的复杂系统，内部的各要素、各环节、各过程之间必定发生相互作用、相互影响，这便要求实现现代国家治理活动的协同性，包括整体规划、统筹安排、调整机构、明确职能、整合资源、协调利益、凝聚力量等，这样才会形成总体效应，取得总体效果[1]。

最后，所要建立的这一模式的活动是"治理"。"治理"是一种不同于"统治"的管理国家的方式。关于"治理"的研究热潮开始于20世纪90年代左右，诸多学者都对"治理"理论做出了重要思考和界定。罗茨认为，治理"意味着一种新的统治过程，意味着有序统治的条件已经不同于之前，或是以新的方法来统治社会"[2]。库伊曼和范·弗利埃特指出，这种新的治理形式所要创造的结构或秩序不能由外部强加，而是要依靠多种进行统治的以及互相发生影响的行为者的互动来发挥作用[3]，体现了由单方治理观念向互动治理观念的转变[4]。格里·斯托克提出了关于治理理论的五个论点，这些论点强调了政府不是唯一的权力中心、治理需要涉及集体行为的各个社会公共机构之间的权力依赖、主张行为者网络的自主自治等[5]。从这些关于"治理"的多种思考和界定中可以看出，共治是多元主体协同治理模式的精髓，在建立这一模式的过程中必须保证这一点。

基于上述对"多元""协同"和"治理"的实质内涵的分析，可以较为清晰地判定"多元主体协同治理"合理模式的大致轮廓：这一模式的实体前提是多元主体，方式是多元主体的协同与合作，活动是不同于统治的

---

[1] 参见刘建伟：《国家治理能力现代化研究述评》，载《探索》2014年第5期。
[2] 转引俞可平：《治理与善治》，社会科学文献出版社2000年版，第86—96页。
[3] 转引俞可平：《治理与善治》，社会科学文献出版社2000年版，第2—3页。
[4] 转引俞可平：《治理与善治》，社会科学文献出版社2000年版，第218页。
[5] 转引俞可平：《治理与善治》，社会科学文献出版社2000年版，第34页。

治理，目的是以共治的方式实现对国家事务的有效治理。建立科学合理的多元主体协同治理模式是在新的社会条件下维护社会的公共秩序、增进公共利益的重要方式，是实现国家治理主体制度现代化的一个重要任务，也是世界各国推进国家治理现代化的共同努力方向。因此，如何建立这一模式便成为人们必须思考和解决的现实问题。

（二）多元主体协同治理合理模式的建构路径

建立多元主体相互信任、包容互鉴、平等协商、彼此合作的协同治理合理模式，推动国家治理主体制度现代化，可从以下几方面入手：

科学划定政府、市场、社会组织和公民的治理边界和各自职责，是建立多元主体协同治理合理模式的前提。在现实的国家治理实践中，经常会出现一些治理主体越位、错位或缺位的现象，这对治理过程和治理效果造成了极其不良的影响。因此，国家治理的现代化建构过程必须严格划定各主体的治理边界，明确各主体的职责，促使各主体各司其职、各尽其责，有效防止治理过程中各主体有利相争有责推诿的现象[1]。在多数情况下，最容易跨越自身边界、破坏主体平衡的是政府，因而是否能够恰当划定政府的治理边界，明确政府的治理职责，约束政府的治理行为最为关键。各国应该根据服务型政府的要求，结合具体国情，建构起适合本国的政府主体。就中国而言，政府主要承担着经济调节、市场监管、社会管理和公共服务四大职能，这是政府只能做、应该做和必须做好的事情[2]，应严禁出现政府越位、不合理干预等现象。

---

[1] 参见周伟、谢斌：《我国政府主导下的跨域公共问题多元主体合作治理理路探析》，载《理论导刊》2015年第3期。
[2] 参见张天勇、韩璞庚：《多元协同：走向现代治理的主体建构》，载《学习与探索》2014年第12期。

平衡各主体间权力配置是建立多元主体协同治理合理模式的必然要求。从一元主体统治发展到多元主体协同治理，这种主体的变化意味着权力配置结构也要进行相应的调整，政府不能再独自掌握国家治理的权力，而是应该将治理权与其他主体共享。主体间权力配置的平衡意味着一方面要根据各主体的职责和权限，赋予他们相应的权力，使其在自身治理范围内享有充分的治理权，另一方面也要防止出现某一主体权力不合理过大的局面，否则将会严重影响治理主体结构的稳定性和治理活动的有效性。在我国，权力平衡是指政府主导下的权力配置结构的动态稳定，各主体间的权力配置并非完全等同，政府在国家治理中扮演着更为重要的角色，这是基于国情需要而建立的权力配置结构。但我国在推进国家治理主体制度现代化的进程中，也要防止出现政府权力过大、市场主体决定权受限、社会组织边缘化和公民参与渠道缺失等情况，切实保障各主体的权力，避免权力失衡现象的发生。

凝聚共识，完善协同与合作机制是建立多元主体协同治理合理模式的突破口。国家治理主体由一元转变为多元时，由于各主体的职责、价值观念、利益关注点等都不同，主体间可能会因缺乏共识而出现"协商困境"，难以展开以共同目标为导向的协作活动，这会严重影响国家治理的效果。基于此，凝聚各主体的共识，完善主体间协同与合作机制以避免"协商困境"至为关键。共识，就是对共同目标，也即公共利益追求的一致认识，在国家治理中表现为各主体都要明确其共同目的是增进公共利益，实现国家"善治"。共识是政府与市场、社会组织、公民在公共事务治理中合作的基础与联系的纽带，只有在共识的前提下，各参与主体才能自觉主动地展开合作，为实现共同利益而工作。除建立各主体思想上的共识以外，还要完善主体间协同与合作机制，为实现主体间的协同治理提供切实保障。这需要政府承担"元治理"的角色。"元治理"概念最早是由英国学者鲍勃·杰索普提出的应对治理失败的策略，实质上主张政府承担一般性的治理职能[1]。"元治理不可混同于建立一个至高无上、一切治理安排都要服从的政府。相反，它承担的是设计机构制度，提出远景设想，它们不仅促进各个领域的自组织，而且还能使各式各样自组织安排的不同目标、空间、时间尺度、行动以及后果等相对协调。"[2]大致来说，政府所承担的"元治理"功能如下：第一，在制度上，提供各种机制以加强主体间的相互联系；第二，在战略上，建立共同的远景，鼓励新的制度安排或新的活动，以便补充或充实现有治理模式的不足；第三，在治理主体发生冲突时，借助其所拥有的相对垄断性质的组织智慧和信息资源来充当"上诉法庭"，通过支持较弱一方或系统建立权力关系的新的平衡来实现主体整合[3]。通过政府发挥"元治理"的功能，建立一个能够有效应对复杂关系的灵活协作机制，为多元主体的协同提供广阔的平台，增强国家治理的公共性和整体性。

健全相关法律体系是建立多元主体协同治理合理模式的有力保障。法律是一种具有强制性、普遍性和确定性的规范体系，是国家有序运行的基础。自法国大革命以来，以理性主义和科学主义为哲学基础的法治，被人们看作是现代国家建构实践中与自由、民主相并列的基本因素，依法而治是现代国家治理的重要方式，而法治治理的前提便是必须拥有健全完备的法律体系。正是因为法律在现代国家建构实践中占有如此重要的地位，所以建立多元主体协同治理合理模式必须要完善相关的法律保障。首先，针

---

[1] 陈亮：《治理有效性视域下国家治理的复合结构与功能定位》，载《求实》2015年第11期。
[2] [英]鲍勃·杰索普：《治理的兴起及其失败的风险：以经济发展为例的论述》，载《国际社会科学杂志》（中文版）1999年第1期。
[3] 参见[英]鲍勃·杰索普：《治理的兴起及其失败的风险：以经济发展为例的论述》，载《国际社会科学杂志》（中文版）1999年第1期。

对政府主体，应该加强对政府依法行政的监督，严格防止出现以言代法、以权压法和徇私枉法等现象；其次，针对市场主体，应该完善市场经济法律体系，加强市场监管，规范市场运行；再次，针对社会组织主体，应该从法律层面承认并保障社会组织的治理主体地位，增设或健全相关的法律规制，为社会组织合理合法参与国家治理活动提供法律依据；最后，针对公民主体，应该保障公民依法充分享有参与治理活动和分享治理成果的权利，同时对公民具体参与过程进行规范和约束，使其在遵法守法的基础上参与国家治理。总之，对于国家治理的现代化建构来说，只有完善相关的法律体系建设，才能保障多元主体协同治理合理模式的有效运行。

总之，多元主体协同治理模式的建构具有重要的现实意义。它能够为主体间的对话和协作搭建广阔平台，能够使各主体彼此加强了解、降低冲突、增进合作，防止治理活动的碎片化和孤立化，降低治理过程的随机性和不确定性，能够充分提高整体治理效率，有力提升国家整体治理水平，达到公共事务的有效解决和公共利益的全面增进。

第三章

权力制度的现代化：人民共同权力支配

权力是哲学、社会科学研究中最重要的概念之一，也是政治哲学领域最基本的概念之一。正如伯特兰·罗素所说："在社会科学上权力是基本的概念，犹如在物理学上能量是基本概念一样。"①权力构成了政治的核心，是政治研究所不可忽视的主题。从权力与政治的关系上看，政治研究无法回避权力分配方式与运行制度的问题。可以说，自从古代人们对政治进行讨论以来，对权力的讨论就从未停止。

权力这一概念古老而悠久。现代德国社会思想家马克斯·韦伯明确提出，"权力意味着在一种社会关系里哪怕是遇到反对也能贯彻自己意志的任何机会，不管这种机会是建立在什么基础之上"②，同时认为权力也需要正当性来支撑。至此权力有了清晰明确的定义。从西方政治哲学和韦伯提出的权力概念来看，权力大致具有三个层次的含义限定：首先，权力属于公共领域而非私人领域。从这个角度上说，权力又可被称之为国家权力或公共权力。这一意义上的权力是社会利益关系在政治国家领域的法律表现和实现机制，是一种特殊的支配他人的力量，一种组织性的支配力③。权力自诞生伊始，就作为某种国家的、公共的力量与个人的自由权利存在着矛盾关系。其次，权力与权利密不可分。权力为保障权利而具有正当性。最后，权力必须被合理限制。从人类政治实践活动上看，推进权力制度现代化，就是思考如何使得"关在笼子里的权力"最大程度地发挥其效益。在当代，不管是资本主义国家还是社会主义国家，在面对权力问题上，都无法规避这一核心问题——如何使得权力的强制性不侵犯个体权利，同时又保证权力对社会利益关系的支配力。而这一核心问题与权力的

---

① [英]伯特兰·罗素：《权力论：新社会分析》，吴友三译，商务印书馆1991年版，第4页。
② [德]马克斯·韦伯：《经济与社会》上，商务印书馆1998年版，第184-185页。
③ 刘旺洪：《权利本位的理论逻辑》，载《中国法学》2001年第2期。

三个限定属性密不可分。推进权力制度现代化就是要处理好权力的三个限定属性之间的关系问题。权力的三个限定属性之间关系问题又必然聚焦于人民这一概念。权力源自人民,源自对人民正当利益的保护,因而必须保证权力用于人民,始终为人民所支配。

一、前现代国家权力制度的正当性来源及弊端

在东西方许多地区或民族的前现代历史阶段,"君权天授"或"王权神授"的统治理念,曾经借助于政治或宗教强权的渲染与灌输而长期盛行于世。这在前现代历史阶段的封建社会时期,尤其如此。无论是在中国还是在欧洲,这种统治理念成为一种在社会中占据主导地位的政治文化意识形态,深刻影响了各自的国家权力制度。

(一)前现代国家权力制度的正当性来源

从正当性的角度对比中国与欧洲的封建社会的国家权力制度可以看出,虽然二者都试图从支配宇宙的力量来寻求权力的正当性基础,但二者之间存在重要差别。

对于封建时期的欧洲而言,王权正当性主要来自严密的基督教神学的"王权神授"观念。它从以"上帝"为轴心的宇宙本体论出发,通过对"上帝创世""原罪""三位一体"等教义的阐发,将"灵魂"与"肉体"、"现世"与"来世"截然分离与对立起来,形成了一种浓厚的"神人相分"的宗教哲学思想。在这一思想中,"上帝"被视为一个法力无边、至尊无上的宇宙唯一的人格神,他不仅创造了世界与人类,而且绝对

支配着世界与人类的命运。这一思想在基督教教义中尤为明显。自从亚当、夏娃因偷吃禁果被驱出伊甸园后，人类就永远都带有其始祖所"遗传"下来的原罪，人类生存的这个世界也是充满邪恶的、短暂的，在"世界末日"来临时还必须接受上帝的审判。在整个宇宙中，人类处于绝对渺小与被动的地位，没有能力来改变自己的命运，而只能将希望寄托于上帝的拯救。正是这种"神人相分"的宗教学说，逐渐酝酿出基督教的神权政治文化传统，促进了"王权神授"权力观的出现。到了12世纪，又被索尔兹伯里的约翰等著名神学家所系统阐发。在其《论政府原理》一书中，约翰声称，君主制度是一种"神命"的合理制度，"国王权力来自上帝，王权是神权的一部分"。他进而强调，王权之所以是神权，除了因为王的"职位"系上帝所设外，还在于上帝的授权并非是永久性的分权，而是临时的赐予且常予之监督，不让它与自己完全分离。因此，君主统治表明的是"上帝仅通过一支下属的手来行使这种权力"。

在权力制度实践上，这种"王权神授"的权力观有力地推动了欧洲封建王权制度的形成与发展。这种权力制度一方面强调宇宙唯一的人格神"上帝"对国王终身的授职，强调宗教神权对国王权力的制约，另一方面也赋予了国王以"神命国君"的至尊与神圣的政治地位，使得国王能够为维护国家安全和公共利益而行使权力。

与欧洲相比，中国封建社会时期没有产生基督教的那种"王权神授"思想和相应的权力制度实践，而是从奴隶社会时期的夏商两朝到封建社会时期的秦汉王朝，逐步形成了"君权天授"的意识观念和以此为正当性来源的权力制度实践。在这种情况下，封建皇帝被视为代表"天意"来统治国家的"天子"，即所谓"天子受命于天，天下受命于天子"，由此来表明封建皇帝手中权力的正当性来源。从演变过程来看，在夏商时代，人们开始形成"天"支配世界与人类的"神本"意识，"天"被理解为最高人格神,"政由天启"的"君权天授"观念开始酝酿。自西周开始,"敬天保民""以德配天"的思想开始萌生,国君和思想家们开始认识到"天命"与"民心"的关系,"天"作为最高人格神的形象开始淡化。到了春秋战国时期,随着社会变动和经济文化波动,传统的"天命观"遭到进一步冲击。在"百家争鸣"时代,道家将"天"与"自然"等同起来,视之为宇宙的本体,断定"天道"的变化并无神灵支配,而是其自身运行的表现,这意味着从根本上否定有意志且具人格的"天"的存在。儒家对"天"的理解不同于道家,正如《左传》中所言:"国将兴,听于民;将亡,听于神。"孟子以"天人合一"的理论构架为"天"注入了人性与民心的价值源泉,不仅断定"尽心知性"的内心道德修养可以使人通往宇宙之天的本性,还强调了"天意"乃是"民心"的体现。"尽其心者,知其性也。知其性,则知天矣。存其心,养其性,所以事天也。夭寿不贰,修身以俟之,所以立命也。"朱熹注解说:"心者,人之神明,所以具众理而应万事者也。"意思是说,人的心性与天相通,在人心中可以找到世间众理。要获取这些道理,就要充分发挥人自身的主观能动性,也就是通过"心"进行"思"。

尽管从夏商到战国,人们对于"天"的看法经历了许多变化,不同的学派持有不同的观点,但到了秦汉时期,儒家的"君权天授"这一国家权力观最终取得了统治地位,成为中国封建时期世代君主所拥护和践行的政治思想。

通过对比中国与欧洲封建时期的国家权力正当性思想和制度实践,可以明显看到中国封建时期与欧洲封建时期的国家权力制度之正当性的差异:"王权神授"与"君权天授",前者是宗教性质的,后者是非宗教性质的。

然而,对于现代国家权力制度的现代化方向——人民共同支配而言,无论是"王权神授"制度还是"君权天授"制度，都存在着根本局限。尽管"王权神授"与"君权天授"都有尽可能反映人民意愿的努力，但它们本质上是以少数人的高度集中的权力统治控制广大人民，广大人民从根本上没有对这种权力安排和运行的决定权，不可能成为权力制度的主体。当然，这两种权力制度模式在处理国家与人民的关系上也有所区别。

（二）"王权神授"的权力制度及其弊端

西欧国家封建时期的"王权神授"的权力制度，归根到底是以神职阶层和封建主为统治阶级的制度。这种统治阶级毕竟是社会的少数，而被统治的人民群众才是社会的多数。同时以这种权力制度为基础的整个社会的发展，最终是为了实现统治阶级的江山稳定，而不是以实现人民的利益为根本目的。因而，这种"王权神授"的权力模式在本质上是封建专制的，与国家权力制度现代化的根本价值目的——人民共同支配权力，是完全相反的。

首先，"王权神授"的权力制度是服务于神职阶层和封建主的政治经济利益的。神职阶层从教皇到牧师是一种严格的宗教等级权力体系，维护自身对社会的统治，是其根本的政治利益，同时，获得充足物质生活条件，是其主要的经济利益。而封建主阶级的领主制，则是以采邑封土等级制为基础的经济政治军事制度。封建君主——国王，按照传统将土地分封给下属的大封建主，国王因此成为大封建主的领主，受封的大封建主则成为国王的附庸；大封建主又将自己的封土分封给中小贵族，他在自己的领地上是领主，由他分封的中小贵族则成为大封建主的附庸；照此往下分封，直至骑士阶层。在这个结构体系中，各级领主庄园都是相对独立的权力单元，任何一级的封建领主，在其世袭的领地内都拥有合法的军事、司法、行政、财政等权力。各级封建领主与其附庸之间的关系是一种双向的权利和义务关系。领主给予附庸封地作为生活、战斗所需的物质资料资源，还有保护附庸不受伤害的责任；附庸则必须宣誓效忠于领主，并向领主履行规定的义务，包括应召征战、交税，协助领主处理行政、司法等事务。这种权力制度实际上维护的就是封建主的根本利益，最高领主亦即君主实际上就是封建主的利益最高代表。

其次，王权支配议会。西欧封建时代的议会与现代资本主义国家的议会不同，它不是人民主权的象征，而只是反映封建制度下的等级观念。在英国，议会的前身是皇家大会议，是作为王室决策的咨询和辅佐部门，根本作用在于辅佐封建君主的专制统治。虽然在封建社会后期，议会的成员扩张到了骑士和社会群众层面，但议会始终被封建王室权力所掌控，并不是人民意愿的代表。

最后，教权对王权的限制与平衡。欧洲封建时代神权政治与世俗政治相互争夺与相互利用，但无论在哪个时期，任一方都无法完全取代另一方。这也从侧面体现了西欧政治历史上宗教理性对其世俗政治的影响意义，也标志着政教分离的二元权力模式诞生。而这种二元权力的分庭对抗集中于权力内部的教皇与国王之间，并不存在于国家与个人、封建主与农民之间。因此这种对抗关系的最终结果必然不会导向广大人民对权力的共同支配，相反，会使得权力更加地集中化，使得广大人民更加地边缘化。

（三）"君权天授"的权力制度及其弊端

在神化君权的制度理念和实践上，中国古代的"君权天授"与西欧基督教"王权神授"并无实质不同，只是在对权力正当性的来源上存在差别，即对"天"的理解与西方对"神"的理解存在差别。在西周时期，统治者自诩奉"天命"灭商，是受"天命"的天之"元子"。到了秦汉时期，"君权天授"思想渐趋神秘化与理论化，封建君主中央专制集权形成。西汉儒学大师董仲舒在《春秋繁露》中，充分吸纳周秦以来各种政治学说，将"君权天授"的思想阐扬到了一个空前的高度："唯天子受命于天，天下受命于天子，一国则受命于君。君命顺则民有顺命，君命逆则民有逆命。故曰一人有庆，万民赖之。"①在董仲舒看来，君主是秉承"天命"来统治天下的，具有神圣的身份与权力。能否"受命"是一个君主是否具有正当性的关键，而"受命"之君也须按"天意"来革旧创新，定章建制。故曰："王者必受命而后王。王者必改正朔，易服色，制礼乐，一统于天下，所以明易姓非继仁，通以己受之于天也。"②

可以看出，中国封建时代的"君权天授"中的"天"，不仅包含了自然变化规律的"天"，还包含了一切人间道德理性、道德法则的"天"，这与欧洲神命观所设定的具有绝对单一性人格的"上帝"存在不同。

但无论中国封建时期的权力制度如何在"天授"的前提下充满弹性与回旋，最终仍带有浓重的封建专制色彩。因为"天意"本身被理解为包含最高道德准则，所以只要君主权力符合"天意"这种准则，君主权力就被看作是正当的，从这种正当性出发，可以领导和管理整个国家。因而这种国家权力最终仍是被君主一人所控制，来为统治团体服务。这种权力的极少数化分配，与现代化要求的人民共同支配权力也是相距甚远。

二、现代国家权力制度的理论和实践

权力文明是一个不断发展的过程，是对人的理性、人的价值不断认可

---

① 《为人者天》，载《春秋繁露卷》，上海古籍出版社1990年版，卷十一。
② 《三代改制质文》，载《春秋繁露卷》，上海古籍出版社1990年版，卷七。

和尊重的过程。现代国家权力制度论理论中,注入了诸多关于人的价值的追求,如:自由、民主、平等、正义等。但是现代国家权力制度模式研究比较于前现代国家权力制度模式研究的一个核心差异,则是对人民理性的认可,即认为社会关系中的人民具有理性,国家权力来源于人民的让渡和授权,这是人民建立政治共识的基础。在实践上,以这样一种思想为引导所建构的国家权力,天然地赋有公共性的价值。这些公共性的价值特征,也是作用于保护权力主体的公共利益。因此现代化的国家权力制度研究呈现出:对权力的限制化、程序化和对多数人权力主体的认可等特征。这些是现代国家权力制度相较于前现代国家权力制度的差异抑或是进步之处,但这些特征显然还与权力制度现代化的要求——权力的人民共同支配还有一段距离。

(一)权力正当性问题研究的历史转变

霍布斯、洛克等重要哲学家于16、17世纪提出了古典自由主义的早期重要政治学说,此古典自由主义派别的思想路径是以自由为基础,以社会契约的形式进行延伸讨论的。正如霍布斯所认为:"按照这个词的正确含义来讲,自由就是没有外界障碍的状态。"[①]自由(权利)作为最高、最神圣不可侵犯的价值,拒绝受到外部的干涉,任何其他个体、团体、政府都无法干涉个体的基本自由权利。到了洛克这里,则进一步发展了自由无须他人干涉的基本原则。他认为无论是在所谓的自然状态中,还是在以国家为载体的政治社会中,自由是人们永远都享有的不可被任意剥夺的权利,因为个体的自由与个体自然的生命意义直接相关,一旦个体的自由被剥夺即被他者的绝对权力所支配,个体便失去自然存在的意义,

---

① [英]霍布斯:《利维坦》,黎思复、黎廷弼译,商务印书馆2017年版,第99页。

因此洛克说"自由是其余一切的基础"①，就算是来源于国家的绝对权力也无法剥夺个体自由权利。显而易见，洛克式自由主义下的权力是被个体自由权利所限制的，个体自由受到的最大威胁来源于国家和社会的权力压迫。为了防止个体自由权利受到侵犯，国家权力必须通过制度的手段来限制其行使范围，同时当决策者作出重大决定时必须要取得人民的同意，其决策的正当性来源于人民的普遍同意。从这个意义上说，国家权力地位明显弱于个体自由，权力无条件让位于人民的自由权利而不得干涉。

因此，到了古典自由主义理论这里，权力的正当性不再是来源于某种宗教、传统，而是来源于人类的理性。因为人类具有理性，所以人类会动用其理性，通过同意的合作方式建立一个对自身个体有利的国家政府。一般来说，如果人类为了解决他们自然状态所存在的问题，通过理性同意的方式建立契约型国家，那么这种理性将衍生出一种新的利益类型——公共利益。人最初是自然存在，自然共同体是自然的联合，自然共同体是依靠全体共同体成员的自然法规则（即道德认同和风俗习惯）来维系的。而在这种自然状态下，人类理性的主要领域在于个人的私人利益或是以家庭为单位的私人利益。而从自然共同体通过建立契约而形成的政治共同体，是公共利益的联合，是依靠公共利益的政治理性原则（即公共利益认同和公共权力）来维系的。也就是说，这种契约型的政治共同体必须依赖于人类的公共理性才能得以存在，并且以这种理性作为其公共权力的正当性来源。在这个意义上，权力的正当性——理性是政治主体在私人利益与公共利益的某种同一性结构中所体现出的公共理性。从古典自由主义的公共理论研究上看，它着重思考国家公权在什么样的制度下才不能侵入私人领域

---

① [英]洛克：《政府论》下篇，叶启芳、瞿菊农译，商务印书馆1964年版，第13页。

这一焦点事宜上，而之后新自由主义者如罗尔斯关于良序社会的构建理论，也是主张通过建构公民的"重叠共识"来保证社会公民的自由权利。而这种"重叠共识"亦是合乎公民共识的理性精神。

现代国家权力理论对权力正当来源的思考是聚焦于公共理性之上的。这种理论认为，是公共理性的存在导致了公共权力与私人权利的分离，从而使得公共权力有了生存的养分，也使得政府、国家有了存在的必然性。但同时，也由于这种公共权力的存在，使得公共理性在公共权力与私人权利的张力中得到了某种内在规定性。首先，私人权利的目的是维护私人利益，私人权利的理性原则是自治。公共理性不能完全从私人权利中衍生而来，这样会导致一个国家出现统治的专政，权力的高度集中、公权力的无限化并且脱离社会关系。其次，公共理性也不能只服务于公共权力。构成社会公共关系的每个人都是具体的社会中的人，是具有个体权利的社会主体，公共理性来源于每个具体社会关系中的个体，因此无法抽象地避开个体的权利特征。因此可以得到的结论是，我们要从公共权力与个人权利的张力中寻找权力的价值和正当性，因此我们不仅要限制权力的高度集中和无限化，还要使其来源于对具体社会关系的个体的深刻认识，防止权力的过度抽象化。

从现代国家的权力实践来看，公共权力主要是人民理性的产物，是公共机构处理公共事务、维护公共秩序和增进公共利益的权力形态，而不是前现代国家时期依靠风俗传统、舆论和宗教神学等法则起约束和规范作用的公共权力。公共权力依托人民理性，呈现出从封闭走向开放、从君主走向民主的特征，充实了国家、社会中的公共性资源。

（二）权力主体由少数人向多数人转变

据上所述，现代公共权力依托于人民理性得以实现，一改前现代时期的国家权力正当性特质，使得公共权力也成为绝大多数人民的让渡和授权的衍生物。没有社会中的人民的共识和权利让渡，就不可能形成社会的公共权力。因此，公共权力的主体，也由前现代时期统治国家的少数人，变成了社会中具有公共理性的绝大多数人。

从主体特质的变迁上看，多数人掌握公共权力也确确实实存在着许多合理性。首先，多数人统治从某种程度上来说是实现和保障大多数人利益的最佳统治形式。正如边沁所说："主权属于人民。主权由人民保留，并且是为了人民。它通过构成权的运作而行使。"①保护主权属于人民，就是保护了人民的基本权益。在多数人统治的管理模式下的决策，虽然并不一定是每个人的意见之和，但却是在个人与他人进行意见之争、并且相互融合的情况下所形成的。它可以说是众意与公意的一种相互融合，既汇集了个人的意志，又通过对个人意志的收集和提取，形成了公共意志。而公共意志虽然不能使每个人的意见都得到原原本本的体现和贯彻，但至少是从多数人的角度出发，根据多数人自身的才能平等地参与政治事务，平等地发表意见和看法，平等地表达个人诉求，在既保障自身利益又兼顾他人利益，即在努力实现自身利益与他人利益和谐统一的前提下所形成的。可以说，它能从最大限度地代表共同体及其全体成员的根本利益。

其次，多数人统治为实现"人民共同支配权力"提供了可能。多数人统治与"人民共同支配权力"虽不尽相同，但是在多数人统治的管理模式的运行中，两者却具有内在的一致性。在多数人统治的管理模式下，一项决议的形成，并不是由全体公民的一致意见所决定的，而能根据其大多数

---

① Jeremy Bentham. Constitutional Code (Volume1), ed. F. Rosen and J. H. Burns. *The Collected Works of Jeremy Bentham*, Oxford: Oxford Press, 1983, p. 25.

人的意见来决定。毕竟，出现全体公民意见一致的情况并不常见，如果每次都强求全体公民的意见完全一致，那么只要出现反对意见，不管是一个人还是少数的公民反对，都不能形成最后的决定。这样一来，一个人或少数的公民意见就会左右除他们之外的其他多数公民的意见，导致最终的结果只能是一个人的独裁或者是少数人的专政。因此，遵循多数原则，视大多数人的意见为正义，能最大限度地也是最保守地保障全体公民的利益，使多数人的统治最低限度地接近人民自身的统治。要实现权力制度现代化的要求——人民权力的共同支配，多数人掌权是其必要的政治基础。人民对权力共同支配的要求和现代化改革只有在多数人统治的现实基础上才能实现。

最后，多数人统治并不代表多数人可以为所欲为。权力本身始终存在着扩张的可能性，并容易导致损害他人利益的滥用和腐败，而不受限制的绝对权力必然带来绝对的滥用与腐败。鉴于权力的这种扩张性，当缺乏监督和制约的权力过分地集中于多数人的手中时，是极有可能产生暴政的。因此，要实现人民对权力的共同支配，公共决策的形成就不能是多数人意志的简单地总和，反而取决于来自少数的公民是否也能欣然接受这些共同的原则。因此，在多数人统治的管理模式下，权力的多数人并非能够为所欲为，同时，对多数人的权力还必须加以约束，对其行动必须有所限制，使得决策必须是多数与少数共同作用的结果。这里就涉及一个程序正义的问题。程序正义是多数人统治的基础，因为只有将多数公民的理性共识合法化，才能构建一个国家以保证其中公民的基本权利。并且，这些参与建构的公民也会实行这样的程序正义，因为这能够保障他们在国家社会关系中的一般利益。而且，多数人为了保障自身政治权力的充分合理实施，也需要构建合法、完整的程序。

但是所谓多数人统治的权力程序也只能保证其社会关系中大多数人的

基本权益。权力制度现代化的要求把人民作为一个整体，社会关系中的少数人也是人民的一部分，也需要成为权力的主体。只有实现多数人统治向人民对权力的共同支配的过渡，才有可能真正保障少数人的权益，从而保障作为整体的人民的基本权益。

（三）权力的本质——社会公共性

晚年恩格斯明确指出："国家的本质特征，是和人民大众分离的公共权力。"[①]这个观点在《论住宅问题》中被表述为："在社会发展某个很早的阶段，产生了这样一种需要：把每天重复着的产品生产、分配和交换用一个共同规则约束起来，借以使个人服从生产和交换的共同条件。这个规则首先表现为习惯，不久便成了法律。随着法律的产生，就必然产生出以维护法律为职责的机关——公共权力，即国家。"[②]概言之，国家是遵守共同规则和维护法律的公共权力，要改变社会生活的政治向度，必须以政治的方式获得进而行使这种公共权力。

权力现代化的改革方向是实现人民权力的共同支配，这意味着，现阶段的权力制度问题是还没有充分实现权力由人民共同支配。权力是从人民手中让渡出来的权益，是为了保障社会中的广大人民的权益而得以存在的。但是这个具有公共性的权力，在人民整体手中诞生之后，反过来成为限制人民整体的工具，使得人民整体成为被权力统治的对象。换句话说，就是管理公共事务的国家不仅没有能够满足人民的普遍社会需要，而且压制和攫取了人们的公共利益。权力制度现代化改革，需要改变公共权力的实际效用，增强公共性的价值引导。从权力制度上看，公共性意指人民主权和公共责任，意味着最大限度地维护人民的基本权利，保证人民的主体

---

① 《马克思恩格斯选集》第四卷，人民出版社1995年版，第116页。
② 《马克思恩格斯选集》第三卷，人民出版社1995年版，第211页。

地位。从价值引导层面上看，权力现代化还需要引导广大人民对公共价值目标的追求，通过加深人民对公共性价值的理论认识，形成人民的公共行动。

三、权力制度现代化的主要原则

从国内外国家治理现代化的形势来看，人民主权的权力治理模式将是治理现代化的改革趋势和价值所归。而此种权力模式下的权力主体是整体意义上的人民，而不是单独的个体。人民主权的本质是人民成为权力的最终主体，而权力统治下的运行制度、国家机器都必须作为实现人民主体的手段，不是作为限制人民主体的独立面而存在。由此，才能真正避免人民在自身设立的权力机制中异化，避免沦为权力的对象。同时，保证人民主体的整体性，才能真正避免个体在社会中的权力分化，打破话语权差异的隔阂，实现权力真正被人民享有而非部分享有。

（一）人民共同支配权力

从前文的现代权力制度理论上看，现代权力理论的一个重要问题是忽视了处于复杂矛盾实践中的人和社会关系，并以此为逻辑基点筑建理论的高楼。但社会共同体的存在依赖于社会实践活动，这决定了社会共同体无法屏蔽阶级矛盾、利益冲突、革命向度等因素，因而，缺乏实践维度的现代权力理论或多或少带有理想化的乌托邦特征。的确，如果社会消除了社会分层不平等和剥削桎梏，就能够比较充分地发挥文化多元性的潜力，更有利于社会成员承认统一价值，但基于社会历史现实来看，从前现代到现代的人类各个社会，或者存在阶级矛盾，或者存在阶层矛盾。现代以前通常表现为不可调和的阶级对抗，而国家作为权力主体通常是强制性的统治工具。在现代阶段，许多国家中仍然存在工人阶级与资产阶级之间的矛盾。特别是在资产阶级当政的资本主义国家，其公共领域的实质是资产阶级的公共领域，其中话语权仍掌握在资产阶级手中。这样的公共领域所体现的只能是资产阶级的意志，而被统治阶级的意志则被严重忽视。国家权力作为资产阶级统治的工具机制也处于异化状态，形成了国家权力符合群体意志的社会假象。

即使在发达资本主义社会内部，也仍然存在着阶级或阶层斗争、族群压迫与族群抗争、身份蔑视与身份反抗等激烈冲突，而这些冲突所造成的分裂无一能够通过交往行为来整合，相反，往往需要阶级革命、民族革命来克服。尤其是当代互联网发展进入大数据时代，基于技术发展基础上的恐怖主义、新帝国主义等不断构成分裂资产阶级内部统治的不确定因素。就当今的社会主义国家来说，尽管早已完成无产阶级对资产阶级的革命，但是一些阶层之间的经济社会地位差距较大，在一定条件下也会发生矛盾碰撞。

因此，我们不能无视人类在社会实践生活中的各种矛盾。权力正是来源于这种矛盾性，并进一步调解和努力解决这种矛盾。对于西方国家中居于弱势地位的广大无产阶级和弱势族群来说，需要创造出与资产阶级对等的价值来源，保证在公共领域中获得实质上同等的话语交往的条件，在法律上获得同等的立法和司法保障，而这就需要通过在改变资本主义社会生产体系的基础上对国家权力机制进行彻底的变革。在国际社会上，社会主义国家只有不断创造出自身价值，通过自身发展影响国际社会的发展，改变资本主义主导国际经济、政治系统的局面，从根本上改变国际社会中的话语权逻辑，才可能真正实现世界体系的合理化，建构民族平等的世界共同体。从这种意义上说,将权力回归人民,实现人民主权和人民自由才是权力现代化的最终归宿。当代公共理性学说和交往理性理论对人民权力的呼唤,都无法实现这一根本目的,无法真正超越国家权力对人民自由的压抑,无法冲破权力机制的固有范式,无法真正实现权力制度的现代化。

(二)立足于社会共同体的制度正义

上述所言,权力制度现代化的一个原则是要实现人民权力的共同支配。以此为基础,衍生出两个相辅相成的基本价值取向。其一,是基于自由的理念或差异化公正的理念,需要为每一个社会成员的基本自由的实现提供日益充分的空间。马克思指出:"人的类特性恰恰就是自由的自觉的活动。"[①]马克思和恩格斯指出:"每个人的自由发展是一切人的自由发展的条件。"[②]其二,是基于共享的理念或平等的理念,要让全体社会成员基本平等地共享社会发展成果。自由和共享这两个价值相辅相成,共同构成了人民权力的共同支配。从前提上来看,社会中的成员不仅具有统一性,还具有差异性或多样性,只有在尊重社会成员的多样性自由的基础上,才能实现人民权力的自我支配,因为,没有这一前提,统治者会由于自身利益而对人民实行强制或压制的治理方式。从结果上来看,共享也是人民权力共同支配的必然结果。人民作为一个整体概念,在实现了权力的自我支配后,其行动方向必定也是人民整体所想所趋,行动结果也会属于人民整体。这两个价值缺一不可,一起构成了人民权力共同支配的基本条件。

脱离了人民整体的自由和共享价值去谈人民权力的共同支配,会使得

[①]《马克思恩格斯全集》第四十二卷,人民出版社1979年版,第96页。
[②]《马克思恩格斯全集》第三十九卷,人民出版社1974年版,第189页。

人民权力支配概念坠入虚无和空洞。而人民又是生活在特定社会中，或者说是生活在特定共同体中。自由和共享这两个基本价值脱离了社会共同体便失去了意义。人类的价值取向是存在于人类丰富的社会实践活动中的，并且在社会共同体中不断获得成长和发展。而自由和共享的价值要想在社会共同体中得以生存发展，又依赖于社会的制度正义。只有建立公平的社会制度、合理的社会秩序，才能更好地协调社会各阶层的矛盾冲突和利益关系，保障个人的权利、自由、尊严、利益等，促进个体自由的实现。同时，公正的分配制度才能更好地落实主体的共享价值需求。一个社会的制度正义又包括政治制度正义、经济制度正义、社会制度正义等方面。只有涵盖了社会每个层面的制度正义，才能充分保证人民主体在社会发展过程中的多样性需求，才能真正从逻辑上满足人民权力共同支配的先决条件。同时，又要避免权力制度成为封闭人民自由的牢笼。制度要致力于服务社会中广大人民主体的权力自治，保证人民主体在社会共同体中的自由价值需求和共享价值需求。

（三）扎根于历史文化传统

任何一种政治权力的产生和运转，都有其正当性的重要依据。只有在正当的基础上，才会产生具有权威性的政治权力，权力的运作也才会是正当的。韦伯把传统实践作为权力获得正当性的一种基本依据，是合乎人类社会权力实践的历史事实的。政治权力不可能脱离社会的历史文化传统而获得正当性。一方面，权力关系蕴含在社会关系之中，其不可能脱离社会关系而存在。另一方面，社会的历史文化传统又决定了权力的具体关系。因此，权力制度现代化的建设原则需要立足于历史文化传统。

中国历史文化传统对政治权力的理解，总是着眼于从"天意""天子"等观念出发去论证权力的正当性,并由此为国家治理和政权巩固提供一套以"天然绝对权力"观念为主要特征的话语体系。虽然古代的这种论证和话语体系对于国家政权的巩固和社会秩序的稳定,发挥了重要的积极作用,但与此同时,也存在着强调专制绝对权力这一根本缺陷,因而,引发了人们对权力的有限性问题的深入思考,最终导致中国传统"无限权力"政治向现代"有限权力"政治的范式转换。

在中国古代政治观念中,"天"具有崇高的道德理想人格,统治者是这种人格的化身,是上天派来进行管理国家的。因此,统治者一方面要求自己的言行能够体现天道之圣德的要求,另一方面也常常会以圣人之言行、圣人之德,去作为评价标准和尺度来行使其权力,实施对国家的管理,表现出自己对权力正当的宣示性和不可抗拒的权威性。这不仅构成了中国古代政治的传统,而且也让历代统治者秉承天道、人伦和秩序相统一的治国理念来整合人心,以获得权力的正当性。但是不管这种"绝对权力"具有何种正当性,它都存在不少缺陷。一是使得君主不仅成为享有主宰一切的统治者,让其能够随心所欲地为一己私利肆意妄为,而且伴随着统治者对权力的集中,形成对文武百官强大的威慑力。在这种情况下,文武百官不仅手中握有的权力十分有限,而且慑于君权的权威,无法形成对统治者权力的有效制约。二是权力结构呈现金字塔排列,越往塔顶权力越大,权力运行是自上而下,表现为君主替天行使权力,官吏替君主行使权力,官吏按照君主的要求对百姓行使权力。作为社会上绝大多数的百姓,基本不具备任何政治权力,并被政治体系层层压迫。这就使得权力异化为一种压制人民的政治手段。

我们谈权力制度现代化要立足于历史文化传统,不仅意味着权力现代化要扎根于社会历史文化,还意味着权力现代化要借鉴历史经验对社会历史文化加以发展或改革。中国传统政治意识到了君主绝对权力与臣相、社会人民的政治矛盾，所以古代儒家提出"以民为本"的思想，近代黄宗羲提出"天下为主、君为客"的观点，目的都是在试图调和二者的矛盾。但是无论如何调和，在封建君主制的前提下，权力依旧是掌握在君主手中，而不可能真正属于人民。这也是封建君主制在中国退出历史舞台的根本原因。因此，立足于历史文化传统，权力制度现代化的根本原则就需要保证人民来作为权力主体，保证人民共同支配权力的运行过程和运行结果。

四、权力制度现代化的运行方式

明确了权力制度现代化的原则之后，随之而来的问题是权力如何运行。权力运行的规范化是国家治理现代化的内在要求，在国家治理现代化进程中，必须加强对权力运行的规范化制约和监督。权力的运行之所以如此重要，在于权力承担者的自身利益具有相对独立性，在个人利益的驱动下，权力的承担者有可能背离权力存在的宗旨，从而滋生权力的腐败效应。英国学者阿克顿认为："权力导致腐败，绝对权力导致绝对的腐败。"[1]确保权力正向运作，必须对权力实行制约和监督。从这个意义上看，国家治理现代化过程要求依法执政，通过制度体系的构建，形成完整而闭路的环链，涵养和约束公共权力。通过实现权力运行法治化，规范权力的运行。任何的政府公权力都不能够凌驾于法律之上，而是必须被法律所限定和约束。具体来看，权力的运行方式包括了如下三个基本方面：权力的法治化、权力的配置结构以及权力的运行监督。

---

[1] [英]约翰·埃默里克·爱德华·达尔伯格-阿克顿：《自由与权力》，侯建、范亚峰译，译林出版社2011年版，第342页。

（一）执权观念的法治化

执权是规范权力运行的逻辑前提，没有执权就无从谈及权力的运行。人们的实践活动总是在一定思想观念指导下进行的，观念变革是改革的先导，并为改革的发展指明方向。从这个意义上看，权力主体的执权观念总是影响着权力活动的运行及其方式，其权力的合法性基础也会影响着权力运行的有效性。需要知道的是，人民作为不可分割的整体性实体，是权力的唯一主体。上述章节已经阐述，如果人民没有成为权力的唯一主体，就会导致社会阶层的分化和权力话语体系的不平等，导致权力分配的不平等，因而权力就会异化成为与人民对立的工具理性，丧失权力最本质的价值——保障人民的自由权利。

保证人民共同支配原则的权力制度现代化，就需要从实践中去落实人民的权力共同支配。从这个意义上看，我们不只是需要将权力制度法律化，还需要将执权观念法治化，把能指导人类实践活动的观念性产物法治化，这样才能从观念上保证权力观念的合法有效，保证每一处权力都能在平等、合法的执权观念指导下得以运行。将权力观念法治化，是为了将权力观念从"人治"向"法治"过渡。法治是指以一种象征公正的法律的观念来指导权力运行并以此管理国家公共事务。法治与"人治"的区别不在于国家有没有确立法律，而在于权力运作是否严格依法。只有从观念上严格遵守权力的运行逻辑，才能使得权力观念摒弃"人治"的种种不确定因素，在指导管理公共事务的源头处规范权力的运行。

（二）权力机构的有机结合

以人民共同支配为原则的权力制度模式，有别于治权集中的"命令—服从"的政府专制权力模式。这种专制权力模式可以通过制度化的机制控制其他主体的生产生活方式和社会存在形式，从而产生一种相对稳定的运行结构。其他的社会主体一旦习惯了这种平衡状态，基本上会遵循这种机制，服从决策或者在体系内进行非常有限的竞争。所以，在这种政府专制的权力格局中，居于中心的政府权力与处于最边缘的社会权力之间的差异是十分巨大的。这种权力的两极分化，是对人民整体的切割，分离了作为整体的人民对权力的总体占有，也否定了多元主体治理的价值规范。特别是在全球化和信息化等冲击下，社会中大量主体在新兴社会要素的催促下主体性逐步觉醒，在追寻自己显性利益的过程中，逐渐关注公共领域的隐性的社会性权力，试图在合理的框架内实行政治参与、公共合作、沟通协商、社区自治等。社会主体意识到了参与治理的重要性，也意识到了权力机构必须承担起构建治理合作关系网的责任，并与之协调以发挥它的重要社会治理功能。

因此，权力制度的现代化，很重要的一点就是优化权力机构的有机结合，因为只有优化了权力机构的联动机制，才能充分发挥人民主体的能动性，体现人民共同支配的权力价值。在以往的权力治理体系中，各种社会主体仅仅是维持社会网络运行的一种基础，社会的主客体关系往往受到权力的干涉而导致社会公众成为地方治理客体的现象。而权力制度的现代化，应当致力于使任何合法的社会主体都能够成为合作关系和社会权力治理的主体之一，并且在合作关系中朝向平等互动。这种平等互动的合作关系需要靠优化社会中的权力主体和权力机构的关系来得以实现。因此，优化权力机构不只是意味着优化政府内部的公权力机构设置，还意味着优化政府、社区、人民之间的治理网络机制，充分满足人民群众对于参与治理的要求，保证他们在公共空间的话语体系的重要性及其与政府治理的联动性。保障平等合作的场域广泛存在于政府和公共治理空间，是实现这一优化的根本，因此这项工作不仅是制度性的变革，更是一种新的权力治理价值观的普及。权力制度化需要一种被人们共同信奉的价值观,来作为对权力治理改革的推动力。而只有人民群众真正作为权力主体参与治理,才会又继续推动权力制度的现代化改革。因此权力机构的相互结合,是制度化的结果,也是现代化的价值所归。

(三)权力运行的有效监督

权力运行的内部规范与外部规范是相互依存的关系,内部规范决定了外部规范的路径,外部规范可以保证内部规范的合理运行。人民共同支配下的权力制度,使得权力必须由人民共同监督。如果人民不是权力的监督者,那么人民也无法成为权力制度的唯一主体。要保证人民始终是权力运行中的唯一主体,则必须依靠法律、制度等权力外部因素的规范化来加以保证权力的正当性。

以人民共同监督权力为本质的权力制度,其核心要求不同于对代议制度的简单修补完善。代议制度的监督权力依然是对人民主体整体的切割,建立在其基础之上的公共权力与话语体系只能属于部分人民,而非全体人民。不管如何修缮代议制度,如何冠以监督民主的称号,都无法摆脱只有一部分进行监督这一弊端。我们需要系统性地构建普遍、有效的权力监督民主制度,这就要求以作为整体的人民主体概念为指导。

人民是整体性实体,意味着民主监督和民主商议不是属于部分人的政治活动,而应当属于国家的所有合法公民。首先,落实决策权由人民中来。国家治理的决策不可能是简单的个人决策的综合,这样非但不能实现人民共同支配权力,还会导致权力分散化带来的决策低效和混乱。确保决策权力始终源于人民,需要真实从人民群体中选出决策人。其次,实现这部分决策人代表最广大人民的利益需求来参加政治民主商议。商议环节的决策人需要充分讨论人民群众的政治需求、经济需求、文化需求、社会需求等，并积极讨论公共空间群众的合理建议。而非决策人独断地进行精英式政治讨论，不考虑最广大人民主体的真实利益。最后，确保监督权力真实来自普遍人民主体，始终被人民主体掌握。唯有如此，才能对决策过程和决策成果作出最客观、最符合人民普遍利益的评价，才能实现权力制度为民而生、为民而用。

从监督意义上看，权力制度的现代化，就是实现权力制度的民主化过程。实现真正政治意义的"民主化"，是实现真正以人民为主体的政治治理、实现政治活动合理化和有效化的必然前提，是推动政治走向良性发展的必要条件。如果政治制度的现代化不合于"民主化"的主题，则会在公共力量日益突出的现代化背景下，日益显现其弊端，削弱人民主体的创造力与动力。只有重视人民主体的普遍参与，才能使得政治实践适合于现代化下的经济社会发展条件，使得权力制度建构具备合理性与有效性。

五、权力制度现代化需要重点完善的方面

（一）明晰权力的边界

权力边界是权力各种相关议题中最为核心的问题，为权力划定边界实际上就是确定权力配置和运行的游戏规则，它意味着要明确权力与权力、权力与权利之间的界限，任何权力都必须在特定权力边界范围内按照规则运行，权力的随意扩张和滥用必须得到有效控制。权力边界构成了权力运行和公民权利保护的前提和基础，也是权力制度现代化的重要内容。

推进国家治理体系和治理能力现代化，必须深化对治理现代化内在规律与变革之道的认识。在国家治理体系的权力维度，权力制度现代化的规律又集中体现在权力与人民权利的内在张力关系。要改革权力制度体系，就不得不化解社会中广泛存在的权力与人民权利的紧张关系，推动形成权力与人民权利的合理关系架构，使得权力既边界明确又运行有效，人民权利既普遍确认又切实落实。

如果说权力与人民权利的关系问题是权力的外部边界问题，那么权力的内在结构及其分配关系则构成了权力的内部边界问题。权力在权力体系内部以不同方式进行分配，就会形成不同权力的边界问题。权力以功能性的分配方式即按照权力性质和功能的差异而进行横向水平分割，形成不同的功能性权力，进而构建起权力的水平边界。这些功能性权力，如立法权、行政权、执法权等，构成了国家管理公共事务的基本权力。这些权力既具备了某种无法替代的社会功能，也分别与其他不同的权力划分了边界。完善权力的边界问题，一方面是要避免不同权力之间的相互重叠，另一方面则是要避免权力关系出现"漏洞"。避免这以上两个方面，才能真正实现权力内部边界问题的优化，才是真正为人民整体共同支配权力迈出奠基性的一步。

并且，权力的内部边界和外部边界之间是紧密相连、彼此制约、辩证统一的关系。内部边界是外部边界的决定性因素，人民权利的实现需要权力的认可和保护，权力体系内部关系的调整往往会对外部边界产生新的输出性要求，并导致外部边界的重新调整。而权力内部边界的问题得到完善，会优化权力的内部结构，从而防止权力的过度扩张，避免权力对社会事务和人民权利的过度侵占，从而相应地调整外部的公共事务生活问题。

此外，国家治理现代化中的权力边界问题除了强调权力对社会公共事务的治理，还需要加强权力与其他治理主体的双向互动，并且明晰权力主体之间的边界问题。权力由人民整体共同支配，所以权力主体务必是社会中的人民整体。但是人民整体在社会关系的划分中，又衍生出政府、市场以及社会三个不同特征的权力主体。现实的国家治理体系实际上就是主要由以上三个主体相互联系、相互协调的体系。国家治理体系现代化中多元治理主体各自权力空间的形成必然要求政府改变对市场、社会的管理模式，重新调整权力与市场、社会的边界。在现代社会生活条件下，社会活动已经高度复杂化、多元化和自主化，因而，权力需要合理分配自己的活动职能，确定哪些职能由政府负责，哪些活动政府无需干预，使市场组织和社会组织都能得到充分发育，各种主体都能充分发挥各自的功能，这些都是权力内部需要明晰的边界问题。

（二）填补权力制度体系中的空白

在制度理论关于权力制度的讨论中，实际上包含三个相互关联的方面，即权力、责任、问责。本章的一个重要观点，是实现权力和责任的最大可能的对应。对于处于权力职位上的个人而言，如果权力大于责任，就有滥用权力的可能；如果权力小于责任，则倾向于不作为。只有权力和责任对应，代理人才能正当、充分地行使职权，这才是最优的权力制度设计。而对于在政府工作的这类特殊的人而言，是人民这一权力主体赋予他们以权力职责，他们是作为人民的"代理人"来履行权力职责。当他们正当、充分地行使了权力，实现了权力的目标（或履职到位）时，完成了与权力相应的责任时，就会获得相应的报酬、荣誉、提拔等各种利益；反之，就要被问责，即被追究履职不到位的责任。问责是保障责任落实到位的一种制度安排。实行问责或建立问责制度，就需要描述清楚权力所对应的责任，特别是履职不到位的类型、性质和情节，以及相应被追究责任的内容和方式等。

以上这三个主要因素构成了权力制度体系的基本方面。权力制度要实现现代化，就必须深入完善这几个主要因素的制度建设问题，特别是制度体系中的权力问责问题。因为权力问责是制度得以顺利运行的保障，是判断制度是否有效的重要条件，也是防止权力走向垄断和腐败的必然措施。仅仅围绕权力的行使规范设计来做文章虽然属于事前预防措施，但必定存在着局限性，不可能完全消除权力的垄断性和"自由"空间。即使能够完全消除权力的垄断性，也不能百分之百地保证权力得到正当、充分的行使。而引入问责不仅可以完善事前预防措施，还可以调整实施结果。首先，责任和问责关注的是权力设置的目标和权力行使的结果，是结果导向的。其次，一旦在权力设计环节就引入责任和问责，就必然会影响"代理人"行使权力过程中的行为选择，同样具有事前防范作用。事实上，一旦引入了与权力大小充分对应的责任和问责措施，这将对于防范权力滥用具有积极的作用。再次，在克服政府失灵的各种对策建议中，最重要的还是建立问责制度，并且问责制度是面向权力主体——人民开放的，从最广大的人民整体中建立起问责制度，最广泛地与社会因素结合起来，才能避免政府失灵。最后，权力的正当性来源于人民共同支配，政府权力来自社会中最广泛的人民，因而政府也必须完善问责制度，使其受到人民的监督和制约，对人民主体负全面的责任。

（三）完善政府权力的社会化

政府权力社会化是指在某些领域政府的权力在一定程度上从社会和政府的干预范围内收缩，部分职能由社会本身承担的过程。相应地，它对不同级别的政府行为提出了一些要求。政府"退出"导致的领导管理和权力真空，将需要一些社会团体和公民力量来填补。因此，政府权力社会化也是社会组织再发展的一个过程。需要明确的是，政府权力社会化并不意味着政府力量的减弱，相反，这是提高政府能力的一种形式，也可以说是加强国家提供公共服务和公共产品的能力。换句话说，政府权力社会化的目的不是要削弱政府的作用，政府在实现国家社会的发展过程中的作用仍然位居第一。

由于人民共同支配是权力制度现代化的基本要求，国家权力的主体是整个社会中的人民整体，所以权力社会化是政府治理现代化的必然趋势，通过权力的下放，使得人民整体真正成为权力的主体。在政府与社会的关系中，自由民主虽不需要无所不能、无处不在的政府，但盲目自主市场下的政府和国家也是同样危险的。无论什么理论，只要走到极端，都会产生极大的负面影响。我们应当主张的是社会和政府两者之间的平衡，并且相互有机结合。这种政府与社会的结合，能够防止政府权力的过度膨胀及因此带来的一些弊端。通过对政府权力的转移，合理配置权力格局以最大限度发挥政府和社会二者的积极性，从而加快社会的政治经济发展。

与这种权力社会化的政府不同的模式是全能型政府。这种政府往往具有一定的能力限度，并且通过政府自身的能力来对社会进行强有力的高度管制，但也因此会把权力垄断在统治阶层，并在统治阶层内将权力无限扩张，以通过高度集中的权力来实现对社会的管理。从现实角度看，世界上不会存在无所不知、无所不能的全能政府，因为人的理性是有限的。人类社会每天都充斥着各种各样的信息，而且这些信息并不是一个固定的常量，人与人之间复杂的交流互动沟通，使得我们周围的信息环境无时无刻不在发生着变化，所以没有一个人能全面具体地了解或收集所有的信息。基于上面的条件，虽然知识分散在不同的个体之中，但是并不存在将所有个体掌握的知识相加，然后得出一个知识总量的情况。每个人掌握的知识总是不同的，在教育、劳动、专业、分工相异的条件下，每个人都涉足了不同的领域，认识了不同的事物，彼此之间更多的是知识互补而不是知识的完全重叠。这就决定了不可能形成一个完美的决策机构或全知全能的政府。因此，对社会真正有效的管理并不是只有专制集中的权力模式才可以实现。对于现代化来说，这种全能型政府往往与目标背道而驰。政府治理模式应该朝高效、全面的维度进行现代化改革，权力制度应当服务于如何高效、全面地治理社会。所以政府需要在社会层面最大限度地采集关于社会治理的方方面面信息。由此，政府社会化就是权力制度改革的重要趋势。

马克思主义理论认为，国家是社会的产物，是监管机构，并与社会大众相分离，形成自己的相对独立性。它会在社会的发展过程中"追求尽可能多的独立性"，产生"自己运动的新的政治权力"。国家权力的正当性在于与之相关的社会本身，脱离了社会本身的国家权力，会丧失其权力的正当性来源，最终会使国家治理产生无效化的结果，甚至引发国家危机。权力制度现代化就是为了实现权力从过去的部分人所有到社会人民整体所有的过渡。

第四章

决策制度的现代化：以公共理性为主导

国家治理制度现代化的一个基本方面是决策制度的现代化。在理性维度上，这一历史过程就是逐渐凸显公共理性在决策中的作用，逐渐形成以公共理性为主导的决策制度的过程。这种决策制度是能够充分发挥多元决策主体的统一理性力量、构筑人民的强大共同意志、作出可靠基本共识的决策制度，是科学原则与价值原则有机结合的决策制度。本章将以前现代社会向现代社会转型和决策制度现代化演变过程为主要思考背景，对构建以公共理性为主导的决策制度进行讨论。在阐明决策制度现代化的历史必然性的基础上，指出决策制度现代化所包含的公共理性这一根本要求。由此出发，分析现代以来相继更替出现的以个体理性为主导、以群体理性为主导、以公共理性为主导的决策制度的本质特征及内在关系，论述以公共理性为要求对决策主体、决策程序和决策标准的构建，指出对公共理性决策所需要的公共领域的构建内容。

一、决策制度现代化的必然性和公共理性要求

　　决策制度的现代化是一个必然的历史过程。这是社会历史条件的历史性变革对决策制度的根本改变要求。同时，在决策制度的现代化演变过程中，逐渐形成了构建以公共理性为主导的决策制度这一基本要求。

（一）决策制度现代化的必然性

　　现代化作为现代社会的历史实践，是对前现代社会进行批判和改造的一个历史发展过程，是实现现代社会民众的根本需要的过程。这在国家治理体系和决策制度的现代化方面也是如此。正如马尔库塞所言，制度的

改变必须根源于民众的实际需要①。决策制度的现代化也正是基于此种情况。前现代社会末期的基于经验和非理性要素的决策制度已经从根本上不符合民众对于科学、效率、理性和个体主体性的需要。

资本主义生产方式的确立是区分现代社会与前现代社会的基本标志。具体来说，现代社会可以被理解为一种建立在资本主义生产方式基础之上的具有世界历史性影响的行为制度与模式②。前现代社会则是资本主义生产方式产生之前的传统社会，即奴隶社会和封建社会。构成传统社会纽带的是一种基于血缘和亲族的信任关系，在伦理上体现为一种信念伦理关系。而在现代社会，社会成员之间则处于一种丧失了伦理依附关系之后的"脱嵌"状态，维系社会成员间信任的中介是受到成文法和制度规章所保障的契约关系，这在伦理上体现为一种责任伦理关系③。在由前现代社会向现代社会转变的历史过程中，国家治理的模式开始了由基于天赋权力的统治型向基于法理的管理型的转变。就决策制度而言，则开始了由基于非理性和经验性的前现代决策制度向依托于理性和科学性的现代决策制度的转变。

在西方现代初期即资本主义社会的自由放任阶段，实行的是以古典自由主义为基础的法理型国家治理模式。为了保障社会中个体的自由和社会的公正，这种模式坚持对公共权力本身及其使用的过程进行制约，而基于客观理性所构建的法理型统治体制有效地做到了这一点。因而，在这种情况下，西方资本主义国家的政府职能被限制在有限的领域，即对于个人的

---

① [美]赫伯特·马尔库塞：《单向度的人：发达工业社会意识形态研究》，刘继译，上海译文出版社2008年版，第6页。

② [英]安东尼·吉登斯：《现代性与自我认同》，夏璐译，中国人民大学出版社2016年版，第11页。

③ [加]查尔斯·泰勒：《世俗时代》，张容南等译，上海三联书店2016年版，第169页。

财产权及国家领土安全的保障。但是，为了解决经济领域内经常发生的周期性经济危机，以及在社会领域由于多元主义和虚无主义倾向而引发的社会冲突，西方资本主义国家在行政领域内开展过一系列的政府重塑运动，例如新公共管理运动以及新公共服务运动等①。其目的是增加并规范政府职能在经济市场领域和社会公共领域的效用，即政府由消极、被动的状态转为积极、主动的干预社会经济的发展，力求有效维持经济领域的正常运行，同时消解社会中因价值多元而产生的各种矛盾，维护社会秩序的稳定。而在这一阶段中，对于政府职能的增加和规范，其实质是社会对于政府公共权力的让渡。

在基于法理型的国家治理模式下，法治起到了对于公共权力的制约与控制，但是由于法律本身的时效性及道德伦理的效用在现代社会的弱化，法治并不能成为规范政府职能和制约公共权力的唯一路径。随着现代化过程中社会主体意识的强化、价值多元化及道德失范等问题的出现，亟需构建一种建立在新型社会结构和生产关系之上的融合法治与德治的国家治理模式。而作为国家治理制度现代化过程中的决策制度的现代化，需要实现的基本目标则是充分发挥公共理性在决策中的主导作用。

由前现代社会向现代社会转变所决定的国家决策制度的变革过程，从决策主体演变的角度看，就是从以单一个体主体为主导的国家决策模式到以机构主体为主导的国家决策模式，最后到以社会多元主体相互合作为主导的国家决策模式的演变过程。

以单一个体主体为主导的国家决策模式，主要是前现代社会即奴隶社会和封建社会的国家决策模式。这种模式强调最高统治者个体在决策过程中的主导作用，强调这一个体发挥自己的能动性来进行整个决策过程，包

---

① 何颖：《行政哲学研究》，学习出版社2011年版，第289-292页。

括确定国家的运转发展目标，确定合理的手段和行动方案。这种决策模式的优点是能够实现高度统一决策、迅速决策，缺点是难以充分集思广益，容易产生独断。

以机构主体为主导的国家决策模式，主要是现代社会早期和中期阶段的国家决策模式，时间大体上从18世纪末期主要西方国家的资产阶级建立起政权到20世纪70年代。这种模式的重心在于国家的不同机构作为不同的主体，各自进行独立的决策，包括立法机构主要是立法，行政机构主要是按照立法来确定和完成国家的经济社会任务，司法机构则进行法律实施的监督。这种以不同机构为分界的国家决策模式能够保证决策权力的制衡，但也存在各自相对封闭、经常产生相互阻碍的情况。

以社会多元主体相互合作为主导的国家决策模式，是现代社会后期即20世纪80年代之后开始出现的国家决策模式，是国家治理制度现代化所要求的决策模式。在这种决策模式下，一方面，决策主体是由社会的多元主体相互结合而形成，政府不再是唯一的决策主体，社会组织和公民个体也通过规范程序参与决策，由此来保证公共利益的实现；另一方面，强调决策过程中的政府、社会组织及公民之间的良好合作，强调从实质上融合政府与社会组织、公民的不同立场，使得政府、社会组织与公民个体在决策过程中形成良性互动的关系，达成国家治理的理性共识。

（二）决策制度现代化的公共理性要求

人类社会以资本主义国家的决策制度建立为起点，开始了决策制度逐步实现公共理性主导作用的现代化过程。因此，这里将通过对决策制度现代化过程中理性作用的演变的分析，来说明公共理性何以成为决策制度现代化的一种基本要求。

在不同的社会境况和决策制度中，理性所发挥的作用也不尽相同。按照历史过程，可以将决策制度现代化中理性作用的演变理解为法理型国家治理模式的逐步理性化过程。

从现代开始，西方一些国家率先建立起法理型国家治理模式。在随后的300年历史进程中，大多数国家都效仿西方现代化国家的治理体制，建立起这种国家治理模式。这种模式所包含的决策制度也具有了不同于前现代国家决策制度的新的特征。决策行为的个体被预设为具备完全理性的个体，而基于专业化分工的科层体制则成为决策过程的载体。科学理性主导的决策方式取代了前现代国家的经验性和价值（非理性）决策方式[1]。决策的主要目标是制定最优解决方案。由此，科学理性要求的实现程度成为衡量决策制度正当性的首要标准。在这种情况下，决策的人文（伦理）要求或价值要求被严重忽视，无法达到决策所需要的全面公共理性要求。

同时，从现代开始到20世纪中叶，在法理型国家治理模式的决策制度下，决策主体主要是由各自独立的立法机构、行政机构、司法机构组成的，这三种机构虽然在决策权力的相互制约、相互制衡方面具有一定的合理性，但也经常为了各自利益而处于相互掣肘和尖锐对立之中。这决定了这种决策制度经常难以形成基本的公共理性，或者难以达到决策的公共理性要求。

正是由于上述两个方面的缺陷，20世纪70年代以后，随着西方哲学思想界和管理实践领域对公共理性和公共利益的强调，许多国家开始强调决策制度的公共理性要求，开始自觉构建或完善以公共理性为主导的决策制度的过程。这意味着决策制度现代化迈入关键阶段。

以公共理性为主导，意味着充分按照公共理性要求来安排决策制度。一是要求实现决策制度的科学理性与价值理性的和谐统一，不单单执着于

---

[1] [美]赫伯特·马尔库塞：《单向度的人：发达工业社会意识形态研究》，刘继译，上海译文出版社2008年版，第3-8页。

其中的一个方面。二是要求决策制度安排必须从根本上反映全体社会成员的共同愿望和共同意志，而不仅仅反映少数社会成员的狭隘利益。三是要求建立政府不同决策机构的有机结合，同时建立政府、社会组织、公民个体这三类决策主体的有机结合。

二、以不同主体理性为主导的决策制度

在不同主体理性间的关系维度上，决策过程是决策的个体主体的理性、群体主体的理性、公共主体的理性之间的相互作用运动。而在这一维度上，人类社会的国家决策制度的现代化进程是从以个体理性为主导的决策制度，到以群体理性为主导的决策制度，再到以公共理性为主导的决策制度的相继更替过程，是逐渐强调公共理性要求、逐步建构公共理性主导作用的过程。本部分将分别讨论这三种决策制度的特点和优势，并力求指出在每一种决策制度中三种主体理性之间的关系。

（一）以个体理性为主导的决策制度

决策制度中的个体理性是以决策个体为主体的理性。由于决策主体是由众多个体构成的，因而在决策中会形成众多的个体理性。同时，由于每一个体的理性都以自己的知识素质和价值取向为基础，因而不同个体的理性会存在各种各样的差别。

以个体理性为主导的决策制度，大体上存在于前现代社会和现代社会的初期阶段。在前现代社会中，决策的主体限定在代表少数社会成员利益的统治集团，决策制度安排和决策过程主要是基于统治集团诸多个人所进

行的判断。随着资本主义生产方式的确立，西方社会的现代化进程体现为凸显个体理性的过程，而以新教伦理为基础的资本主义精神所包含的"天职"和"预选"的观念，以及18世纪的启蒙运动对理性观念的宣扬，促进了个体理性在现代西方社会中进一步发展。这在决策制度现代化的初期阶段，就体现为强调个体的理性能力在决策中的作用。

以个体理性为主导的决策制度的本质特点是强调个体对决策任务和决策责任的明确承担，优势在于能够充分发挥每一决策个体的理性力量，能够激发每一决策个体的决策主动性、创造性，能够形成角度各异、丰富多样的决策判断。

以个体理性为主导的决策制度存在三个主要局限。一是由于每一个体的理性能力都是有限的，因而，所有处于松散联系中的众多个体的理性能力的总和也是有限的。二是容易出现不同个体理性追求各自利益的情况，形成决策权力的寻租现象。三是由于对众多个体理性所形成的多样决策判断无法进行有机整合，主要依靠投票来表决采取哪一种判断，因而经常难以形成科学和公正的决策。

在以个体理性为主导的决策制度中，个体理性与以不同机构为主体的不同群体理性、以国家整体为主体的公共理性之间形成了特定关系。个体理性支配诸多群体理性，支配整个公共理性。而诸多群体理性通常会为了实现各自群体的利益目的而努力，因而是第二重要的理性。这两类理性的重要地位决定了公共理性被忽视或弱化，因而通常处于最次的位置。

（二）以群体理性为主导的决策制度

以群体理性为主导的决策制度，主要是现代社会中期阶段的国家决策制度，决策制度中的群体理性是以不同决策机构群体为主体的理性。与以个体理性为主导的决策制度强调众多个体理性在决策中的作用不同，以群体理性为主导的决策制度强调的则是处于一定联系中的诸多机构群体在决策中的相对独立作用。

以群体理性为主导的决策制度的基本特点在于，按照职能将政府中的不同机构划分为执行不同决策任务的不同群体。这些群体各自进行独立的决策。具体而言，立法机构主要是立法决策，提供全社会统一的法律规则；行政机构主要是行政决策，以按照立法来确定和完成国家的经济社会运行和发展目标；司法机构主要是司法决策，执行对法律实施的监督。

以群体理性为主导的决策制度有三个主要优势。一是能够发挥不同群体内部成员的共同的理性力量，形成比个体理性层次更高水平的决策智慧。二是所实行的决策过程的专业化和职能化，能够初步保证决策的科学性与有效性。三是不同群体的分界决策，能够保证决策权力的制衡。

以群体理性为主导的决策制度的局限也有三个方面。一是不同决策群体的相互分割、相对封闭，经常造成相互阻碍、相互冲突难以达成决策统一结果的情况。二是这些决策群体仍然是整个社会成员的少数，他们基本上掌控了所有决策，这会导致公民、社会组织对于决策活动参与的冷漠。三是上述两个局限也决定了这种决策制度无法形成最充分、最可靠的理性决策力量。在以群体理性为主导的决策制度中，个体理性的作用则明显下降，公共理性的作用明显上升，这两种理性的地位一般大体相等，都处于群体理性的支配之下。

（三）以公共理性为主导的决策制度

决策制度中的公共理性是在政府机构、社会组织、公民个体各自整合基础上进一步有机结合而形成的统一主体的理性。以公共理性为主导的决策制度，是当今人类社会许多国家正在构建或完善的决策制度。这种构建过程，不仅会形成充分多元而又有机统一的决策整体主体，形成多元主体的良好合作与互动,而且会形成全面合理、科学规范的决策程序和决策标准,确保决策行为的正当性与有效性。还有,在决策权力方面,这将会形成决策权力的不同构成部分的统一协调运转,使公共权力发挥出整体的最优作用。

这种决策制度的构建过程,意味着理性的公共运用成为决策制度的本质过程。这种过程不仅有助于缓和或解决社会矛盾与冲突,为多元价值基础上的公共生活空间的构建提供稳定和谐的环境,而且能够有效指导行为主体在公共决策过程中的共同行为。

在以公共理性为主导的决策制度中,由于需要把公共理性的作用发挥到最大程度,需要把公共理性、个体理性和群体理性的作用融合为最强大、最可靠的理性决策合力,由于这种情况的形成需要以分别充分发挥个体理性和群体理性的作用为前提,因而,通常会要求把后两种理性的作用置于同等地位。

以公共理性为主导的决策制度是决策制度现代化所要求的决策制度。在这种决策制度下,一方面,决策主体是充分多元的,政府不是唯一的决策主体,社会组织和公民个体也通过规范程序参与决策;另一方面,强调决策过程中的政府、社会组织、公民之间的良好合作,强调从实质上融合政府与社会组织、公民的不同立场,使得政府、社会组织与公民个体在决策过程中形成良性互动的关系,达成国家治理的理性共识。

三、构建合乎公共理性要求的决策结构要素

决策是决策主体依照一定的决策程序和决策标准而进行的过程。决策

主体是决策的实体前提，决策程序是决策的过程基础，决策标准是决策的遵循依据。决策主体、决策程序、决策标准是决策在结构维度上的三个要素。

构建以公共理性为主导的决策制度，一个基本维度是按照公共理性的相关要求来分别构建决策的结构要素——决策主体、决策程序和决策标准。公共理性对决策主体的构建要求是实现多元统一，对决策程序的构建要求是符合科学和民主，对决策标准的构建要求是达到基本共识。

（一）型塑多元统一的决策主体

构建以公共理性为主导的决策制度，首先需要型塑全面充分的决策主体，这意味着需要实现全体人民中具备理性判断能力的成员都能够充分参与决策，保证他们在参与决策的能力、条件等方面具备必要的资格。同时，也意味着需要避免少数个人出于自身利益而对公共理性的私人运用，避免造成他们对人民的大多数成员行为的强迫支配。

从不同主体的统一角度看，最重要的是型塑包括政府机构、社会组织和公民个体在内的多元有机统一主体。科学削减政府机构的决策权力，合理扩大社会组织的决策权力，充分实现公民个体的决策权力，是这一型塑的关键原则和主要任务。

在现代早期以理性主义和科学主义为基础的科层体制中，政府是公共决策过程之中唯一被认可具有正当性的决策主体，公共政策的制定只能由政府单独决定。同时由于在科层体制之中，政府控制着行政权、财政权及立法权等重要权力，因而在各政策领域的议题方面都可施加绝对性的影响。这种公共决策的运行过程是在其内部自上而下的封闭循环运动。而在这高度集权化和等级制的封闭的"铁牢"之中，政府的领导者和技术官僚处于决策的核心地位，他们在政策决策过程之中拥有绝对的行政权力和话语权力，能够主导决策的过程并控制决策的结果，而且他们经常以个体利益和价值偏好为依据，忽视或较少考虑外在的影响或利益团体的因素，把公众排除在决策过程之外，缺乏与公众的沟通互动，因而无法实现公众对于公共权力和公共利益的需求。

20世纪70年代以来西方福利国家的改革以及诸多民主理论和治理理论所推进的政治社会变革，如撒切尔所推行的政府企业民营化和市场化运动以及美国政府所开展的社区运动等，其目的都是要充分发挥社会行动主体的主动性，通过政府的公共权力的下放，使得在国家治理过程中的政府集权化控制的结构转为多元主体参与、协商、互助的治理网络。而在当今社会中，个体主义和价值多元主义在公共领域内的蔓延，公共利益主体和公共权力主体之间的对立与冲突，成为公共活动过程中难以调和的问题。多元主义民主理论寄希望于通过多元竞争机制的建立，打破政府和技术专家对于公共权力的控制，使得具备合法性的社会组织能够享有公共权力，参与公共决策，同时使得个体的意志能够在公共决策中得到充分的表达。随着多元主义民主理论在政治活动中越来越多地付诸实践，作为行为主体的公民和社会组织对于公共决策活动的参与程度得到提升，所有决策主体的公共理性精神得到提高。

因此，构建以公共理性为主导，以政府、社会组织和公民个体等多元主体有机结合的决策制度，是实现国家决策制度现代化并最终达致善治的重要前提。这种决策制度，要求政府、社会组织与公民能够形成长期良性的互动模式，形成以稳定的信任感为基础的相互依赖的治理关系和协商合作关系，使公共决策权力得以科学有效利用。

（二）制定科学和民主的决策程序

决策程序是指决策主体进行决策的顺序机制，是决策主体形成决策的基础。构建以公共理性为主导的决策制度，一个重要方面是制定科学和民主的决策程序，即规则科学、平等对话、充分民主的决策程序，形成既能够充分发挥每一类决策主体的理性智慧又能够正确提升为共同理性智慧的决策过程。这种决策程序一方面强调不同意见之间的相互尊重和开放包容态度[①]，另一方面，则强调对于科学性和规范性的规则的遵从。在这种情况下，会从根本上改变那种把某种观点或少数专家的解释作为绝对权威的决策程序模式。在这方面，哈贝马斯提出的商谈伦理规则，强调基于话语有效规则的交往理性，具有重要的启示意义。下面将从不同决策程序类型的观念和实践角度来说明科学和民主的决策程序的制定。

从决策程序的类型角度看，依据当代国内外的研究成果和决策现代化的历史实践过程，可以概括出基于权力关系的决策程序，基于交往理性的决策程序，基于共同体道德要求的决策程序。后两种决策程序，可以被看作大体合乎公共理性要求的两种主要类型。

基于权力关系的决策程序，表现为决策者对于非决策者的压迫与服从的强制关系。决策实现的过程为决策者通知发布决策命令，依靠强制性（威慑与恐吓）行政手段，迫使非决策者接受和执行决策。福柯对不同权力形式的讨论，可以间接地表明这一点。在他所说的以规训权力为主导的决策程序中，决策主体看似具有自由权利，实际上被排斥、惩罚和隔离等无形的微观权力手段所控制，决策的执行者和非决策者处于一种类似于阿伦特所提出的"无思"的状态或人的"平庸性"状态[②]。而在他提出的生命权力形式下，决策主体的决策行为是以共同体的福祉为目标而开展决策

---

① Amy Gutmann and Dennis Thompson. "Moral Conflict and Political Consensus", *Ethics*, Vol. 101, Oct 1990, No. 1.
② [美]汉娜·阿伦特：《反抗"平庸之恶"》，陈联营译，上海人民出版社2014年版，第53页。

过程，以对非决策者的说服和劝说为手段。

基于交往理性的决策程序，强调以公共领域为平台，以公开讨论为形式，通过决策主体间充分的理性的自由平等对话，实现决策过程的充分有效与决策结果的最大可靠性。对这种决策程序的阐明主要是以哈贝马斯的交往行为理论为依据。在这种决策程序下，决策的交往理性的实现取决于一定社会境况中沟通规范的适用性，"一个人能够从中把那些因其明显体现了一种对所有受影响者来说具有共同性的利益，从而可以指望获得普遍同意的那些法则一般化。而正是这些法则才配获得主体间的承认。从而，判断的不偏不倚在如下原则中得到体现：它约束所有受影响者在平衡利益的过程中采用所有其他人的视角"[①]。因而，由此所形成的决策，是相关主体基于理性而做出的最优选择。

基于共同体道德要求的决策程序，主要是通过对共同体主义理论的阐发而提出的。它要求决策的个体主体不再将自身看作是"绝对独立自由的个体"，而是看作是处于共同体的社会和情感纽带之中、为了实现共同体的善目的的关系性质的个体，既需要保持个体的相对独立性，也需要承担对共同体的道德责任，实现独立与责任的统一[②]。这种决策程序，并不否认权力存在的必要性，而是以共同体的道德要求来安排权力关系，同时，也坚持交往理性的基本重要性，并更加强调共同体成员的忠诚、团结、互助、共同进步，实现决策程序的善目的要求与正当要求的统一。

从上面关于决策程序不同类型的概括和说明可以看出，后两种类型大

---

① [德]尤尔根·哈贝马斯：《公共领域的结构转型》，曹卫东等译，学林出版社1999年版，第65页。
② [加]查尔斯·泰勒：《自我的根源》，韩震等译，译林出版社2012年版，第132页。

体上能够满足公共理性的规则科学、平等对话、充分民主原则,同时,也存在某些不足。第二种决策程序过于强调沟通的话语使用形式规则,相对忽视了决策程序的实质内容建构。第三种决策程序高估了道德要求对决策程序的意义,对于决策程序的刚性制度建构重视不足。

以公共理性为主导的决策程序的制定,需要实现话语形式要求和实质制度要求的统一,道德要求与刚性制度的统一。归根到底,是实现决策程序的科学化和民主化的统一。

(三)树立基本共识决策标准

决策标准是决策主体进行决策的判断尺度,也就是决策主体由之形成决策结果(决策方案)的比照依据。

在公共理性对决策标准的要求方面,由于现代社会经济政治发展日益复杂,人们的主导观念形形色色,人们对各自利益的追求动机极其突出,人们的评价立场也存在很大差别甚至尖锐矛盾,因而人们在确立决策标准方面通常难以达到完全一致,这决定了需要把基本共识树立为决策标准。在这方面,罗尔斯针对政治正义的实现而提出的重叠共识理念[①],富有启发意义,值得认真参考。

把基本共识作为决策标准,既不追求众多决策者、不同决策主体对决策事项达成绝对一致意见,也不追求以简单的投票多数作为决定原则,而是实行充分发挥众多决策者、不同决策主体的理性力量这一原则,以他们对决策事项进行充分深入的理性对话、理性论证为必需前提,最后达成他们或他们的大多数成员对决策事项的基本一致意见。

由于基本共识包含着不同的内容维度,因而基本共识这一决策标准也

---

① [美]约翰·罗尔斯:《作为公平的正义——正义新论》,姚大志译,上海三联书店2002年版,第54-62页。

可以从不同维度上进行考察。一种最基本的考察是把基本共识标准划分为科学维度的基本共识、价值维度的基本共识、科学维度与价值维度相统一的基本共识，或者也可称之为决策的科学标准、价值标准、科学标准与价值标准的统一。

决策的科学标准是指，决策主体们对决策事项的相关事实方面的判断需要达到基本正确的程度，包括所依据的事实基本全面、对事实的本质及决策实施所需的基本条件的认知基本正确、决策实施过程合乎基本的效益效率要求等。

决策的价值标准是指，决策主体们对决策事项的相关价值方面的判断需要达到基本满意的程度，包括在决策事项对哪些社会成员具有正当意义、具有什么样的正当意义、正当意义的程度及对事项主体之外的人们的正当性影响等方面的判断，都是如此。

决策的科学标准与价值标准的统一是指，决策主体们对决策事项的事实判断与价值判断达到正确结合。这就是说，对于决策事项的衡量不能仅仅局限于科学标准，或者仅仅局限于价值标准，而是以两种标准的统一为依据。实现这两种标准的统一所遇到的一个最根本的问题是如何安排两者的地位关系问题，是确立以其中的一种标准为主导，还是确立两种标准相平衡。这一般取决于决策事项的轻重缓急状况。

以公共理性为主导的决策标准的树立，在基本共识的构成和统一层次上需要实现科学标准与价值标准的统一。从理性的角度说，这种标准既不同于单纯的科学理性标准，也不同于单纯的价值理性标准。它既反对唯科学理性标准的倾向，也反对唯价值理性标准的倾向。因而它既是合乎客观科学要求的，以事实为基础的，也是合乎主体价值要求的，非价值中立的。

四、构建公共理性决策所需要的公共领域

以公共理性为主导的决策是决策主体通过有效对话而形成基本共识的过程,这种过程的健康有效进行需要相应的公共领域作为基础,即需要能够充分发挥公共理性力量的公共领域。从以决策主体为核心的决策过程角度来看,这种公共领域的构建可以分为三个维度,就是充分培育决策主体的高度自觉的公共精神,切实打造决策主体能够进行充分公共言说的平台,有效确立决策主体能够顺利进行决策的商谈规则。

(一)充分培育公共精神

培育决策主体的公共精神,促使决策主体对决策事务形成高度自觉的公共责任意识、公共服务意识,是形成健全公共领域的一个基本方面。作为一定历史背景和社会境况之中的社会共同精神,是与公共领域及公共理性发展的过程相联系的。现代公共精神体现的是现代性的精神文化特质,这种公共精神的培育需要建立在社会共识的基础之上,这包括确保共同体内每一个具备理性能力的个体都具有平等地位,都需承担相应的社会责任,都有义务维护公共秩序和公共利益。

以公共理性为主导的决策主体是政府、社会组织和公民个体等多元主体的有机结合。为了能够促使多元主体间形成稳定的交互模式及基于信任而形成合作关系,需要以决策主体对于其自身的公共作用、公共责任的认知和认同作为前提。在前现代社会和现代社会的初期阶段,决策活动主要是受少数统治集团人员所支配,而作为社会成员大多数的一般民众并没

有参与决策的权利,能动性主要以工作本身和自身利益的有限实现为基本目标。而以公共理性为主导的决策制度构建,意味着需要彻底改变历史上决策制度在公共精神培育方面的严重不足,既要求政府主体充分树立为公共善而进行决策的自觉公共精神,也要求社会组织和公民个体主动树立这样的公共精神,积极参与到决策过程之中。就公共精神的理念内容的培育来说,则需要使所有决策成员逐步形成他们对于科学、客观理性、公共责任、正义、德性和尊严等理念的自觉追求。简言之,形成正确的公共态度和公共行为观念。

(二)切实打造公共言说平台

切实打造决策主体的公共言说平台,目的是为了决策主体能够进行充分的公共言说。从公共言说得以实现的本质要求看,需要确立如下三个基本原则。其一,公开性原则。公共理性决策所要求的公共言说领域,是公开的,对全体公众开放的,是"与整个社会有重要关系的,或属于这整个社会的"[1]。其二,充分表达和深入讨论原则。任何决策个体都有充分表达的权利,即使从自己的价值偏好与私人需要出发,也是允许的。同时,必须把深入讨论甚至争论都作为决策的正常过程。相反,不同意充分表达和深入讨论,则违反了公共言说的本质要求。其三,多样统一原则。这种公共言说平台既认可人们由于受到各自生活经历、立场利益的影响所提出的公共观念主张具有多样性,也要求认可以此为基础而达成反映人民共同意志、国家共同利益的统一的公共观念主张。

---

[1] [加]查尔斯·泰勒:《吁求市民社会》,载汪晖、陈燕谷主编:《文化与公共性》,生活·读书·新知三联书店1998年版,第188页。

（三）有效确立商谈规则

确立决策主体的商谈规则，目的是实现决策主体在决策过程中能够有效进行沟通与合作。为了确保多元主体进行决策的有效性，需要有效确立决策过程的公共商谈规则。公共领域的构建，不是为了实现决策主体对公共权力的占有，而是为了实现决策主体对公共决策责任的承担，为了能够保证有效地进行决策。随着现代社会结构和经济关系的逐步确立，强有力的个体利益追求和工具理性化趋势改变了传统公共领域的决策方式。决策主体经常会产生通过决策来达到自身利益的强烈动机，而且，多元的决策主体也会为了各自的利益考量而发生严重的决策分歧。还有，由于历史的惯性和权力的使用特点，也会容易出现政府拥有绝对支配决策权力，而社会组织、公民个体被置于被动地位的现象。这些原因决定了制定正确的决策过程商谈规则是十分必要的。对于所要制定的商谈规则的总体要求是公正和规范。在商谈规则所需包括的内容构成上，主要有两个方面。一是决策主体们的商谈地位平等规则。这是为了防止决策主体间出现任何强制、强迫现象。二是商谈过程的合理程序规则。合理程序规则是商谈得以正常进行的基本保证，是做出正确决策的前提。所有商谈活动、商谈过程都需要制定合理程序，包括商谈环节的程序规则、商谈步骤的程序规则、商谈时间的程序规则等，都需合乎科学要求和民主要求。

总体来看，公共理性所要求的公共领域构建，最重要的是坚持科学要求和公正要求。科学要求针对的是公共领域构建所涉及的客观规律方面的问题，公正要求针对的是主体道义方面的问题。正如哈贝马斯所说，多元决策主体间充满着分歧或冲突，"要使冲突的双方或多方产生共识、达成一致或相互妥协，首先，要求参与对话者将其个人视野转换到所有参与者的视野上来，这样才能有共识的基础"[①]。

[①] [德]尤尔根·哈贝马斯：《公共领域的结构转型》，曹卫东等译，学林出版社1999年版，第38、65页。

第五章 权利义务制度的现代化：平衡理念引领

在现代化的历史进程中,人们对权利与义务的讨论一直没有停止过。现代化社会的一个最重要特点就是关注人的发展和人的权利的实现,所以现代社会也经常被称作是"权利社会"。尤其在重视个体权利的自由主义价值体系下,国家权力与公民权利之间的张力、权利与义务之间的错位,使得世界范围内各种"非理性"事件频发。这表明,如何处理或安排这些关系,是国家治理制度现代化的一个重要方面。本章将主要讨论如何实现权利义务制度的现代化这一问题。

一、权利义务制度在国家治理制度中的重要性

权利与义务是自人类建立国家以来人们社会政治生活中逐步得到发展的一种基本观念和实践,是社会政治哲学、道德哲学、法哲学研究领域中一对非常重要的范畴和不可绕过的重要问题。虽然"权利"与"义务"的严格概念是现代性发展的产物,但从古希腊时期开始,人们在城邦中就产生了权利和义务的相关意识,以约定俗成的方式开始了应得和责任方面的实践。经过漫长的发展,"权利"与"义务"理念在现代初期的"天赋人权""三权分立"等自然权利哲学体系中得到迅速发展,并深刻影响了众多现代国家的实践过程。而中国的法律传统和哲学基础与西方社会有着巨大的差异,在20世纪40年代末建立起了不同于西方现代社会的社会主义国家。可以说,一个国家对权利认识的程度、对权利义务制度的选择,关涉着国家的政体、政治制度和法治走向,也关系着每个个体生存的尺度和幸福。

（一）权利义务制度是国家治理制度的基本方面

权利和义务观念不是生来就有的，它是随着社会的发展、人类对自我的认识而逐渐产生的。在历史上的蒙昧时期，恶劣的生存环境使人们把生命保存看作是唯一重要的事情，难以形成权利和义务观念。随着生产力的发展和私有制的形成，人们为了保护自己的生命和财产安全，就共同组建了法权意义上的国家。人们生存空间的扩大和生活条件的提高，需要一个合法的第三方来保护自己的权利空间不被侵犯，保护合法财产的获得。同时，当人们保证自己的权利不被侵犯时，也意味着必须履行不随意侵犯他人权利的义务。这样，初级的自我保全的权利和义务观念就形成了。

在英文中，"right"除了有权利的含义，还有正当、公正等含义。所以，权利本身就意味着以正当、公正为本质内涵，因而权利不是无限的、没有节制的权利，而是在一定正当空间里存在的。按照现代初期契约论哲学家的观点，"只有以自然、公道、社会效果和社会实际利益为基础的权利才是合法的权利"[①]。

权利与义务是社会政治生活和法权关系中一对最基本的矛盾，二者总是成对而生，处于对立统一关系之中。权利的拥有意味着有相应的法来保障权利的行使，而这一过程是对他人的限制。如果没有对他人的限制，众多个人所拥有的权利就会因为自利的本性而进入混乱的争夺状态。为了保证权利的稳定性，对他人的限制就意味着法律对他人设定了相应的义务。所以说，没有无义务的权利，也没有无权利的义务，权利的正常运转一定是在法律的义务设定作用下才能够完成。

人们通常认为，权利就是个人的权利，但实际上也存在着国家的权

---

① [法]霍尔巴赫：《自然政治论》，陈太先等译，商务印书馆1994年版，第31页。

利。国家的权利在本质上就是权力。康德说:"权利的法则,可以说是权力概念的典型结构,也就是根据作用与反作用的平衡的物理法则,对物体自由活动的可能性进行了类比的研究,然后用一种纯粹先验的直觉来说明它。"① 康德的意思是说,权利与权力在执行过程中可以被视为是一组相互作用、相互平衡的并存之物。不管是权利还是权力,都有着作为行动主体的施行者与作为行动客体的接受者,两者相辅相成,成为一种类似于物理法则的不可分割组合。简单来说,当人们作为权利主体要求享有自身权利时,必然需要其他人能够尊重其权利主张,为其享有权利提供实施的保障。在这一过程中,享有权利者是主体施行者,而为其享有权利给予充分尊重并提供保障的其他人则是客体接受者。人们彼此之间之所以能够形成权利对等的默契,恰恰在于每一个人都希望能够在权利对等的前提下建构社会共同体、获得自身享有平等权利的机会,即人们必须互相尊重权利、不侵犯权利。正是在这样的逻辑下,当一个人(主体)主张权利时,其权利就成为其他人(客体)必须遵守权利对等法则这种意义上的"权力"。显然,这里的"权利"与"权力"在具体的社会行动中是同一事情的两个不同面相,权利法则成为一种权力概念的典型结构。与此同时,我们也可以看出,权利与权力的转化也在一线之间,如何防止绝对权利走向一种绝对权力,如何防止权利成为"霸权"或"强迫权",便需要我们在实践中努力做到权利和权力的互动平衡。

在以宪治国的政治制度下,法治是国家的立国之本。国家的合法性来源于宪法的制定与权威,而对权利和义务的规定,是宪法的一个基本内容。由此来看,对权利和义务有什么样的认识和定义,在权利和义务的强制实践方面有什么样的基本主张,是国家形成权利义务制度的基础,而且直接

---

① [德]康德:《法的形而上学原理——权利的科学》,沈叔平译,商务印书馆1991年版,第43页。

关系到国家宪法的根据,从而关系到国家权力的合法性。因此,权利义务制度是国家治理制度的重要方面,离开正确的权利义务制度,国家的合法地位和法治基础都会受到质疑。

(二)权利义务制度引领和规定社会的秩序结构

要想建立一个现代化的国家,首先要确定国家要走什么样的道路及坚持什么样的基本价值观,说到底,就是确定国家的治理制度。而国家治理制度主要涉及两个方面的内容,即国家权力制度和公民权利制度。国家权力与公民权利在一定程度上是互相制约的,因为一旦行使了国家权力,就意味着公民权利的空间被挤占,所以国家权力和公民权利必须在权利义务制度下进行规定和把控,否则就会造成"组织性失序"和"制度性无能",社会就会进入非理性的状态而使国家无法有效运转,公民也会因个人的权利无法得到保障而陷入不满状态。

事实上,权利和义务都具有主体承担者。对于国家治理、社会治理而言,只有明确不同社会情境下的行动主体、明晰不同主体的社会权利及其社会义务,才能有针对性地开展治理变革,维护社会结构的稳定和发展。在社会行为的承担者维度上,公民是社会行为的主体,因而公民既是权利的主体,也是义务的主体;同时,在社会整体治理的集中承担者维度上,国家也是权利和义务的主体。国家一方面拥有着人们让渡出来的权利集合即权力,另一方面也承担着维护社会公平、追求共同体的共同善等义务。

在前现代社会,不管是东方还是西方,除了统治阶级的极少数成员以外,绝大多数人们都在神权或王权的等级森严的制度下过着绝对服从的生活,人们被义务绝对支配权利的制度所禁锢,没有独立自由,没有基本权利,长期处在不平等、不平衡的状态下。在西方中世纪以后的文艺复兴和启蒙运动中,诞生了很多伟大的思想家、哲学家,他们提倡"天赋人权""主权在民"等自然法思想，突出强调个体权利的实现，同时，相对忽视了义务责任的履行。

在自然法思想中，众多个人让渡的权利是国家产生的前提。英国自然法哲学家洛克引证胡克尔在《宗教政治》中的话来阐明这一点："既然我们不能单独由自己充分供应我们天性所要求的生活，即适用于人的尊严的生活所必需的物资，因而为了弥补我们在单独生活时必然产生的缺点和缺陷，我们自然地想要去和他人群居并营共同生活，这是人们最初联合起来成为政治社会的原因。"[1]自然状态下分散的个人无法实现自给自足和人之为人的自由尊严，这导致了政治社会或契约国家的产生。因此，国家应该提供给人们有尊严的生活，否则国家就没有存在的必要，也没有接受人们让渡出去的保卫安全和维护利益的权利。

自然法哲学家们的思想在实质上都是权利自由观，这种权利观念颠覆了集体高于个体、责任优先、服从优先的原则，倡导人人自由平等。19世纪德国法哲学家耶林更是提出了"为权利而斗争"的口号。所以在当时的欧洲引发了各种推翻旧制的革命，各国人民为了争取自己的权利进行了艰苦卓绝的斗争。这些权利理论和实践，为后来民主制度的发展和共和国的建立，奠定了坚实的基础。

回顾人类现代以来的政治社会实践可以看出，在权利义务问题上的价值观分野会导致国家意识形态和政体制度的不同，导致一个国家内部不同群体之间的政治对立，这种对立直接的后果就是社会秩序混乱，更严重的是社会冲突和分裂。哈耶克说的"一个群体的所有成员的行动的结构"[2]就是社会秩序。当一个群体的所有成员信奉不同的权利义务价值观时，不同

---

[1] [英]洛克：《政府论》下篇，叶启芳、瞿菊农译，商务印书馆1964年版，第10页。

[2] Hayek. *Studies in Philosophy, Politics and Economics*, UK: Routledge & Kegan Paul, 1967, p.66.

志向的行为主体就会产生不同的行动后果,这种后果直接影响着国家体制和社会秩序的建构。因此,我们说,权利义务制度是国家制度中最基础、最根本的制度之一,它的形成和确定将直接引领和规定社会的价值排序,从而引导社会秩序的建构和走向。

(三)权利义务制度是实现和谐社会的必要条件

在一般情况下,国家治理在过程维度上有两个直接的目标——民主与稳定。民主与稳定之间不是取舍的关系,而是如何平衡的关系。民主是国家正确运行发展的根本要求,稳定是国家长治久安的基本前提。本质上,民主与稳定的关系是自由(权利)与统一(义务)之间的关系,二者的和谐共生是建设和谐社会的必要条件。

权利义务既是一种价值观念,也是一种价值实践。权利义务究竟是偏向民主还是偏向稳定,表现的是政治制度的走向和基调。现代国家的公民自由是通过权利义务的规定来确立的,这种权利义务的内容根植于国家与市民社会的现实生活之中。权利义务制度所要实现的价值是市民社会中公民的普遍价值。因此,对待权利义务的态度和规定,体现着共同体的生活方式、准则和价值观,同时也是社会发展、国家合理运行的前提条件。

权利和义务都是存在不同种类的。在现代以来的诸多权利义务理论中,把权利义务主要分为三类:道德权利义务、自然权利义务和法律权利义务。

对道德权利义务的最著名论证当属康德在《法的形而上学原理》中所说:"我们唯有通过道德命令(它是直接的义务指令),才认识我们自己的自由——由于我们是自由的,才产生一切道德法则和因此而来的一切权利和义务;而权利的概念,作为把责任加于其他人的一种根据,则是后来从这种命令发展而来的。"①在康德的观念中，人们的道德权利来自道德义务，而道德义务则是以实践理性为根据的。

对自然权利义务的阐发主要是西方自然法学说。这一学说虽然重在阐发和强调权利，但也包含了对义务的相应看法。这一学说认为，每个人天生是平等的，都拥有自然赋予的追求生存、自由、幸福的权利，这些权利是普遍的、不可剥夺的，因而保护这种追求，为实现这些权利创造基本条件，是国家和所有公民不可推卸的义务。自然法学说增强了人要求权利的合法性主张，开辟了权利主导义务的政治观，使得人们跳出义务本位的体系，建立起了现代契约国家。

法律权利义务是一个国家根据统治阶级意志制定的法律所规定的权利义务，它植根于社会公共生活和经济基础，是一个国家制度化的产物。它把权利义务以制度化的方式呈现，属于实然意义上的权利义务。相比而言，道德权利义务与自然权利义务是一种理论上的、价值观上的权利义务，它更多地体现了一种应然的意义，是现代国家应当追求实现的理想。这种理想要求国家必须越来越合乎道德和自然法的权利义务要求。同时，在法律权利义务实现方面，国家需要确立公正和切实可行的法律制度，公民则必须依照法律制度，实现自己的权利，并承担维护和不侵犯他人权利的义务。

历史地来看，任何一个国家的权利义务制度的现代化，都既需要以道德权利义务主张和自然权利义务主张所代表的理想愿景为指引，又需要通过制定完善的法律规则来明确权利义务要求，才能够形成国家与公民各谋其位、各司其职、公共生活井然有序，实现民主与稳定的和谐社会目标。

---

① [德]康德：《法的形而上学原理——权利的科学》，沈叔平译，商务印书馆1991年版，第10-11页。

二、前现代社会绝对义务本位及其历史局限性

权利与义务究竟何者为优先的问题，在历史上争论已久。实际上，权利与义务的关系不是一成不变的，而是随历史变化着的。前现代社会是王权神权统治下的社会，强调整体主义国家观，普遍的价值观是国家大于个人，个人应该无条件地服从国家或君主。西方中古时期的"君权神授"和中国古代的"奉天承运"都是这种整体主义价值观的体现。而现代社会崇尚的是重视个体权利的自由主义国家观，国家的合法性来自拥有共同意志的人们而不是天启的神，因此"人性"是第一要素，对人性的审视与考察也是现代性的一个根本特征。

（一）绝对义务本位思想和制度的发展

在前现代社会，没有明确出现过"权利""义务"概念。在西方，"直至中世纪临近结束之时，在任何古代的或中世纪的语言里，都没有可以用我们的词语'权利'来准确翻译的词语"[1]。但从实质上来看，前现代社会是通过宗族、血缘、地缘等因素聚合在一起的，无形地要求人们为家庭、村落、城邦等贡献力量，因而可以说是义务绝对支配权利的社会，或者说是绝对义务本位社会。

例如，在古希腊时期，城邦共同体是最大的共同体，并且诞生了古代形态的民主制度，因而柏拉图和亚里士多德等哲学家们深入思考了城邦治

---

[1] [英]A. J. M. 米尔恩：《人权哲学》，王先恒等译，东方出版社1991年版，第7-8页。

理问题，认为城邦治理的目的是实现城邦的至善（幸福），阐明了智慧、正义、勇敢、友爱等在实现城邦治理中的重要意义。无疑，在他们的思考中没有明确出现过"权利""义务"等词语。但是，他们的城邦治理思想是整体论的，强调整体大于个体，强调所有人都要服从于实现城邦的最高目的。亚里士多德说，"人天生是政治的动物"，"人在本性上是城邦共同体性质的"①，个人只有在共同体中才能过自足的生活。这表明，虽然城邦是民主下的城邦，但是个人的权利空间非常有限，进入共同体中的人必须坚守整体主义的价值观，也就是义务大于权利的法则，这是一种义务主义的价值观。

在中世纪的欧洲大陆，封建君主与贵族之间以契约来规定的权利义务关系，这为西欧的封建等级制度提供了保障。同时，基督教在成为底层人民的宗教信仰之后，也慢慢地被王权和神权利用，成为统治和奴役人民的重要工具。1000多年的政教合一制度，神权与王权之间错综复杂的利益关系，让人民一直处于被奴役、被义务支配的状态中。人们一边虔诚地信仰着教会的神权，一边俯首听命于国王的王权。哪怕作为贵族，在中世纪早期只是在部分经营自治领域有稍许的权利，在政治上，贵族没有发表自己意见的权利②。

由于这一时期的基督教具有广泛的群众基础，所以王权的合法性都来源于教皇的肯定。神权处于至高无上的地位。在教会权利不断扩大的同时，虔诚的基督徒逐渐认识到了教皇对政治的野心，教皇在民众心中的神圣性逐渐减弱，教皇的宗教使命在世俗中逐渐被消解。随着社会的发展，

---

① [古希腊]亚里士多德：《尼各马可伦理学》，廖申白译，商务印书馆2017年版，第18页。
② 陈唯声：《世界文化史（古代部分）》，哈尔滨工业大学出版社1994年版，第134页。

底层人民开始萌发出权利意识。到了中世纪中后期，王权神权与贵族之间的相互斗争，为市民阶层的兴起创造了条件。城市平民尝试着参与城市自治和经营，并从权贵那里争取到了小部分权利。此后，权利才开始逐渐从特权阶层转向市民阶层。

后来经过文艺复兴、启蒙运动和社会革命，欧洲各国人民先后摆脱了封建主义制度，并从宗教神权中解放出来，强调以人性观念代替神学观念，以理性代替信仰，以自然法代替神法，这才形成了以天赋人权、理性、自由、平等为基本要素的权利观，建立起力求实现公民权利的民主国家政治制度。

在19世纪末20世纪初，西方法学界出现了权利虚无主义、唯义务论的观念复辟。例如，法国哲学家、社会学家孔德说："权利的概念将永远消失了，每个人只有义务，而且是对一切人的义务。"[1]法学家狄吉断言："在社会中个人没有什么权利，只有服从社会连带关系的义务；如果说个人有什么权利的话，那就是始终履行对社会的义务的权利；国家也没有什么权利（主权），它不过是执行公务。"[2]德国法学家拉德勃鲁赫也曾声称，人们只具有服从社会的义务[3]。可见，义务本位论并没有从历史中完全退场。

（二）绝对义务本位制度的历史贡献和局限

绝对义务本位制度对国家发展、社会存在和百姓生活的作用具有一定的历史时代性。在物质生产水平极低、战乱频繁、动荡不安的年代，底层人民贫困潦倒或过着卖身为奴的生活，为了生存，他们不得不依靠君主或

---

[1] 董云虎、刘武萍：《世界人权约法总览》，四川人民出版社1990年版，第49页。
[2] 沈宗灵：《现代西方法律哲学》，法律出版社1983年版，转引自张文显：《法学基本范畴研究》，中国政法大学出版社1993年版，第68页。
[3] 吕世伦、张学超：《权利义务关系考察》，载《法制与社会发展》2002年第3期。

国家的强大政治力量来保全自己。政治上，义务本位制度把国家利益置于绝对优先于个体利益的地位，强调人民对国家的绝对服从，不计较个人得失，这无疑能够减少暴乱和冲突，稳定国家政权；经济上，这种制度能够短期内迅速集中大批劳动力，凝聚为较强的组织力量，提高生产力水平，改善民生；思想上，这种制度发展出义务本位的价值观，这种价值观反对个人主义，崇尚团体精神，为共同体主义的成长、民族主义的发展作出了贡献。

义务绝对支配权利的价值观的确可以在一定时期内为国家和社会带来效益，但这不是义务本位具有持久合法性的根据。长期来看，靠义务强制人们服从的价值观并不能给人民带来幸福感，只会为特权阶级带来源源不断的利益和权力。义务绝对支配权利的历史局限性主要表现在以下三个方面：

第一，国家难以保持长期稳定。前现代社会的统治者们固执地认为，只要把人们的肉身牢牢控制在义务之下，用宗教神权或者至高无上的王权震慑人们，国家就会拥有绝对权力，统治者的地位就会永固。然而这种统治方式都忽视了一个主体性事实，那就是人的本质是自由，而不是束缚。

国家的强制性就是一种强制权力，这种权力只有在得到相互承认的情况下才具有合法性，这就是莫里斯·迪维尔热所说的"权力的合法性"。前现代社会的义务本位的价值观使国家权利失去"权力的合法性"，并没有得到人民普遍的承认，人民是在非自愿的义务下劳作，失去了作为自由人发展的普遍可能。强制权力会使人们感到恐惧，没有合理的理由就让人们背负义务的命令，所有的行为都在非自愿的意志下发生，压抑人的本性发挥。长此以往，社会所呈现的稳定与繁荣都是暂时的，人的自由本质必然会要求权利的获得。长期的义务与权利不平衡机制将会导致人心涣散、社会动荡，最终走向国家解体。

第二,民众不够幸福。没有个体权利的社会是一个靠绝对权威和外在强力统治的社会。这样的社会没有法治,一切的决定权都在于国家最高的统治者——君主或者帝王。所有决定都是任意的和偶然的,统治者或特权阶级是唯一的合法性来源,民众只能在这种威严强权下生活,这种社会我们称之为"强权社会"。在强权社会里,法律的地位远远低于伦理的地位,国家的立法不是依靠法律,而是依靠统治权威或宗教礼法,事事都强调道德义务,靠压力使人们臣服,遏制人们的能动性,使人们背负"绝对义务"的枷锁。

戴上义务枷锁的人,最大的改变就是失去了自主决定生活的能力,未来的每一天都是在规定之中完成的。人作为行动的主体失去了行动的自由,那么人本身就会失去创造的能力、追求幸福的能力。"人性有着无限的多样性——个人的能力及潜力存在着广泛的差异——乃是人类最具独特性的事实之一"①。如果不尊重人性的无限多样性,就会压抑和扭曲人,最终,个体行为将不再受理性的引导,而走向反抗和暴力。

所以,义务不能靠强力去推动。绝对义务本位的传统价值观认为,义务是强制的行为,强制性是义务的本质属性。这种看法其实是一种认知偏差。如果从权利的起源和权利的自然本性方面来考察的话,我们就知道,义务的存在离不开人们的主观自愿,义务虽然带有强制的行动内涵,但是它的强制性来源于契约中的权利,而不是外在强加的权力,更不是任何宗教神权、王权或者国家政权的强力干预就能简单实现的一种约束手段。人必须首先作为一个权利主体,才有资格成为义务主体。如果公民没有支配权利的自由,那么义务就失去了自愿性,而全靠统治者的强力或外在强制性让人履行义务,这种强制不是真正的义务,而是一种屈从。这种义务自

---

① [英]弗里德利希·冯·哈耶克:《自由秩序原理》上,邓正来译,生活·读书·新知三联书店1997年版,第103页。

然没有存在的合理性。缺失了内生动力的义务，人的存在就如同机械物一般，只是作为工具的存在，而无法成为目的。

第三，共同体的善目的不能实现。在古希腊早期和中世纪，社会奉行的是整体主义国家观，对国家整体利益的追求是共同体的目的。在古希腊探索城邦制度的初期，城邦的出现是由于个人能力的限制和对生活资料的需要，"人们结合到一起是为了某种利益，即获得生活的某种必须物"①，个人只有在共同体中才能生存。所以，柏拉图和亚里士多德都认为城邦的整体性大于个人，城邦的利益高于个人利益。因为没有共同体，个人的幸福就无法实现。

在中世纪时期，权利、自由和社会存在的每一种形式都表现为特权。这种权利制度最终导致特权阶级的膨胀，底层百姓和公民依旧被义务束缚，国家也并没有实现共同善目的。因此，古希腊的整体主义乌托邦的国家观虽然有进步意义，可是对现代社会而言，已经没有了成长的根基。从国家内部来看，无法保障公民基本权利的社会是一种最终走向绝对权力的社会，因而，不能把国家利益绝对凌驾于个人权利之上。在当今社会，公民个人财富的增加和个人权利的保障已经成为国家综合实力的体现之一。一个国家如果放弃对个人权利的保障，那么，国家的合法性基础就会受到质疑，公民对国家的义务性服从就少了依据，共同体内部就会发生瓦解，共同善目的就更加无法实现。

马克思曾说"每个人的自由发展是一切人的自由发展的条件"，如果失去了自由，失去了支配自己生活的权利，那么整个社会就是一潭死水，就会缺乏生产发展和创新的动力。只有让每个公民的个体自主性得到极大发挥，才能有助于社会经济发展、国家富强和人民安居乐业的目标实现。

---

① [古希腊]亚里士多德：《尼各马可伦理学》，廖申白译，商务印书馆2017年版，第269页。

保障与实现主体的正当利益追求是创设一切制度的核心思想与基点,义务则是实现权利的对应物、从生物①。因此,我们认为,在国家制度的现代化建构过程中,要摆脱古代整体主体国家观,学习现代国家理念,建立权利义务趋于平衡的国家制度。

三、现代西方社会绝对权利本位及其历史局限性

自启蒙运动以降,西方社会对人本身的权利日益重视,尤其是随着工业大生产和资本主义的高速发展,人类改造自然、征服自然的雄心壮志日益高涨,逐渐从作为"神"奴婢的束缚中挣脱出来,成为自己的主人。如此一来,人们对自我权利的诉求也不断增强,"主体性"一度成为人们追求个体自我权利的最佳誓词,怀抱对自由、民主、公平、正义等美好语词描绘下理想社会的向往,"权利"的张扬也逐渐成为一种社会建构的核心原则。由此,一种绝对权利本位的现代社会成为西方世界的主流社会范式。

(一)绝对权利本位思想及其制度化

西方权利思想萌芽于古希腊罗马时期,与自然法的发展过程长期相伴。在古希腊罗马时期,尽管还有没有"权利"这一明确的概念,但在城邦共同体的自然法正义实践中却已经蕴含着个体权利平等的基本意涵。比如,梭伦就指出在城邦社会运行中,以维系正义为目标的法律,其目的就是为了平衡不同成员之间彼此的平等关系,认为正义的法律就是要做到

---

① 彭诚信、邹潇:《义务观念的现代理解》,载《学习与探索》2005年第5期。

"无贵无贱，一视同仁"①。然而，尽管梭伦提出了自然法平等下的理想状态，但总体上古希腊罗马时期的"权利"萌芽依然处于一种等级制度的体系规则之内，还并没有成为人人平等的普遍性权利。在古希腊智者们的朴素自然正义观中，普遍认为"自然本性决定强者比弱者得到的多一些，这就是公正"，"公正是在于优者统治劣者，优者比劣者占有更多"②。甚至连亚里士多德也提出"谁在本质上不属于自己而属于别人，同时，他仍然是一个人，这个人按其本性来说就是奴隶"③，即认为人的高低贵贱是人的本性使然。由此可见，权利在此时还只是作为政治共同体自然法正义的附属理念而存在。

在古希腊罗马之后，权利理念在神学、法学、伦理学等领域不断深入发展，直到基督教"上帝面前人人平等"的教条化，才使得等级制度下的权利开始向神学权利、义务两分模式转变。也就是说，对于基督徒而言，每一个人都有遵守和履行对上帝义务的平等权利。这种平等权利思想在启蒙运动、工业革命之后逐渐泛化为一种社会理念，形成了人人生而自由、每个人都拥有追求幸福生活平等权利的思想，推动个体权利成为社会主流价值观。比如，斯密强调政府不应该干涉个体权利自由，以促使每一个个体都能充分发挥上帝赋予他们的天分；霍布斯提出国家是个体的集合，国家权力在根本上是个体权利的总和；洛克指出，政府的合法性基础在于个人权利的让渡和授权，但个人的自由权、生命权、财产权乃至健康权等则是不可让渡的，也是不可被剥夺的权利，尊重个人权利和自由是政府合法性的唯一基础。这样，权利思想随着自然法理论的发展也不断变迁，从最

---

① [古希腊]亚里士多德：《雅典政制》，日知、力野译，生活·读书·新知三联书店1957年版，第15页。
② 周辅成：《西方伦理学名著选辑》上卷，商务印书馆1964年版，第29页。
③ [古希腊]亚里士多德：《政治学》，吴寿彭译，商务印书馆1965年版，第16页。

初的"正义"发展到"自由""平等""公平"等诸多维度的权利理论。总的来看,这些古典自由主义者们将个体权利推向了政治哲学的议题中心。

在政治哲学范畴中,义务与权利何者第一位的问题,在实际操作中逐渐演化为国家与社会、国家与公民、共同体与个体的关系问题。比如,洛克就从个体权利层面明确表达了对权利本位的支持,认为"自然状态有一种为人人所应遵守的自然法对它起支配作用;而理性,也就是自然法,教导着有意遵从理性的全人类;人们既然都是平等和独立的,任何人就不得侵害他人的生命、健康、自由或财产"[①]。不过,洛克的自然法权利思想只是初步提出了国家和社会运行的具体操作原则,而法国思想家孟德斯鸠则从国家权力与个体权利互动博弈的层面进一步明确了权利本位的实践法则。孟德斯鸠认为,一切有权力的人都容易滥用权力,"立法权和行政权集中在同一个人或同一个机关之手,自由便不复存在了……如果司法权同立法权合而为一,则将对公民的生命和自由施行专断的权力,因为法官就是立法者。如果司法权同行政权合而为一,法官便将握有压迫者的力量"[②]。因此孟德斯鸠提出立法、行政和司法三权分立学说,以确保公民合法权利。

在实践过程中,人们开始为保障个体权利而限制公权力。由此,权利本位已经成为国家社会关系建构中的首要考量因素。曾做过美国第三任总统的托马斯·杰弗逊更是直接宣称:"正当的自由,指的是个人有绝对权利依照自己的意志做出任何行动,其唯一限制是不违反他人的相同权

---

① [英]洛克:《政府论》下册,叶启芳、瞿菊农译,商务印书馆2017年版,第4页。
② [法]孟德斯鸠:《论法的精神》上册,张雁深译,商务印书馆1982年版,第156页。

利。"①至此，个体自由的权利成为西方社会行动最为重要的价值选择，绝对权利本位得以在西方国家社会关系、价值选择、实践行动等各个层面上得以制度化。

（二）绝对权利本位制度的历史贡献和局限

应该说，绝对权利本位制度的形成，使得现代社会进入到个体理性彰显的主体性时代，尤其是国家社会关系维度上的权利思想发展，为国家权力与个体权利的合理安排提供了足够的理论探索和实践空间。一方面，绝对权利本位制度的形成使得政府合法性、社会正义、个体自由等观念深入人心；另一方面，绝对权利本位也进一步推动了现代社会正义思想体系的建构。

随着绝对权利本位制度的不断深化，人们普遍认为社会"善"的实现直接体现为对个体权利的保障，社会"正义"的实现也体现在对保障个体权利的规则制定与实施之中。如此一来，一种将个体权利保障作为首善标准的"权利正义论"便成为判断国家权力与社会建构合法性的重要依据之一。比如，在信奉权利正义的社会契约论者看来，基于每一个人同意的权利让渡是社会建构合法性的唯一来源，即"个人的权利预定了共同的善，正义——权利的具体化和保护权利的程序——不是由某个特定的群体或个人权威决定的"②。同样，在探讨国家权力问题时，权利正义论支持者们"更关心国家与社会能否提供充分实现个人自由与权利的机会，能否提供个人幸福生活的制度结构，政治权力的使用是否符合正当性要求"③。归

---

① 周少青：《西方权利正义理念的发展演变述评》，载《民族研究》2015年第1期。
② 俞可平：《社群主义》，中国社会科学出版社2005年版，第153页。
③ 储昭华、汤波兰：《在权利与义务之间——西方正义思想的价值论基础及其耦合》，载《湖北大学学报（哲学社会科学版）》2015年第4期。

根结底，在绝对权利本位制度下，要以是否维护个人利益、是否保障个人发展、是否坚持个体自由作为社会建构的逻辑基石。

然而，绝对权利本位所造成的一个直接后果就是，在每一个人追求个体权利的过程中，他们所期待的不同利益之间既具有一致性也具有冲突性，这就需要一系列社会正义原则来进行利益分配。美国政治哲学家约翰·罗尔斯就指出，社会正义原则"提供了一种在社会的基本制度中分配权利和义务的办法，确定了社会合作的利益和负担的适当分配"[①]。罗尔斯的社会正义理论体现出一种平等自由主义的倾向，他提出了公平正义的两条原则，即自由（权利）优先原则和平等原则，主张权利优先于任何善，即在任何情况都不可剥夺个体的基本权利。相反，以桑德尔为代表的社群主义者则对罗尔斯的正义理论持不同意见，桑德尔认为罗尔斯正义理论中的主体是一个个离群索居的个体，实际上，离开了共同体环境这些个体都将无法真正实现个人权利。在现实中可以看出，绝对权利本位制度确实面临着如何构建社会共同体的难题。桑德尔和罗尔斯在正义与善的关系问题上的尖锐争论，"本质上是关于如何治理国家的根本原则的争论"[②]。这种争论不仅涉及个体权利的实现方式，更涉及国家在权利与义务制度上的价值选择。事实上，即便是在绝对权利本位制度内部，不同权利之间如何平衡与协调，也同样存在着争议。比如，与罗尔斯努力调和自由与平等并坚持自由优先不同，德沃金就将平等作为最重要的权利价值追求，认为平等与自由没有也不应该发生冲突，如果发生了冲突则平等优先于自由。甚至即便是在平等权利范畴内，德沃金也认为"作为平等的

---

① [美]约翰·罗尔斯：《正义论》，何怀宏等译，中国社会科学出版社1988年版，第2-3页。

② 刘敬鲁：《论桑德尔和罗尔斯在正义与善问题上的对立以及批判式融合的可能性》，载《道德与文明》2015年第2期。

人受到对待的权利"是根本性的权利,而"受到平等对待的权利"则是派生性权利①。换句话说,在人与人的关系中,彼此同属于"人"这一物种是最为根本性的平等生存权利,而在社会交往中受到平等对待的权利,相对而言则是一种派生性的生活权利。也就是说,一种基于字典式优先排序的期待在绝对权利本位主义内部依然存在分歧和实践困境。

从绝对权利本位的逻辑生产过程来看,自由主义的义务法则是内化在个体权利法则之中的,在现实生活中体现的更多的是一种法律上的义务,这意味着,除了宪法规定的为了保证个体的消极权利所需要履行的义务外,在私人领域或者说道德领域,国家不应当对个体自由权利加以干涉。相反,共同体主义的义务观则明显是来源于共同体的建构和发展过程,强调共同体的目标主导个体的善义务,无疑,这种义务具有隐含性质的强制性。个体除了承担国家法律规定的义务外,也必须履行共同体的善义务。正如桑德尔对自由主义绝对权利本位制度的批评所说,作为一个哲学问题,我们对于正义的反思无法合理地与我们对于善生活的本质以及人类最高目的的反思脱离开来。作为一个政治问题,我们无法在不诉诸善观念的情况下,开始我们关于正义和权利的慎思,这些善观念表现在许多文化和传统之中,而我们的慎思正是在这些文化和传统中进行的②。可以看出,桑德尔认为权利不会独立于善,而是与善密切关联的,所有的善观念不是独立出现,而是表现在共同体之中。

客观而言,绝对权利本位在现代社会发展过程中,发挥了重要的历史作用,赋予个体以社会实践的主体性、能动性,极大推动了个体参与社会

---

① [美]罗纳德·德沃金:《认真对待权利》,信春鹰等译,中国大百科全书出版社1998年版,第299—300页。
② [美]迈克尔·J.桑德尔:《公共哲学——政治中的道德问题》,朱东华等译,中国人民大学出版社2013年版,第196页。

建构的积极性。然而，绝对权利本位也有着其难以避免的历史局限性。比如，它无法回避现代社会个体在追求绝对权利自由的过程中如何应对利益冲突的问题，无法有效回应原子式的个体何以建构社会共同体的诘问。在新自由主义和共同体主义的理论发展过程中，上述问题通过社会善与权利何者第一性、社会正义何以实现等面目呈现在诸多理论的体系化建构和争辩之中，为我们深入探讨以平衡为原则的权利义务制度提供了丰富的理论素材和实践经验。

四、构建和完善以平衡为原则的权利义务制度

从前文对绝对义务本位和绝对权利本位两种制度体系的历史梳理可以看出，权利和义务问题是国家与公民生活的根本问题。国家在多大程度上行使权利和履行义务，公民又如何平衡个人利益与国家利益，这些至关重要的问题都涉及权利义务制度的设计。为了使国家治理更加趋于理性，充分实现现代化，必须完善以公民基本权利义务平衡为原则的权利义务体系。权利与义务的主体是双向的，所以，本部分试图从国家（政府）角度和公民角度分开来讨论如何建立权利义务平衡的治理体系和共建共享的国家制度。

（一）国家权力支配的限定与人民权力共享的实现

国家的出现不是偶然的，是历史发展的结果。对于国家来说，主权是至高无上的、排他性的政治权力。马克斯·韦伯曾说："'主权'被公认为是现代国家的本质属性，被构想为一个'统一体'，国家机关的行为则

被视作履行公共义务。"① 然而,由于暴力机关的存在,世界上的主权国家都是有绝对执行力的国家,甚至有的国家的权力已经超出了正常的权利范围,而大多数普通民众则处于相对弱势的地位。虽然经过文艺复兴和启蒙运动后,"权利本位"已经成为普遍的价值准则,可是在实践当中,普通民众背负的义务经常比拥有的权利多很多。所以,在现代国家治理中,我们要对国家统治者和执行者的权力支配进行限制,减少强制性权力在国家治理中的比重,增强国家履行义务的能力,切实保障公民个体为主体的权利义务制度的建立,拓宽公民参与公共管理和服务的渠道,加强社会权力监督,促进权力共在和权力共享。

那么,为什么要推动社会权力从单一的国家主导模式向多元主体共享模式转变呢?这是因为"义务是一种责任,国家义务直接源自于公民权利,公民权利是国家义务的根据,公民权利的需要才产生了国家义务。不仅如此,现代国家义务存在的唯一目的是公民权利,其作用是对公民权利的保障"②。从古典自然法时代开始,国家的义务就是保障个体的生命安全,个体为了自我生命的保全而让渡部分权利而成立国家。所以,国家权力作为一种公共权力是每一个公民个体通过权利让渡赋予的,国家强制力量必须用来保卫每一个公民个体的生命财产安全,而不是用来压制和奴役公民个体。欧陆第一位自然法讲席教授普芬道夫曾提出:"主权者应当遵循的一般规则是:人民的安全是最高的法律。……主权者的义务:不仅是要制定有利于实现该目的的法律,而且要赋予公共习俗以权威。这样就可以使公民主要是基

---

① [德]马克斯·韦伯:《经济与社会》第二卷(上册),阎克文译,上海人民出版社2010年版,第810页。
② 龚向和:《国家义务是公民权利的根本保障》,载《法律科学》(西北政法大学学报),2010年第4期。

于习惯而非对惩罚的恐惧而遵守法律。"①普芬道夫是君主体制的拥护者，但他依然认为主权者有义务保护人民，并给予民间习俗一定的权威来制衡国家权力的干涉。

虽然国家并没有赡养公民的义务，但是"公民的德性和财富同样是国家力量的组成部分，所以主权者必须采取一切措施促进公民个人财富的增加。……国家的内在健康和稳定来源于公民的团结。公民越团结，政府力量在整个国家之内的影响就会越大"②。所以，对于政府而言，尊重公民的权利、维护公民的尊严是维护团结统一的重要手段。发展权力共在和权力共享不会威胁国家的统治地位，反而会让人民更加团结，更加支持政府的公共事业，提高国家治理的能力和效率。

关于权力共在和权力共享制度的建立，著名管理学家福列特也曾提出"动态平衡"的概念。福列特认为，国家与公民之间的关系类似于个体与环境之间的动态平衡，要想达到权利与义务的平衡机制，政府在使用权力、执行政策方面就要注意发布命令的方式方法。福列特提出了发布命令的四条原则和方法："第一，使问题客观化，使命令变得客观、非人格化，这是最为重要的方法；第二，对员工进行工作和职业的教育培训，使工作成为员工的技艺和自觉行动；第三，必要时说明发布命令的理由，代替专断的命令，使人们不是盲目从而是更加理智、更加愉快地工作；第四，让所有人了解组织的目的——所有指示背后的深层目的，使大家成为感受共同责任、承担共同事业的合作者。"③

这四条原则说明了：使接受命令者能够设身处地处于同一场景之中

---

① [德]塞缪尔·普芬道夫：《人和公民的自然法义务》，鞠成伟译，商务印书馆2010年版，第209页。
② [德]塞缪尔·普芬道夫：《人和公民的自然法义务》，鞠成伟译，商务印书馆2010年版，第212页。
③ 刘敬鲁：《西方管理哲学》，人民出版社2010年版，第147页。

去理解命令的发布，意识到大家是在干同一件事情，拥有同一个目标，只不过每个人的分工不同，整个管理过程都要体现对个体权利的尊重。尊重人权也是现代性的根本体现。"当我们每个人都成为一个灿烂的个体时，国家将成为一个灿烂的整体。"① 在国家治理中，政府一定要尊重公民权利，与人民共享权力的成果，人民才会认真对待政府、法律和秩序，这样才会形成官民和谐型社会。

（二）树立公民的正确权利观念和义务意识

树立正确权利观念的前提是正确认识什么是权利。权利代表的不仅仅是个体的权利和自由，它同样代表了法律的、国家的、社会的自由的普遍性。作为社会性质的成员，既不能理所当然地把统治者的意志看作是国家意志，也不能理所当然地把自己的意志看作是国家意志。个体在社会中总是与他人处在一种相互关系中，只有在尊重和保护他人利益的前提下，才能实现个体的权利。这就是说，个体的权利中天然蕴含着义务，那就是遵守社会秩序，不做与他人权利空间相冲突的事情，否则整个社会或共同体还是会进入权利争夺的混乱状态，个人利益和公共利益都无法实现。权利蕴含义务这一观念是权利理论中不可分割的一部分。权利与义务相伴，自由与责任相生，自由是法律所规定的有界限的权利。以工业主义、资本主义为代表的现代社会进程，使得公民的权利观念不断深化，而义务意识的培养相对滞后。罗马政治家西塞罗曾说："生活的任何一个方面，无论是公共的还是私人的，无论是法庭事务还是家庭事务，无论是你对自己提出什么要求还是与他人订立什么协议，都不可能不涉及义务，生活的全

---

① Follett Mary Parker. *The New State: Group Organization the Solution of Popular Government*, London: Longmans, Green & Co, 1918, p. 337.

部高尚寓于对义务的重视,生活的耻辱在于对义务的疏忽。"①也就是说,对于公民个体而言,既要树立正确的权利观念,也应培养自身的义务意识。

在权利观念和义务意识上,现代西方社会主要存在着自由主义和共同体主义两种不同理论路径。比如,自由主义者洛克提出每一个人都具有生命权、自由权和财产权三种基本权利,这三种权利是任何组织和国家机关都不可随意侵犯和干涉的权利。然而,当每个个体都想实现这些免于干涉的权利时,同时也意味着其他人或者国家有满足个体的义务。作为理性的存在者,每一个人都有自主选择生活和行动的能力,在认识到自身是自由行动的主体同时,还要认识到其他同类人也是自由行动的主体,必须要承认其他人的权利属性。这也就意味着每个人拥有的权利都内在地包含着尊重和承认其他人权利的义务。换句话说,即便是在绝对权利本位之中也内生着义务之星火,尽管在此时的义务被认为"来源于权利、服务于权利并从属于权利"②。

同样,共同体主义哲学家麦金太尔则认为,每一个历史阶段的社会形态,都有其特定的社会共同体价值体系,需要每一个个体树立起作为共同体成员身份的义务意识,因为"我们都是作为特定社会身份的承担者与我们自己的环境打交道的"③。比如,《荷马史诗》中的"英雄社会"是一个拥有德性传统的社会,在英雄社会里,人们能够清晰地知道自己应该做什么,不应该做什么。个人的价值判断一定是受社会道德、社会角色等概念的影响而建立起来的,"我永远不能仅仅作为个体去追寻善或践行美

---

① [古罗马]西塞罗:《论义务》,王焕生译,中国政法大学出版社1999年版,第9页。
② 郑成良:《权利本位论》,载《中国法学》1991年第1期。
③ [美]A.麦金太尔:《追寻美德:道德理论研究》,宋继杰译,译林出版社2003年版,第279页。

德。这部分是由于过善的生活要具体地随环境的变化而变化，即使它是完全相同的善的生活概念并且体现在个人生活中的也是完全相同的一系列美德"①。在共同体主义者看来，不管在现实中还是在精神层面，人们都需要一个共同体，不管这种共同体是血缘、地缘还是精神共同体，社会理想也需要通过相互关联的生活得以产生、发展和成型。共同体主义强调共同体是历史地形成的，每个个体所追求的目的和本性的欲望都与共同体的文化和影响紧密相关。比如，共同体主义者认为各个国家都有少数民族，他们有自己的文化、信仰和风俗习惯，不能将大多数民族的文化强加于他们，允许他们用自己民族的方式去生活是对每个个体权利的尊重和保护，如果用自由主义的普遍价值去追求个体权利而忽视民族内部的善目的，那么少数民族将失去自己的文化，完全变成一个无根的民族，最终会使个体失去实现自我的可能。正是在建构共同体这一基本社会逻辑层面上，共同体主义者们提出对于共同体建构和维系的"义务"理应被每一个公民所遵守。

纵观人类社会发展史，不论是东方还是西方都经历了从封建专制到现代民主制度的转换，封建王权神权被历史抛弃，因为它不仅阻碍经济的发展，也影响人们对幸福生活的追求。比如"中国传统讲的法治和人治都是服务于私人的，即是王权的工具。……中国实现法治最大的困难不在于立法，而在于价值观念的转变。如果没有公共政治的观念，没有限制政府来保护个人权利的观念，法治生活距离我们就仍然很遥远"②。保护个人权利的观念不仅需要政府的努力，还需要公民个人意识的觉醒。拥有权利观念，不仅有利于激发公民内在的义务感，而且还会产生对国家和共同体的

---

① [美]A. 麦金太尔：《追寻美德：道德理论研究》，宋继杰译，译林出版社2003年版，第279页。
② 曹沛霖：《制度的逻辑》，上海人民出版社2019年版，第55页。

身份认同。

总而言之，公民的权利与义务的平衡，是有效保护公民权利的最重要的精神与制度取向。同样，任何国家的法律也必须体现权利与义务的统一。如果法律没有保障公民的合法权利，法律就会陷入"不法"乃至"恶法"，就失去了法律本身的效力和合法性的基础；而如果法律对公民维系国家共同体的义务没有明确规范要求，那就有可能陷入一种原子式个体的散沙状态而无法形成真正牢固的国家共同体，最终影响每一个公民个体的权利实现。值得注意的是，这里的公民不再是指单个的原子式的个人，而是处在国家共同体之中拥有参与公共决策权利和自愿承担义务的个体。在我国社会主义国家，人民是权利的主体，人民是最大的共同体也即现实国家中的成员，人民不仅拥有权利而且会依据共同体的善目的创造权利。当然，身处共同体中的人民要承担共同体的约束，也要承担共同体的善义务，从而摆脱共同体生活过程的主观性，使共同体真正成为现实的"融合的统一体"。从西方的公民角度讲，由于自由主义主张个体作为自由存在者拥有绝对权利，过分强调权利的不可侵犯性而忽视了社会责任的承担，因此要进行义务的学习。反过来，中国长久以来处于封建王朝政治体制，缺乏对个体权利的重视，奉行整体主义国家观，把集体利益放在最重要的位置，因此在现代中国社会中，尤其需要注重培养公民的权利意识，提高公民政治参与度，扩大公民参政议政的渠道和途径，以达到实践过程中义务和权利的平衡。

（三）中国条件下权利与义务平衡制度的完善

中国经历了几千年的封建帝制统治，绝对义务本位的价值观产生了相应的民族文化。新中国成立后建立了民主共和国，把人民从封建帝制中解放出来，使广大人民变成拥有自由权和自主选择能力的合法公民。绝对义务本位的价值体系在中国大地被击碎，中国也逐渐开始呈现出权利与义务平衡的制度完善趋势。同时，在一些方面也还存在着薄弱之处。例如，在对国家权力的监督制约制度方面还有不到位的地方，这在一定程度上影响了国家保障公民基本权利的义务的执行。又如，在人们基础权利的实现方面还不够充分、平等程度还不够高，这与民众的需求和期待还有距离。

可见，在中国条件下要实现权利与义务平衡制度的完善，就必须在国家、社会、个体等多重主体维度上多管齐下。除了实行国家主体主导模式，更要在"国家—社会"互动维度上，实现权利与义务的平衡。20世纪90年代以来，中国学者为建立权利义务平衡体系做了很多努力。他们有的提倡建立"平权型政府"，使政府和公民处在平等的地位，使得政府的管理转变成服务；有的主张建立"透明型政府"，实施善政；有的建议用正义原则修正社会权利义务不平衡问题，等等。我们认为，在这一问题上，的确需要批判性地借鉴西方现代化的合理成果，同时，反对简单的拿来主义。事实上，在权利与义务的关系上，没有无权利的义务，也没有无义务的权利，权利与义务总是相生相伴的。自由主义和共同体主义，都有自己的理论优势和不足。虽然现代国家制度是西方人首先建立起来的，但在我国建设现代化国家的过程中，决不能抛弃我国独有的地域文化和传统，而是要在以我国文化为根本基础的前提下借鉴西方的现代价值观，在普遍取得公民承认的基础上进行融合创造，发展出属于我们自己的权利义务制度。正如美国汉学家柯文所说："我们没有理由把自己局限于'现代的'或'传统的'这两个范畴之间，每个社会的组成元素中，总有些东西并不能正好符合这两种成规……现代性是一个相对的概念，而且所有的社会——无论多么现代——都会保有某些传统的特点。"[①]所以，在中国的

---

① [美]柯文：《在传统与现代性之间——王韬与晚清革命》，雷颐、罗检秋译，江苏人民出版社1988年版，第135页。

权利义务体系构建中,既不能走义务绝对本位的强迫控制之路,也不能走权利绝对本位的自由散漫之路,而是以人民为本位的权利义务平衡之路。

在国内翻译文献中,最早看到权利义务平衡的观点是1993年载于《道德与文明》期刊中阿尔奇·J.贝姆的文章《重建权利和义务的平衡》。在这篇文章里,贝姆批评了二战后西方建立起来的个人主义,批评人们想干什么就干什么的权利。他认为,"一个有活力的社会依赖于某种最起码的共识,即对权利的尊重是以现实地承担相应的义务为前提的"①。贝姆的观点与共同体主义有相似之处,都认为权利虽然重要,可是在共同体内人们需要承担一定的责任,履行一定义务,这样才能使权利得到保障和加强。在我国,权利义务的平衡体系的提出和建立,意味着我们逐渐摆脱西方法哲学的权利本位和对自然权利的极端态度,逐渐向充分理性的彼岸靠拢。事实上,在任何国家制度下,权利与义务的分离和割裂都是不被允许的,更不会成为社会主流形态。在现代化的今天,权利与义务的统一必然是国家的立国之基、立法之本。西方国家治理现代化方案中公民与市民、公共与私人、群己权界之间的紧张关系大多是只认可了权利或义务的一方,或者没有弄清楚"权利本位"与"义务本位"的实质内涵,特别是,错误理解了权利的内容,任意扩大了权利的范围,造成社会资源的侵占和浪费,从而使各权利主体间不断地争夺,产生了不必要的冲突。无数的历史经验告诉我们,任何偏向权利或偏向义务的制度体系都会使社会趋于不平衡状态。对二者的梳理和辨析,有利于我们建立正确的权利义务观,以免步入现代性的危险和西方文明的危机之中。对于中国而言,首先要建立起权利义务平衡制度,明确肯定构筑中国精神、中国价值、中国力量的重要作用,实现中国特色社会主义的权利之治、义务之治,最后达到和谐的

---

① [美]阿尔奇·J.贝姆:《重建权利和义务的平衡》,漆玲译,载《道德与文明》1993年第1期。

平衡之治。所以，中国的现代化之路不能照搬西方的模式。对于西方的现代化理念，我们要学习借鉴，但是，通向现代化之路不会只有一种模式，必须将民族传统与我国实际考虑进去，在民族文化的基础上确定合乎国情实际的现代化之路。

现代国家的权利义务制度应当要立足于实践，为实践服务。对个人来讲，自由不能是无限制的，否则就会演变成非理性的激情而失去自由的意义；对政府来讲，权力不是无限度的，否则就会走向绝对权力和权力的滥用。权利中包含了责任与义务。通过确立正当的权利义务制度，通过对国家权力的分解和分散，使得国家权力能够在合理范围内进行国家治理，而公民也在安全的政治生活环境中自由地行使个人权利，发挥自己的主体作用。权利义务制度的确立，决定着具体的权利和义务内容的基本价值走向，也直接影响到人民安居乐业和国家的长治久安。建立权利义务的平衡制度，有助于我们走进一个多元共赢的局面、多主体共权利的时代。

第六章

分配制度的现代化：共享式公平正义

经济社会成果分配是人类社会国家治理实践的一个基本方面。一个国家的经济制度安排，在很大程度上决定了其经济社会成果的分配状况。历史证明，能否建构起公平正义的分配制度，直接关系到国家的正常运行和健康发展。由此，依据何种原则来建立分配制度就成为国家治理能否成功的关键。当前，世界上众多国家正在进行现代化建设，分配制度的现代化是一个不可缺少的重要组成部分。我们认为，建构共享式公平正义的分配制度，是大多数国家分配制度现代化的主要任务。

本章将集中讨论这一问题，内容主要围绕经济社会成果的分配来展开。这里所说的经济社会成果，主要指经济利益和社会待遇这两个方面，包括收入、财产、住房、生活服务、教育、医疗、社会保障等。本章由五个部分组成。第一部分概述目前分配问题的实践现状，简要分析对于这一问题的相关研究进展。对事实的描述是进行理论思考的基石，也可以帮助我们理解前人的观点是在何种意义上提出的。第二部分深入挖掘分配制度现代化的根本价值要求，即共享式公平正义。这里试图阐明分配制度的共享式公平正义的具体内涵及其之所以成为分配制度现代化的根本要求的四个原因。第三部分将在分析平等与自由这两种基础性价值的内在张力和复杂联系的基础上指出共享式公平正义如何能够实现对于这两种价值的综合。第四部分会阐明只有从马克思历史唯物主义的社会历史情境论出发，正确判定不同的规范尺度在经济社会成果分配中所发挥的不同作用，把它们结合成合理的结构关系整体，才有可能建立起共享式公平正义制度。在最后一部分，将从分配制度现代化需要正确处理的关系出发，揭示处理不同个体、阶层、行业、地区、城乡之间分配问题的一些可供参考的现实标准，来帮助解决不同领域的分配问题。

一、分配问题的实践现状和研究进展

对物质财富分配问题的思考古已有之。孔子就说过，有国有家者，不患寡而患不均，不患贫而患不安。孔子的意思是百姓担忧的不是所获得的财富份额少，而是分配不均，不是担心贫困，而担心社会不安定。这就是说，孔子认识到了物质财富分配的贫富差距会带来社会不安定问题。在当今人类社会，将贫富差距限制在一个合理的范围内也仍然是维持社会稳定的必要条件。与此同时，经济社会成果分配公正与否也是我们必须思考的另一重要维度。它与贫富差距的产生是密不可分的。一般来说，经济社会成果分配不公会导致贫富差距扩大，而高贫富差距又容易滋生权力滥用和腐败现象，进一步加重经济社会成果分配不公问题。然而，这两个方面的关系是历史的。在生产力相对低下而又实行了市场经济体制的国家，不考虑个人的能力强弱、年龄大小、努力程度等因素而要求绝对的均等也是收入不公的表现，尽管此时收入差距极低。从现实来看，高贫富差距的产生也不完全由收入不公造成。这其中所蕴含的更深层次的问题包括政府在分配过程中应扮演何种角色，自由市场应被置于何种地位，人们能否为自然的财产权奠定一个合理的解释，接受财富不平等的结果是否符合对于正义的一般设想等。在针对不同理论家的观点展开分析之前，我们可以先来了解一下现实中的收入分配格局。

这里首先对我国自2007年以来的收入分配变化状况作一个简要概述。根据中国收入分配课题组（CHIP）的调查结果，2007年以来我国经济发生了一系列新的变化。在2008年国际金融危机爆发之后，我国政府通过强有力的经济举措极大地降低了这一危机所带来的负面影响。在这个过程中，一些西方国家失业率剧增，收入差距持续扩大。而在我国出台的相关政策的刺激下，就业问题很快被稳定下来。在随后的十余年里，我国的人口与劳动力结构、民生政策也随之发生了一系列的变化。根据国家统计局公布的全国基尼系数，我国的居民收入差距在2009年至2015年期间逐年缩小，近几年出现了微弱的上升趋势。尽管目前学界对于这一结论特别是对于如何衡量抽样所产生的偏差及采用何种估算方法存在争议，但考虑到政府在社会保障方面的巨大财政投入及对公共政策的不断完善，基尼系数的下降也是较为合理的结果。其他的收入分配变化还包括：由于各种惠农政策的实施、在城镇就业的农民数量不断增加及农民工工资不断上涨等因素的影响，城乡收入差距缩小，但农村内部和城镇内部各自的收入差距仍在扩大；得益于政府的区域协调发展的政策，东部、西部地区收入差距在不断缩小；中等收入群体规模不断扩大，消费水平不断增加，这也使得城镇居民消费差距扩大；房价持续上升导致拥有高价值房产的群体的收入不断增加，这在一定程度上促成了居民财产增长的失衡；农村扶贫取得了巨大成就，处于贫困线之下的人口比重逐年下降，脱贫攻坚任务2020年底完成；还有，少数民族的平均收入仍然低于汉族，但其中的差距在不断缩小，而且导致差距的原因主要是地域因素[①]。

  以上是对于结果的概述，其背后的成因是十分值得关注的。考虑到家庭收入是以市场收入（也称初次收入）为起点，经过政府分配政策的调节之后才得以确定。故其中两个最主要的因素是市场力量和政府分配政策的力度。政府改善弱势群体生存境况的主要政策工具是转移收入，限制高收入群体财富的主要政策工具是个人所得税。根据一项研究的调查结果显

---

① 李实、岳希明、史泰丽、佐藤宏：《中国收入分配格局的最新变化》，载《劳动经济研究》2019年第1期。

示，相对于个人所得税的调节，转移支付对缩小收入不均的效果更好。与其他经济合作与发展组织成员国相比较而言，在我国，市场力量所导致的收入差距并不非常悬殊，政府再分配政策力度较弱，是导致我国居民收入差距较为严重的一个主要原因。与拉丁美洲国家相比较，我国居民收入基尼系数更低，这反映了我国居民收入不平等程度低于拉美国家，政府分配政策力度稍强一些。随之而来的启示则是，提高政策精准性和加大社会保障力度对于缩小我国居民收入差距的效果将会十分显著。

事实上，在当今世界，贫富差距扩大和经济社会成果分配不公并不是某些发展中国家所独有的问题，而是在多数发达国家中都存在的突出问题。以美国为例，经济社会成果分配问题一直是媒体和公众辩论的主要话题之一。自20世纪80年代起，美国的贫富差距持续扩大，基尼系数从0.375不断上行至2018年的0.485。国务院新闻办公室发表的《2018年美国的人权纪录》显示，在美国，财富位居前1%的人群占据了财富总量的38.6%，多达1850万民众仍处于极端贫困之中[①]。在贫富差距不断扩大的过程中，美国近十年的经济增速也在放缓，这意味着经济社会成果的总量并没有实现明显的增长。造成这一结果的主要原因则是新自由主义意识形态的持续影响下对于自由市场的过度放任。从短期来看，里根时期及其之后所实行的经济政策确实有助于提高市场活力，优化产业结构，从而带领美国经济走出"滞胀"的困境。然而，从长期来看，更少的政府干预也导致工会权利不断被削弱，普通劳工实际工资的增长持续落后于生产率的增长。在这个过程中，持续的减税政策由于对富人更有利，更是起到了"劫贫济富"的作用。除此之外，社会福利项目的减少、制造业的衰退、教育水平的分化、性别与种族歧视等进一步加大了贫富分化。特别是随着经济

---

① 见http://www.scio.gov.cn/37234/Document/1649691/1649691.htm

金融化程度的不断加深,经济社会成果分配差距几乎难以避免。相关的实证研究显示,美国的经济金融化对收入分配差距的影响是十分稳健的[①]。根据以上信息,我们不难发现,想要真正解决这些问题,对于大多数国家来说任重而道远。除了不少哲学家关心分配制度所带来的正义问题之外,大量的经济学家也使用数学工具对分配所带来的影响进行了定量分析。一些经济学研究者认为存在着两种经济发展模式:一种是依靠出口带动经济增长;另一种是扩大贷款规模以增加私人消费来发展经济。大多数西方国家两者并举,且各有侧重。但间歇性爆发的金融危机似乎说明,这样的模式虽然短期有效但很难长久。

从国内外理论探索的现状来看,研究重心逐渐由私有财产的所有权问题转移至财产分配的正义问题上来。这里可以根据诺奇克所作的区分来明确该观点。诺奇克认为,一个满足平等待人理念的财产权理论可以切分为三个部分:初始获取正义、转让正义、矫正正义。在初始正义这部分,诺奇克借鉴了约翰·洛克的观点并做了修正。这里单从洛克的论证来为这一趋势提供佐证。洛克的论证从劳动的内在价值和生存的需要两个维度展开。他认为人首先对自己的劳动拥有所有权,通过在一样东西上"掺入"自己的劳动,劳动者就获得了对这个物品的所有权。这个想法背后的直觉是有吸引力的,但一个核心的问题在于,如果掺入的劳动是无效的呢?诺奇克对此提供了一个最为直接的反例:"如果我拥有一罐番茄汁并把它倒入大海,以致它的分子(使其带有放射性,从而我可以进行检测)均匀地混合于整个大海之中,那么我是拥有了这片大海,还是愚蠢地浪费了我的番茄汁?"[②]

---

① 刘宾、陈波:《经济金融化与美国收入分配差距的扩大:理论与实证分析》,载《上海金融》2019年第12期。
② [美]罗伯特·诺奇克:《无政府、国家与乌托邦》,姚大志译,中国社会科学出版社2008年版,第209页。

依据对于《政府论》下篇相关文本的一种解读，洛克认为劳动是物质增值的手段，故劳动者之所以对无主之物拥有所有权不仅是因为掺入了自己的劳动，还因为他使这个物品的价值增加了。但细想一下就不难发现，一个物品的当前价值应等于这个物品的原有价值加上劳动所产生的增值。劳动者确实对于后者拥有所有权，但洛克的"掺入劳动论"无法回答为什么劳动者对于前者也拥有所有权。或许洛克从生存的需要展开的说明可以对此进行补充，他认为人类对于资源的初始获取必然是正当的，否则人类无法存活，而这是上帝所不允许的。在占有的过程中必须满足两个限制性条件：首先是自己不浪费，其次是给别人留下的东西数量足够多且质量同样好。一个勤劳的人愿意付出劳动就应当获取他所应得的成果，而一个懒惰的人不能随意找借口甚至动用武力来获取，这是洛克为初始获取行为的合理性进行辩护的动机。尽管洛克肯定了劳动的价值，但这个论证仅说明了初始获取的必要性，仍然无法解决资源是如何由公有转变为私有这个问题。更进一步地，洛克提供的论证也无法回答为什么财产可以被继承。从表面上看，继承权是否正当的问题似乎已经脱离了初始获取的范畴，但如果假设财产的继承是不正当的，那么资源就会反复在公有状态与私有状态之间切换，而这是洛克不愿看到的。因为资源在被人类占有之后，不会重新回归自然状态，这应当是一个一次性的过程。而如果假设继承权是正当的，考虑到资源是稀缺的，后辈人所拥有的财产多寡则在很大程度上取决于祖先是否勤劳，那些没有继承足够用来生存的财产的群体会自然地认为自己受到了不公正的对待，因为这样的初始分配是在他们出生以前确定的，不受这一代人的天资和努力的影响，但却实实在在影响了他们的生活水平。特别地，对于那些智力和身体有缺陷的人，我们似乎也不应该因为他们没有劳动能力而剥夺他们获取任何财富的权利。这是洛克的论述及后来对这一说法进行改进的论证所难以解决的问题。由于追溯财产权的历史根源难以为正义概念提供可靠的价值依据和实质内容，那么为什么不暂且放下为财产权提供历史解释的工作，转而考虑目前我们可以进行干涉的转让过程和最终结果呢？在洛克的时代，圈地运动可以避免"公地悲剧"，而在21世纪，思考财产的初始获取似乎不再具有十分重要的现实意义了，这或许是研究重心发生转向的重要原因。

就分配正义的内容来说，它指的是经济社会成果在不同个体和群体之间分配的正当合理性。在理论研究方面，研究者们提出了不同的分配理论，提出了侧重点不同的分配正义原则。有的强调分配所带来的结果方面的正义，有的强调终极善目的决定分配手段这一意义上的正义，有的把理性选择程序理解为正义。下面分别对这些理论的主要观点进行说明。

首先是结果论的分配正义观点及其反对意见。结果论的分配正义观点主要是由功利主义提出的。功利主义的基本观点是，当且仅当一个行动相比于其他可选项而言会带来最大的净快乐时，这个行动才是道德上许可的。换言之，在功利主义者看来，快乐与否是衡量一个行为是否道德、是否正义的首要标准。所有的体验都可以量化，进而求和及互相比较，心理状态成了全部的目的。然而，诺奇克所提出的"体验机器"这一思想实验直观地击碎了功利主义对于纯粹享乐的追求。在他看来，尽管我们可以在机器中获得我们想要的心理状态，收获无穷无尽的快乐，但这样的生活几乎毫无价值。我们真正需要的是实际的信念和行动，主动蒙蔽自己或者被生活所蒙蔽是无意义的，而真实本身也难以用简单的数字化约并加总。

其次是关于终极善目的决定分配手段的正义这一方面的观点。迈克尔·桑德尔在《金钱不能买什么》一书中对于市场经济和市场社会进行了质的区分，认为应当把市场经济作为人们追求美好生活的手段，而不是作为人们生活的最终目的。应把市场经济作为一种协调组织生产活动、配置资源的有效工具，而不是让它的金钱法则蔓延至社会关系的每一个角落。

市场在何时发挥作用不仅是一个纯粹的经济学问题，而且是一个伦理问题。有些东西如生活情感、教育机会、政治权利、社会公正等应由非市场的价值观引导。为了规避经济效益逻辑对道德领域的侵犯，需要厘清在哪些领域金钱和交易可以增进社会的福祉，在哪些领域会破坏人类的道德情感价值。换言之，市场经济是有利于社会繁荣的，而市场社会则是一个可怕的结果，它会激励人们的贪婪行为，导致良善社会的崩溃。

最后是理性选择程序正义方面的观点。罗尔斯关于正义的理论坚持这种观点。他在《正义论》中明确指出："契约论术语的优点是它表达了这样一个观点：即可以把正义原则作为将被有理性的人们选择的原则来理解，正义观可以用这种方式得到解释和证明。正义论是理性选择理论（the theory of rational choice）的一部分，也许是它最有意义的一部分。"[1]罗尔斯认为，人们在无知之幕条件下，会以他们的理性进行共同思考和共同判断，选择大家共同认可的正义原则。我们认为，这是可以证成的。一些心理学的实证研究结果，如"前景理论"[2]或许可以为罗尔斯的理论提供更多不同角度的辩护。更一般地，无论是古典的契约论证还是当代的各种新型契约论证，都无法回避建立在先验原则基础之上的选择问题。从这个意义上来说，罗尔斯所提出的理性选择模型对于当代的分配正义理论来说是十分重要的。

以上我们讨论了分配问题的理论和实践现状。无论是从统计数据的角

---

[1] [美]约翰·罗尔斯：《正义论》，何怀宏等译，中国社会科学出版社2009年版，第13页。

[2] 前景理论（Prospect Theory）最早由丹尼尔·卡内曼（Daniel Kahneman）和阿莫斯·特沃斯基（Amos Tversky）于1979年提出。概括地来说，该理论主要包括如下内容：相对于财富的绝对量，人们更关注财富的变化量；人们在面临盈利前景时倾向于获取确定性的好处（风险规避），而在面临亏损前景时倾向于冒险（风险偏好）；相对于财富获得所带来的快乐，人们对等量的财富损失所造成的痛苦更敏感；多数人对得失的判断往往由特定的参照点所决定。

度进行分析，还是从理论的历史进展思考，分配正义问题都是社会生活中国家和公民所面临的一个核心问题，其重要性不言而喻。下面的讨论将表明，一个国家分配制度的现代化，需要综合考虑人们的需求、努力程度、所处地域、社会环境等因素，改变目前在分配实践方面存在的不足，实行共享式公平正义的分配原则，建构起符合现代人民所要求的共享式公平正义的分配制度。

二、分配制度现代化的共享式公平正义价值要求

近代以来人类社会的快速发展带来了经济社会成果的快速累积，但与此同时，对于效率的过分关注使得社会发展过程中的公平正义等价值被严重忽视，从而造成不同国家和地区之间发展差距不断扩大，带来一系列的社会问题。幸运的是，经济社会成果分配的公平正义问题受到处于现代化进程中的国家和个人的重视，注重解决相关问题的共享理念也随之兴起。中国共产党十八届五中全会首次提出"创新、协调、绿色、开放、共享"的发展理念，其中共享针对的是分配制度，强调分配的共享式公平正义。从我国当前的现实状况来看，可以说，共享式公平正义是我国经济社会发展的最终归宿，也是指导我国经济社会成果分配的根本价值理念。从理论的前提上来看，这一理念包含以下三个方面的要点。

首先，从基本根据的角度看，一个社会的经济社会发展成果是由全体人民所创造的，只有由他们共享这些成果才算得上是人民当家作主。这要求在分配的过程中必须合理顾及个体之间的差异性，既要充分考虑人们的不同贡献程度，也要充分考虑人们的能力差别和基本生存需求。从基本的

实践要求上看,共享式公平正义要求人人参与社会经济建设。只有创造出实实在在的共享内容才能使得共享发展不至于成为一个空洞的口号。从根本保证的角度看,共享式公平正义要求政府通过一系列有效的制度设计使得经济社会发展成果惠及全体人民。

其次,共享式公平正义这一理念从根本上是以促进一个社会的人民和谐共存为出发点的。《中共中央关于制定国民经济和社会发展第十四个五年规划和二〇三五年远景目标的建议》明确指出,坚持把实现好、维护好、发展好最广大人民根本利益作为发展的出发点和落脚点,尽力而为、量力而行,健全基本公共服务体系,完善共建共治共享的社会治理制度,扎实推动共同富裕,不断增强人民群众获得感、幸福感、安全感,促进人的全面发展和社会全面进步。这充分表明了社会成员和谐共在的重要意义。共享发展的灵魂是以人民为主体,而要实现人的全面发展则必须保证社会成员自觉意识的建立和自由观念的形成,而这一切都是以社会的和谐发展为基础的。从这个角度来说,共享式公平正义在实现共同分享经济社会成果的同时,不仅可以有效地解决民生问题,构筑完善的社会保障体系,而且可以消解社会矛盾,建立一个充满活力且安定有序的社会。这反过来进一步保证了公平正义的实现,促进了共享程度的进一步加深。

最后,共享式公平正义还包括要求社会成员在经济社会成果分配方面存在一定差距但不存在实质差距这一内涵。从共享的维度出发追求公平正义就意味着在保证公平的同时也要兼顾效率的实现。一定的分配差距可以激发市场活力,提高社会的整体运行效率,但这并不必须要以牺牲公平为代价。共享式公平正义要求国家通过一定的制度安排把不平等保持在合理的限度之内,从而在保证人民的获得感和归属感不断增强的同时,提高人民创造财富的积极性。换言之,公平和效率都是我们所追求的目标,把二者对立起来甚至放弃其中一个目标的做法都是片面的,在保证制度公平消除实质差距的同时也应当追求社会发展的效率，二者可以在共享的理念下协调起来。

就共享式公平正义作为一种价值理念何以成为分配制度现代化的根本要求而言，本文认为共享式公平正义具有如下四点优势：（1）能够充分兼顾"正义环境"的现实性；（2）能够在适当的基础上统一个人对公平正义的不同看法；（3）能够充分保证个人经济社会权利的实现；（4）能够突破模式化理论中不同分配原则互相对立的桎梏，实现了经济社会成果分配方式的辩证统一。这些优势告诉我们，共享式公平正义是当今世界经济社会发展的正确导向，是分配制度现代化的根本价值要求。

首先，就"正义环境"而言，它指的是资源介于极度匮乏和极大丰富之间，人与人的身体和精神能力相差不多。这一背景性因素最早由休谟提出，他认为："平等或正义的规则完全依赖于人们所处的特殊状态和条件。它们的起源和存在的基础在于对它们的严格而一致的遵守对公众所产生的效用。反过来，如果人类的条件处在某种非常特别的情形下，如物产极端丰富或极端匮乏，人心异常温厚慈善或极端贪婪邪恶。这些条件使正义变得完全无用，你就可以因此而完全摧毁了它的本质，并中止它施加于人类的义务。"[①]罗尔斯也接受了休谟的说法，并认为在正义环境的条件下人与人之间的合作是必要的。共享式公平正义作为一剂解决经济社会发展问题的良药也充分容纳了这一现实。例如，我国改革开放以来，积极推进社会主义市场经济体制的建立与完善，国民经济得到了快速发展。但伴随社会转型进程的不断深入，产能过剩、环境污染、地区发展不平衡等问题逐渐成为制约共同富裕这一目标实现的主要因素。在这一现实情形下，共享式公平正义理念并没有提出不切实际的发展口号，而是充分考虑了每个社

---

① [英]大卫·休谟：《道德原理探究》，王淑芹译，中国社会科学出版社1999年版，第17页。

会成员的需求和差异，力求实现有限经济社会成果的最优分配。这对于缩小社会贫富差距，实现和谐发展具有重要意义。

其次，个体对于正义的理解一般都会有偏见，人们习惯于从自己的利益出发思考问题，很难保证理论所推理出的正义原则的不偏不倚性。对此，罗尔斯提供了一种解决方式，即"原初状态"假设。他指出处于"原初状态"下的人不知道自己在社会中将会拥有什么样的地位、智商、种族、运气等，他们甚至也不知道自己的偏好，这包括是否喜欢冒险、是否乐观或悲观等。还有，他们对社会经济、政治状况和文明发展水平也一无所知。既然处于这种"无知之幕"背后的假想立约者不知道自己所面临的状况，那他就必须把所有可能的情形纳入考虑，自然就会不偏不倚地支持公正的决策了。"原初状态"假设抛弃了古典契约论者的自然状态假设中关于历史因素的说明，能够避免一些研究者从历史事实角度出发对契约论证的批评。正如罗尔斯所言，"原初状态纯粹是一个假设的状态，它并不需要类似于它的状态曾经真的出现，虽然我们能通过有意识地遵循它表示的限制条件来模拟各方的思考。原初状态的观念除了试图解释我们的道德判断和帮助说明我们拥有的正义感之外，并不打算解释我们的行为"[①]。

罗尔斯的这种说明意在强调理性在选择正义原则方面的根本作用，但他所判定的经济社会成果分配的原则主要立足于西方社会。共享式公平正义提供了更加广阔的分析进路，融合了我们对于经济社会发展成果分配的理论与实践，并且提供了渐进共享这一方式来缓冲分配过程中由于认识上的偏见所带来的个人利益与集体利益之间的潜在冲突。渐进共享的理念强调共同富裕这一最终目标的实现是一个从低水平到高水平的长期过程，社会成员对生活的需要是动态的和多样的，即使是在一个经济社会发展成果

---

① [美]约翰·罗尔斯：《正义论》，何怀宏等译，中国社会科学出版社2009年版，第93页。

比较丰富的社会，共享程度也会有一个逐步增加的过程。

再次，个人经济社会权利的充分实现在分配制度现代化的进程中也是十分重要的。正如诺奇克所言，"个人拥有权利，而且有一些事情是任何人或任何群体都不能对他们做的（否则就会侵犯他们的权利）。这些个人权利是如此重要和广泛，以致它们提出了国家及其官员能够做什么的问题，如果有这类问题的话"[①]。他反对使用"分配正义"一词，因为就对实际问题的所有解决方案而言，它并不是价值无涉的。这一基础预设决定了他对于国家可以行使的职能的看法，诺奇克认为："由于自发群体、相互保护的社团、劳动分工、市场压力、规模经济和合理自利的压力，从无政府状态中，产生出某种非常类似于一个最低限度的国家（minimal state）或一群拥有明确地理界线的最低限度的国家的东西。"[②]但任何超过这个限度的国家都会损害处于这个社会下的个体的自由权利。

无疑，我们固然不必接受诺奇克对于国家限度的分析，但对于个人的经济社会权利在经济社会成果分配的地位却不得不给予足够的重视，共享式公平正义也能够在一定程度上保证个人权利的实现。共享发展的客体不仅包括物质利益方面的共享，也包括民主参与、法治建设等方面的共享，这些都是尊重个人权利的表现。要提升社会成员的幸福感与获得感，单一维度的共享难以达到公平正义的要求。

最后，共享式公平正义并没有陷入模式化理论中不同分配原则互相对立的桎梏，能够实现经济社会成果分配方式的辩证统一。模式化的分配原则忽略了变化的过程，仅依据个别结果判定分配过程是否为不正义的状

---

① [美]罗伯特·诺奇克：《无政府、国家与乌托邦》，姚大志译，中国社会科学出版社2008年版，第1页。
② [美]罗伯特·诺奇克：《无政府、国家与乌托邦》，姚大志译，中国社会科学出版社2008年版，第20页。

态，这会导致政府对人们自愿交易行为的限制，或是对财产状况进行反复调查并强制进行再分配等侵犯公民自由的严重后果。其所固有的更深层的缺陷则是基于抽象原则分析的一整套理论，忽视了马克思主义哲学中的历史唯物主义思想所体现出的社会历史情境论，故凭借此方式得到的公平正义观念是存在问题的，是无法普遍化的，也不能充分实现分配制度现代化的要求。正如有学者对于马克思政治哲学中的唯物史观基础研究中所指出的那样，"对于马克思来说，政治哲学的真正议题根本不是由永恒的观念来设置的，相反，它们是由社会—历史的现实来推动的，而这一现实又将其本身的内容反映在法律的或道德的观念形态中，从而使各种'正义'议题由之而设置起来"①。

三、共享式公平正义对平等与自由的综合

就分配制度的共享式公平正义的内容具体包含哪些方面而言，本文认为共享式公平正义首先要求经济社会成果在一定程度上被平等地分配，其次它要求我们充分考虑经济自由的价值，最后我们需要在经济社会成果的分配中实现平等与自由二者相统一。平等与自由是两个古老的话题。二者具有一致的一面，即都是评价一种制度的根本价值要求，也都表达了对人本身的尊重。但如果仔细剖析这两种价值内涵的要求时就会发现这二者似乎又是相互对立冲突的。纵观研究者们对于分配正义话题的几十年来的各种讨论，对于这两种价值的辨析似乎是源源不断的，还远未达到彻底澄清

---

① 吴晓明：《论马克思政治哲学的唯物史观基础》，载《马克思主义与现实》2020年第1期。

这两个概念的地步。如何以这两种价值中的一种或两种来构建卓有成效的分配理论也没有一个清晰的共识。在下述内容中，将尝试厘清这两种价值概念的核心外延，剖析平等与自由的内在关系，并指出对于实现共享式公平正义而言，在理论和实践中综合考虑这两种奠基性的价值是必要的。

首先，实现共享式公平正义，要求我们充分考虑平等的价值。正如卡尔·波普尔（Karl Popper）在《开放社会及其敌人》一书中批判柏拉图时所述："平等主义是他的头号敌人，他将倾力摧毁它，毫无疑问就他的真实信仰看，平等主义是最大的邪恶，最大的危险，但他对平等主义的攻击并不足信。柏拉图不敢公开地直面这位敌人。"[①]柏拉图把平等主义思想视为其理论的头号对手，对于这一点的最好呈现是其所著的《理想国》的浪漫的哲学王的政治设计。在柏拉图看来，真正符合正义理念的是一个人人各司其职、各得其所的城邦，即一个由统治者（哲学王）、军人和平民所构成的等级森严的社会。在当时的城邦公共政治生活中，由很多公民投票来决定每一件大事似乎是平等待人的体现。但柏拉图认为这样做并不是顺理成章的，他反对民主投票的基本论证策略是技艺类比。例如我们生病的时候会去咨询医生获取治疗方案，而不会随意找一群人进行投票来决定如何治疗。同样，治理国家也需要"技艺"，柏拉图认为接受哲学训练对于统治者来说是必需的。这一论证的力度在于如果统治是一种少数人才可以获得的技能，那么由"乌合之众"来投票的民主程序就是非理性的，由此柏拉图否定了平等的价值。但柏拉图没有提出关于监督统治者的行为以便消除他们可能受到权力和利益诱惑的主张，而且专业化的哲学知识对于实现好的统治也不是充分的，甚至也可能不是必要的。故这样的不平等从根本上来说无法得到充分的辩护。

---

① [英]卡尔·波普尔：《开放社会及其敌人》，陆衡等译，中国社会科学出版社1999年版，第187页。

在分配制度现代化的进程中，越来越多的社会群体通过争取平等的资源获取权利而取得了应得的社会身份和社会地位，平等的价值也在这一进程中得到了进一步的确证。然而在进一步展开阐述平等的实质问题之前，我们必须要问平等作为一种道德价值究竟是工具价值还是内在价值？这也就是说，是为了某种更高的道德追求而接受平等，还是为了平等而平等？对于这一问题，包括罗尔斯在内的大多数学者认为平等并不是制度设计的最终目标，尽管它必须以某种显性或隐性的原则被纳入理论构建中。这里提供两方面的理由。首先，如果把平等本身当作目标忽视了不平等现象背后的复杂成因，会抑制人们的积极进取的精神。事实上，政府所采用的经济社会成果分配的手段会影响经济社会成果总量的多少。如果允许一定程度的不平等存在，则可以激励更多的人努力创造经济社会成果，这样的制度所带来的结果会更优。而且在一定程度上也避免了一些使贡献者损失极大但给目标受益者带来的好处极少的低效平等政策。其次，是原则上的不可操作性。社会中的个体的自然禀赋是不同的，因而每个人获取经济社会成果的能力也不同。而且环境时刻在发生变化，追求每时每刻的绝对平均是无法实现的，维护的过程中也会带来巨大的资源消耗。鉴于对平等如此这般的追求通常需要把子孙后代可以获取的经济社会成果纳入其中，这使得解决这个问题的不确定性更大，实际执行中所遇到的困难也几乎是不可克服的。

一般来说，平等主义者的价值眼光是一致的，即他们都追求平等，反对各种形式的不平等。但阿玛蒂亚·森提出了一个更为重要的问题，即"什么的平等"。同时他也指出了回答这一问题的复杂性。具体来说，可以被平等化的对象是多种多样的，而处于社会中的每个人的需求、偏好都是不一样的，故即使保证了一种"通货"的平等，也很难满足其他方面的平等诉求。例如，满足经济社会方面的机会的平等会促进公平竞争，而这会导致参与竞争的人收获不同的结果,产生地位或者收入上的不平等。尽管不同的平等诉求无法同时被满足,但森认为如果可以证明某方面的平等在重要性上优先于其他方面的平等,那么在其他方面的不平等就是正当的,人们必须接受这样的结果。但森所提出这一观点存在一个重要问题,这就是应依据何种尺度确认某一方面的平等的优先性呢?纵观当代平等主义理论的研究,包括福利平等、机会平等、能力平等在内的"平等项"家族内部各种主张之间的竞争是十分激烈的,其中很难涌现出一个具备压倒性优势的成员,甚至成员的数量还有不断增加的趋势。

在这些争论当中,一个具有概括性的理论是运气平等主义。"运气平等主义"一词最早由伊丽莎白·安德森在她的论文《平等的意义是什么》[①]中提出,这一观点的支持者基本上都接受罗纳德·德沃金(Ronald Dworkin)对于运气的两种区分——选择运气(option luck)和原生运气(brute luck)。前者基于个体选择,比如一个人选择去赌博可能赚得盆满钵满,也可能输得倾家荡产。后者则是完全预料不到的,比如一个人的财物意外被盗窃等。运气平等主义者认为人们所获得的利益不均等如果是基于自愿的选择,则这种不平等是可以被接受的,而基于无法预测的环境不确定性所导致的不平等则是不正义的。因此,国家在分配资源的过程中需要努力消除原生的坏运气对个体造成的不利影响,对非选择的因素造成的不幸给予补偿。在他们看来,公正的分配应"敏于抱负"且"钝于禀赋"。运气平等主义有不同的形式,如德沃金认为应该用资源平等代替福利平等,理查德·阿内逊(Richard Arneson)对福利平等进行了修正,提出福利机会平等的概念,G. A. 柯亨(G. A. Cohen)在他的论文《论平等主义

---

① Elizabeth Anderson. *"What is the Point of Equality?"*, Ethics, Vol. 109, No. 2, 1999, pp. 287-337.

正义的通货》中提出可及利益平等的概念①，森在反对福利平等的基础上提出了可行能力平等。尽管这一系列争论有不同的侧重点，但它们在一定程度上都有着共同的宗旨，即消除原生运气对分配的影响。然而，这样的框架性理论仍然存在各种问题。比如分配过程中抛弃了不谨慎的受害者，在帮助受原生运气影响的受害者时没有给予足够的尊重等。

在现实中，严格的平等分配有难以解决的内在困难。历史上所出现的体现经济平等分配的最为激进的方法是计划经济。在这样的体制下，市场交易是不被允许的，由中央政府决定生产产品的数量和种类，然后再按照人们的地位级别进行统一分配。从理论上来看，这种统一调配的分配体制更具秩序性，效率也似乎更高。然而在现实中实施纯粹的计划经济所造成的结果是十分惨痛的，也带来了某些产品生产过剩、某些产品十分匮乏、劳动积极性不高等问题。一个直接的原因是人类的理性都是有限度的，计划者无法做到时时刻刻了解全部的信息并进行准确推理，由此形成的分配制度的效率无法和市场经济相抗衡。实质上，计划必然会高度限制个体之间的自由交易行为，而不论从功利的角度看还是从对人的尊重的出发，自由都是在分配制度设计中实现共享式公平正义所不可缺少的价值。

其次，共享式公平正义要求重视自由市场的价值。强调自发秩序的重要性和必要性的著名思想家之一是英国经济学家和政治哲学家弗里德利希·哈耶克（Friedrich Hayek）。哈耶克出生于唯科学主义思想盛行的时代，亲眼见证了人们对于包括计划经济体制在内的各种乌托邦理论的产生与幻灭。对于计划经济对个体的影响，他如此说道："由于在现代条件下，我们的每一件事几乎都要依赖别人来提供手段，因而经济计划几乎将涉及我们全部生活的各个方面。从我们的原始的需要到我们和家庭、

---

① G. A. Cohen. "On the Currency of Egalitarian Justice", *Ethics*, Vol. 99, No. 4, 1989, pp. 906–944.

朋友的关系,从我们工作的性质到我们闲暇的利用,很少有生活的哪一个方面,计划者不对之施加'有意识的控制'。"[1]在这样的情况下,个人的经济自由会完全丧失。与此同时,哈耶克也赞成托克维尔关于"新的奴役形式"的预言,指出现代西方的福利国家虽然没有沦为极权主义的牺牲品,但其所产生的心理后果也是潜在的危险因素。最后要注意的是,尽管哈耶克认为市场是迄今为止配置资源的最有效的手段,但他并不是一个无政府主义者。相反,他认为政府需要有所作为,特别是提供市场交易所需的建制,只不过政府必须受预先制定的法律规则的制约,使得个体能够预测在特定的情形下政府如何行动。

然而,自发秩序所引导的"演化范式"真的优于有限理性下的"设计范式"吗?换言之,追求纯粹的自由市场模式真的是正确的吗?这里至少可以提供如下四条反对意见。首先是自由市场无法解决公共产品的"搭便车"难题。公共产品的特点是非竞争性和非排他性,也即是说,绝大多数人都可以享受和利用。在政府能够干预市场这种情况下,政府可以使用税收来统一调配公共产品的制造。而在纯粹自由市场经济条件下,由于个体付出代价所换来的好处并不为一人所得,故大多数人愿意坐享其成,而不愿意为此买单。其次,市场应受道德规范的制约。在自由市场中,生产经营者在价值规律的引导下自发地追求自身的利益。正如亚当·斯密所强调的那样,他们"受着一只看不见的手的指导,去尽力达到一个并非他本意想要达到的目的。也并不是因为非出于本意,就对社会有害。他追求自己的利益,往往使他能比在真正出于本意的情况下更能有效地促进社会的利益"[2]。

---

[1] [英]弗里德利希·冯·哈耶克:《通往奴役之路》,王明毅、冯兴元等译,中国社会科学出版社1997年版,第91页。
[2] [英]亚当·斯密:《国民财富的性质与原因的研究》下卷,郭大力、王亚南译,商务印书馆1974年版,第27页。

然而有些领域的交易是应该被禁止的，例如毒品、权力、专业荣誉、爱和友谊等，这意味着市场并不是道德无涉的。政府在监管的过程中可以发挥不可替换的作用。再次是市场的自由竞争必然会带来贫富差距的不断扩大，由此会带来恶劣的社会影响，普通的工厂劳工被无情地剥削，大量的贫穷人口流离失所，人们所珍视的除市场交易自由以外的社会价值也会被践踏。最后，周期性的经济危机的爆发也说明了纯粹的自由市场是无法保持稳定运行的。在经济危机的影响下，失业人数大幅增加，企业被迫倒闭，社会财富被浪费（如过剩的产品被抛弃），整个社会处在风雨飘摇之中。正如恩格斯所言，经济危机"在把资本主义生产方式本身炸毁以前不能使矛盾得到解决，所以它就成为周期性的了。资本主义生产造成了新的'恶性循环'"[1]。

最后，共享式公平正义要求我们在经济社会成果的分配中实现平等与自由的统一。从实践上来看，共享式公平正义的实质是"发展为了人民、发展依靠人民、发展成果由人民共享"，这既需要激发人民的经济自由创造力量，也需要公平分配人民自由创造所取得的经济社会成果，需要把这两者有机结合起来。从对理论争论的反思角度看，由于平等和自由概念的复杂性，当代政治哲学中对于这两者的整理归纳并没有停留在表面上单一的结构分析和二元对立之中，不同种类的理论形成了更为复杂的连续光谱。在对平等的研究方面，当代著名政治思想家乔万尼·萨托利（Giovanni Sartori）把平等的类别总结为如下五个方面：法律—政治平等，社会平等，作为平等利用的机会平等，表现为平等起点的机会平等，经济相同性[2]。有学者受此启发对该分类作出了一系列的调整，从而形成

---

[1] 《马克思恩格斯选集》第三卷，人民出版社1995年版，第626页。
[2] [美]乔万尼·萨托利：《民主新论》，冯克利、阎克文译，上海人民出版社2009年版，第378页。

了结构更为合理的平等谱系，并以此为基础探讨平等与自由之间的复杂联系[①]。在对自由的研究方面，随着对自由概念的研究的不断深入，相应的分析也逐渐由个别孤立的阐释演变为复杂的谱系，霍布斯、洛克、边沁、密尔、马克思、哈贝马斯、阿伦特等人都提供了不同的视角。从这个意义上来说，对平等和自由谱系的理论考察和再阐释有利于研究者跳出固有的概念框架，发掘出解决分配问题的思路。

四、共享式公平正义分配标准

传统的公平正义理论在解释经济社会成果分配时主要存在两大困难：一是片面或者错误地强调了实现好的分配程序和结果的某个维度；二是没有形成有效的结构化分析框架。而要建构所谓的共享式公平正义的分配制度，在明确基础性价值的前提下搭建出完整的分配标准则是必需的。我们认为，综合考虑不同的分配标准所依赖的历史情境，使平等和自由两种价值在以共享式公平正义为核心的制度设计中得到实质的映射，并把它们关联为一个以社会过程的三个主要向度为基础的有机整体，或许才能克服传统理论的根本缺陷，从而提供更为切实可行的分配正义标准。不过在正式进入对不同要素尺度的分析和整合之前，我们需要首先明确一下相关探讨的理论研究背景。

近年来，分析的马克思主义者依据马克思和恩格斯的论著中的相关文本努力发展一种马克思主义的正义、民主、权利、自由方面的理论，并

---

① 李石：《平等理论的谱系——兼论平等与自由的关系》，载《哲学动态》2016年第10期。

尝试使相关的讨论与当代英美语境下具有分析性质的政治哲学接轨，以求通过这样的理论互动来更准确地理解马克思的观点。就马克思是否提出过正义观、持有何种正义观这一问题，国内外研究者的观点之间存在尖锐分歧。在20世纪七八十年代英美左翼政治哲学家群体关于马克思的正义观的交锋之中，一个著名的观点，即"马克思本人并没有把资本主义视为不正义的而加以谴责"（国内称之为伍德命题），得到了广泛的关注。这一观点最早由艾伦·伍德（Allen W. Wood）在他的论文《马克思对正义的批判》中提出，齐雅德·胡萨米（Ziyad Husami）反对伍德的说法，伍德在回应胡萨米的文章中进一步坚持和发展了他的观点[①]。国内最早涉及这一论题的文章是由当时在新加坡任教的洪镰德所撰写的《马克思正义观和伦理思想的新近诠释——兼评〈马克思、正义和历史〉》[②]。在之后的15年间，对该论题有一些零碎的介绍，但无专门的研究文献。直至2005年，林进平等学者发表了一系列与此相关的研究性文章，伍德命题由此开始受到国内学界重视，相关的研究文献如雨后春笋般涌现。对于这一问题的争论主要围绕马克思的以下文本展开：

> 生产当事人之间进行的交易的正义性在于：这种交易是从生产关系中作为自然结果产生出来的。这种经济交易作为当事人的意志行为，作为他

[①] 相关的讨论见：Allen W. Wood. *"The Marxian Critique of Justice"*, Philosophy & Public Affairs, Vol. 1, No. 3, 1972, pp. 244-282.；Ziyad Husami. *"Marx on Distributive Justice"*, Philosophy & Public Affairs, Vol. 8, No. 1, 1978, pp. 27-64.；Allen W. Wood. *"Marx on Right and Justice: A Reply to Husami"* Philosophy & Public Affairs, Vol. 8, No. 3, 1979, pp. 267-295. 对应的中译文见：李惠斌、李义天编：《马克思与正义理论》，中国人民大学出版社2010年版，第3-39、40-77、78-106页。

[②] 洪镰德：《马克思正义观和伦理思想的新近诠释——兼评〈马克思、正义和历史〉》，载《现代哲学》1990年第4期。

们的共同意志的表示,作为可以由国家强加给立约双方的契约,表现在法律形式上,这些法律形式作为单纯的形式,是不能决定这个内容本身的。这些形式只是表示这个内容。这个内容,只要与生产方式相适应,相一致,就是正义的;只要与生产方式相矛盾,就是非正义的。在资本主义生产方式的基础上,奴隶制是非正义的;在商品质量上弄虚作假也是非正义的。①

然而国内的研究者不仅对马克思关于正义概念的解读存在分歧,例如有相关的研究指出伍德在论证上的推进,是以分离法权正义和德性正义为前提的,带来的结果是存在着一个法权正义观和德性正义观不一致的马克思②。也有研究认为应区分"正义的主张"和"正义的观念",伍德命题仅是关于正义观念的一个命题,而马克思的理论体系中既有正义观念的位置,也为正义主张留下了空间③。另外,一个前提性的问题是关于文本的翻译问题,人们甚至对这段文本的翻译也存在争议④。这些争论引发了对于正义在马克思的论述中是一种价值判断还是事实判断的讨论。

不过在这里我们至少可以肯定的一点是,马克思是基于社会历史情境来讨论分配问题的。他在《哥达纲领批判》中这样说道:"什么是'公

---

① 《马克思恩格斯文集》第七卷,人民出版社2009年版,第379页。
② 王晶、李佃来:《驳析伍德的马克思主义非道德论》,载《山东社会科学》2019年第2期。
③ 李义天:《认真对待"塔克-伍德命题"——论马克思正义概念的双重结构》,载《中国人民大学学报》2018年第1期。
④ 段忠桥:《马克思认为"与生产方式相适应,相一致就是正义的"吗?——对中央编译局〈资本论〉第三卷一段译文的质疑与重译》,载《马克思主义与现实》2010年第6期;李其庆:《关于马克思〈资本论〉第三卷一段论述的理解与翻译——对段忠桥教授质疑的回应》,载《马克思主义与现实》2011年第1期;段忠桥:《正义在马克思的论著中是价值判断而不是事实判断——答李其庆译审》,载《江海学刊》2011年第5期。

平的'分配呢？难道资产者不是断言今天的分配是'公平的'吗？难道它事实上不是在现今的生产方式基础上唯一'公平的'分配吗？难道经济关系是由法的概念来调节，而不是相反，从经济关系中产生出法的关系吗？"①这一连串的反问提示了这样一种结论：所谓分配正义实质上是合乎人们在特定的社会历史现实（特别是经济关系、生产方式、主体状况等）中共同生活的公平要求。客观上，具体的社会历史情境决定了相应的分配原则变化的空间。主观上，人们共同生活的公平要求从共同体的角度决定了何种分配才是正义的。从这样的维度出发来思考分配中平等与自由的关系就意味着，在某些社会历史情境下，分配正义意味着前者居于主导地位，而在另一些社会历史情境下，分配正义要求前者的地位从属于后者。分配标准在整体上是客观可能和主观选择的统一，而不同尺度要求的实践必然形成它们之间的相互作用及适应性变化②。

这里，我们根据社会过程的三个主要向度——参与主体、方向指归、手段动力，把社会过程理解为社会成员、社会目的和社会劳动三者组成的动态系统，分析这三者对于分配的三种不同的尺度要求，然后，根据这三种尺度要求在实施过程中能够形成的相互作用的整体来确定分配的共享式公平正义标准。

首先，社会成员对分配有均等要求。社会成员在社会过程中具有主体性，因而是制定分配原则的根本出发点。在现代国家中，每一个遵守所在国的社会规范、拥有法律规定的权利并承担相应的义务的公民都具有平等的社会成员资格。因此，均等要求是在分配过程中必须被考虑的首要的尺度要求。这里的"均等"指的是不存在任何差距的平等，或者借用迈克

---

① 《马克思恩格斯选集》第三卷，人民出版社1995年版，第302页。
② 刘敬鲁：《论分配正义的结构整体标准》，载《中国人民大学学报》2017年第3期。

尔·沃尔泽（Michael Walzer）所作的区分，是指简单的平等，而非包含各种向度在内的复合平等[①]。均等分配就是严格意义上的平均分配。在历史上，平均主义的分配实践带来了很多问题，由于它排斥了贡献的大小和对机遇的把握等因素，最终造成了普遍的贫穷。而在当代，激烈的竞争已成为社会经济发展的底色，那是否就说明均等原则已经过时了呢？答案是否定的。尽管全盘地均贫富带来的危害十分严重，但确立均等原则在经济社会成果分配中的某些方面的一定程度的应用则是必需的。一个核心的缘由在于社会对各种经济社会成果的分配应该以保证所有社会成员的公民身份资格平等为要求。正如大卫·米勒（David Miller）所言，"对平等的要求正是源于成员资格这一事实。承认某人作为成员而又否认她与其他成员一样可以得到对利益的平等份额，就是不公正地对待她"[②]。从社会实践的层面看，均等要求对于保证社会的健康良好运转具有基础性的作用。这主要在于该要求可以减少社会成员之间的冲突，促进社会合作。另外，它也是保障社会生活的其他领域（如政治、文化等）正常运转的前提。对一些国家和地区来说，对于经济社会成果分配的均等要求甚至比个体自由权利的实现更为重要。至于应在多大程度上实践这一要求则取决于特定的社会历史情境，在这一过程中也不能把公民身份资格作为唯一的尺度要求。

其次，社会目的对分配有共享要求，这一尺度要求是整个共享式公平正义结构标准的核心。一般来说，社会的发展变化是不断形成、改变和实现各种社会目的的过程。社会目的指引着社会过程的发展方向。无论是过去还是当代的著名的哲学家，包括亚里士多德、阿奎那、马克思、麦金

[①] [美]迈克尔·沃尔泽：《正义诸领域——为多元主义与平等一辩》，褚松燕译，译林出版社2002年版，第20页。

[②] David Miller. *Principles of Social Justice*, Cambridge, Massachusetts: Harvard University Press, 1999, p. 236.

太尔、桑德尔等人在内，都从不同角度揭示了这一点。由于社会目的的这一特殊作用，分配正义标准的设定也在很大程度上受其制约。分配的程序和结果符合社会目的的要求是实现分配正义的必要条件。例如，桑德尔认为正义的实现离不开社会成员对于善的理解和追寻。社会目的所容纳的成员范围的整体性也决定了制定分配标准过程中的共享要求。对于一些公共资源（如教育、医疗、社会安全等）采用切分到个人的方式是不合理的，必须以社会整体为对象确定分配方式。与此同时，也必须依据社会发展现状不断调整共享方式以满足对于分配标准的结构性要求。社会目的对于分配标准的规约体现在如下三个方面：首先，特定的社会历史情境决定了社会目的的性质，为了保证社会目的得以充分实现，相应的分配标准也必须适应这种性质。如果一个社会的主要目的是充分调动劳动者的积极性，提高社会生产效率，则应把按贡献大小确定分配结构置于重要位置。其次，是社会总体目的的价值取向要求分配标准具有相应的价值取向。社会目的的价值取向要求政治、经济、文化等各领域都服从于它，分配标准的制定自然也不例外。如果一个社会处于百废待兴、迫切需要发展生产的时期，社会总体目的趋向于功利性的价值导向，则分配标准也应以其为主导。最后，不同的社会目的之间存在作用领域和重要性上的差别，这也会影响分配标准的制定。有些社会目的指引着整个社会的发展方向，而有些社会目的仅对一个具体领域的发展提出要求。分配标准必须以实现总体性的或支配性的社会目的为根本尺度，以实现局域性的或辅助性的社会目的为分殊尺度。社会目的所要求的共享要求对于社会的一体共存的重要意义则表现为如下四个方面：首先是共享要求针对的是社会成员的集体存在，使整体本身的需要得到满足；其次是共享要求有利于广义社会价值的实现，如人与人之间的相互支持、相互信任等；再次是共享要求可以使公共资源得到恰当的利用；最后是共享要求可以使社会凝聚力增强，整合社会各方面的力量。从以上的这些讨论中我们不难发现，确立共享要求在分配结构整体中的地位对于实现分配正义来说具有十分重要的意义。

最后，社会劳动对分配有应得要求。社会劳动是推动社会发展的主要力量，它涵盖了社会各行业人们从事的工作。应以何种标准衡量不同的劳动所具有的价值，不同行业的劳动报酬的差距应如何设置，这些都是这一向度所需处理的问题。尽管各种社会劳动在整体上具有统一性，但具体劳动成果的创造通常是由集体中的个人来分别承担和实现的。而不同劳动者在实际工作中的贡献通常是不同的，故采取某种形式的按劳分配原则就尤为重要。按劳分配与贡献—应得原则在本质上并无区别，二者都强调贡献大小对于成果分配的重要意义。从整体上来说，社会劳动对分配的应得要求主要体现在三个方面：首先是要持续激励劳动创造行为，正确处理创造成果与分配之间的关系，在充分认识社会历史情境的基础上实现二者之间的动态平衡。这样可以使得劳动者创造社会财富的积极性不断提升，政府在其中也可以充分发挥其调节作用。其次是不同的社会劳动性质不同，有的要求熟练操作相应的机器设备，有的要求有一定的文学创作能力，还有的要求具有一定的宏观上的决策水平等。故在实践中不能脱离现实情境一概而论，而应制定与具体的社会劳动相适应的衡量标准。最后是要根据付出的多少确定不同社会劳动的薪酬差距。不过这个差距应保持在一定范围之内，否则会导致贫富两极分化这种突出问题。而这些表现也意味着应得要求有其自身的规定性。首先，在内容对象上，它针对的是劳动贡献；其次，在性质上，这一尺度主要是工具理性的，它通过报酬的差异性促使经济制度向更为合理的方向演化；最后，在作用上，应得要求会引发更为激烈的竞争，从而充分提高劳动效率，而这反过来又会对劳动方式产生影响。尽管应得要求可以有效处理收入分配不公正的问题，但在具体的社会历史情境下也必须充分考虑前两种要求的重要性。

综合来看，分配的上述三种尺度要求各自具有其自身的特殊规定性和实践功能，但在实施过程中，这三种要求又是相互联系、相互作用的。每个要素尺度都是共享式公平正义的结构标准的一个维度，但它们并不是单独发挥作用的，而是在互相促进和制约的环境下协调地推动经济社会健康发展。从一个社会的形成过程来看，均等要求可以实现成员之间的初步结合，这是实现共享式公平正义结构标准的前提性条件。共享要求可以培养成员的集体意识、增强身份认同感，这是实现共享式公平正义结构标准的核心。应得要求则提供了成员个体努力创造财富的动机，这是实现共享式公平正义结构标准的保证。历史实践告诉我们，单一原则的明确规定和实施会带来分配问题的极端化，而单一原则的模糊化则会使其失去实际的指导意义，故多尺度的整合可能才是最好的方式。当然，在建构公平正义的分配制度时，必须从社会历史情境出发来实践它们。这要求现代国家必须依据特定的社会历史现实来判定三个方面的问题：三种尺度的地位安排，不同尺度所对应的功能的实现程度及它们所适用的经济社会成果的种类。只有依据社会历史情境，从社会成员、社会目的、社会劳动的统一运动中确定经济社会成果分配的共享式的结构整体标准，才有可能实现经济社会成果分配制度的公平正义，实现分配制度的现代化[①]。

五、分配制度现代化需要正确处理的关系

休谟在《人性论》第三卷曾提到这样一种观点：尽管深刻的推理活动

[①] 刘敬鲁：《论分配正义的结构整体标准》，载《中国人民大学学报》2017年第3期。

可以为击败论辩活动中的对手提供帮助，但当我们离开讲台，回到现实生活中后，我们在先前刻苦钻研所得到的各种结论似乎都失去了力量，"正如夜间的幽灵在曙光到来时消失一样"，并且"在一长串的推理中，这一点更为显著"[①]。对于分配问题的理论阐释与现实把握同样也面临着类似的问题。一方面，各种有关分配正义的框架法则在很大程度上对分配实践起到了规约的作用，以至于使相关的政策制定活动成了特定理论的"仆人"。另一方面，也有观点认为应该把分配理论与实践分开，强调研究分配正义理论的目的只是为了帮助我们解释具体现象的成因和意义。基于历史上某些统治者利用理论的核心原理彻底改造社会环境所带来的严重后果，他们认为理论层面的解释不能快速地应用于具体的社会实践。

我们认为，规范的理论设计是可以和经验事实并驾齐驱的，包括各种分配正义原则在内的各种理论分析常常需要以对经验事实的判定作为论证的基石。而对经验事实的判定不仅可以验证理论是如何被实现的（采用何种处理方式，与各种社会背景之间的现实关联以及对相关因素产生的影响等），也可以协助发掘隐藏的问题，从而扩大我们的认识范围。在现实中，经济社会成果分配不公的成因通常是多方面的，要解决好这些问题也必然是一个较长时期的过程。下面将对分配实践所需正确处理的五个方面的关系进行讨论，为分配实践的这些方面提供合乎共享式公平正义的具体标准，以期为实现分配制度的现代化提供参考。

第一是要处理好全体公民个体之间的成果分配关系。在当今世界的许多国家中，人们之间的利益关系呈现出相互分裂、公开对抗、矛盾加深的特点。特别是在一些西方国家，其整体性的利益结构分解趋势加剧，不同个体在这方面的差距不断加大。根据WID. WORLD提供的世界范围内的收

[①] [英]大卫·休谟：《人性论》，关文运译，商务印书馆1980年版，第495页。

入不平等数据[1]，从1980年左右开始，各国的收入不平等程度持续扩大，近年来增速有所缓和，其中收入不平等程度较低的地区（例如欧洲部分国家）在经济发展上基本陷入了停滞。分配的不平等不仅造成了物质生活水平的差距，也系统性地影响了个体的行为和情感。贫穷使个体变得短视，喜欢冒险，为了眼前的即时满足不惜牺牲长远的未来甚至破坏社会的基本规范。为了维持社会的稳定发展，政府所设计的分配制度最为基础的目标之一是协调个体之间的经济社会成果分配关系。这一方面要求社会成员之间的经济社会成果分配差距不能过于悬殊以便保证所有个体的基本生活需要。对于贫困人口来说，临时的扶持政策是必要的，但不能使他们产生过度依赖，关键是谋求个体乃至区域的可持续发展。另一方面也不能坚持绝对的平均主义，否则会严重削弱个体主动创造财富的积极性，致使经济社会成果的蛋糕越来越小，从而造成人们生活水平的普遍低下。所以政府需要把握好控制的方式和限度。

第二是需要处理好不同阶层之间的成果分配关系。一般来说，阶层是根据人们所占据的经济社会地位来划分的。这种地位大体上由四个方面的因素所决定：首先是收入水平，它会对人们的生活习惯、消费方式、经济安全感产生直接影响；其次是职业类别，以及工作的环境、范围和性质、相应的职业声望，会对人们的社会表现产生重要影响；再次是教育程度，这一点能够持续影响人们的知识、能力、价值观等，在可预见的将来或许会在阶层的划分活动中占据更多的权重；最后是权力的高低，人们所拥有的权力越大，其在相关政策和法律的颁布过程中的作用越大，对他人的态度和行动意向产生的影响也就越大。处于同一阶层的人们在这四个要素上所达到的水平基本一致，而处于不同阶层的人们在这几个方面则存在显著

---

[1] 见https://wid.world.

差别，这导致他们无法同等地分享经济社会发展成果。在一个阶层固化程度高的社会中，较低阶层仅通过自身努力来提升经济社会地位的难度很大。在这方面，所设计的分配制度需要保证机会的平等分配，以便激励各个阶层特别是较低阶层努力奋斗。否则会导致阶层之间的矛盾不断加剧，从而增加社会的不稳定因素。另外，当前的收入分配安排可以适当地向中下阶层倾斜以弥补过去因为制度不健全所带来的差距，只是这样的补偿行为应设有一定的限度以保证真正的公平性，因为进行这种分配的最终目标是充分实现机会的平等，保证正常的社会流动，实现各种资源的合理配置，提高经济社会发展的效率。

第三是需要处理好不同行业之间的成果分配关系。这里从不同行业之间的经济成果的分配——经济收入来进行讨论。一般来说，适当的行业收入差距是市场竞争和产业结构升级的必然结果。在当前的我国，从事信息传输、软件和信息服务业及金融业的就业人员平均工资较高，而从事农、林、牧、渔业的就业人员平均工资较低，并且这种差距有逐年扩大的趋势。总体上看，劳动密集型行业的平均收入低于资本密集型行业的平均收入，传统行业的平均收入低于新兴行业的平均收入，非垄断行业的平均收入低于垄断行业的平均收入。产生如此结果的原因主要有两方面：一方面是个人因素，劳动者的个人素质越高，所拥有的社会资本越多，其进入高收入行业的机会就越大。高收入行业聚集了更多的人力资本之后可以提高该行业的科技创新水平，获取更多的利润，从而吸引更多人才涌入。另一方面是行业因素，这包括在资源使用、技术创新和政策支持等方面的优势。这些优势使得某些行业更容易获取其所需的经济资源，占据更多的市场份额，从而带来高额的利润，影响行业间的收入差距。不同行业的成果分配有差距这一点既有正面作用也有负面作用。正面作用在于可以促进行业之间的优胜劣汰，使人才和资源向重要行业集聚。负面作用在于行业的垄断使得充分的市场竞争无法形成，不利于经济的可持续发展。对此，政府在保证国有经济控制重要行业的同时，需要进一步加强监管，充分完善税收调节机制，对于一些发展空间较小、利润低或者回报周期长但对国家发展有重要意义的行业提供一定程度的政策倾斜和财政支持。与此同时，提高教育方面的投入也有利于劳动者提升知识储备和业务能力，向不同的行业流动，从而缩小行业间的人力资本差距，促进经济协调发展。

第四是需要处理好不同地区之间的成果分配关系。地区收入差距问题对于大部分国土面积较小的国家来说并不突出，而对于幅员辽阔的国家来说，由于各地区的经济发展不可能完全达到均衡，则可能问题比较明显。以我国为例，东部沿海地区的经济发展水平整体上比中西部地区更高。具体到城市而言，根据国家统计局公布的相关数据，上海、北京、浙江等城市居民人均可支配收入远远高于贵州、西藏、甘肃等地。对于这些现象的成因，有研究从区域发展战略的角度指出东部地区的产业结构转型和中部地区的工业优先发展战略与这些地区的产业结构相契合，因而中部和东部地区的经济在得到充分发展的同时，收入差距也在不断缩小。而西部地区和东北地区的工业赶超战略与其产业结构特征并不匹配，某些相应的政策在一定程度上抑制了这两个地区的协调发展[1]。在以城市为单位的研究中，有学者指出，除了把地区差距的成因集中在发展战略、所有制结构和政府干预等方面以外，还可以从空间发展的角度切入，通过在省域内部构建多中心空间网络来实现经济持续增长和区域协调发展。但在构建多中心的城市体系时，也要巩固核心城市的主导地位，不能完全追求产业种类和规模的均等化。与此同时，政府还需要加强区域间的信息和交通基础设施

---

[1] 刘伟、王灿、赵晓军、张辉：《中国收入分配差距：现状、原因和对策研究》，载《中国人民大学学报》2018年第5期。

建设以降低迁移成本①。尽管地区差距问题目前仍未得到根本解决,但中央和地方政府已经进行了各种努力,预期相应政策的效果会随时间的延长而不断显现。

第五是需要处理好城乡之间的经济社会成果分配关系。城乡在经济社会方面的差距过大是一个较为普遍的问题。在我国,城乡在经济社会方面的发展不均衡是制约城乡协调发展的一个主要方面。这种差距是多维度的,包括收入、医疗、消费、教育、就业等方面,各维度之间也有一定的联系。近年的调查数据显示,尽管城市内部和农村内部的收入差距有所增加,但城乡之间的收入差距有不断缩小的趋势②。政府所颁布的各项惠农政策在其中发挥了重要作用,特别是在农村扶贫方面取得了举世瞩目的成就。农村贫困发生率从改革开放以来的97.5%下降至2018年的1.7%,2020年底,农村从根本上消除了贫困。不过农村劳动力老龄化速度超过平均水平,农民工失业等问题仍然存在,缩小城乡差距将会是一个较长的过程。当然,我们关注城乡差距并不是希望达成城乡之间低水平的平均主义,而是要克服二元对立的思维方式,实现城乡统筹快速发展。

总之,造成经济成果分配不够充分公平的原因是多方面的。因此,需要明确找到和深入分析各种原因,建立起相应的分配制度,才能够从根本上解决问题,实现共享式的分配正义。

---

① 刘修岩、李松林、陈子扬:《多中心空间发展模式与地区收入差距》,载《中国工业经济》2017年第10期。
② 李实、岳希明、史泰丽、佐藤宏:《中国收入分配格局的最新变化》,载《劳动经济研究》2019年第1期。

结　语

　　导论和各章已经表明，国家治理制度现代化是建构充分实现人民治理制度的过程。对于整个人类来说，这是一个长期的探索和进步过程，是必然产生各种问题矛盾而又不断解决它们的历史过程。从一般性与特殊性之间的辩证关系这一根本视野看，这是一个不断地揭示和实现国家治理制度现代化的一般要求与特殊要求、不断完善这两种要求之间关系安排的重大历史变革过程。

　　一方面，人类社会正在经历的现代化阶段是人类历史的一个崭新阶段，正在建构起不同于前现代社会的一般本质特征，形成国家治理制度现代化的一系列一般要求，特别是本书从制度整体和制度构成的角度所阐明的那些一般要求，即，在根本任务或总体任务上充分实现人民治理，在主体制度方面实现以人民主体为本，在权力制度方面实现人民共同权力支配，在决策制度方面实现以公共理性为主导，在权利和义务制度方面实现双方相互平衡，在分配制度方面实现共享式公平正义，以及以往人们从制度特征必须合理的角度已经研究很多、本书没有专门进行讨论的那些一般要求，譬如，在制度功能方面必须实现的善治要求，在制度过程方面必须实现的科学要求和人文要求，在制度机构方面必须实现的有机统一要求等；毫无疑问，只有实现了这些一般要求，才算是实现了国家治理制度的现代化。反之，就谈不上真正实现了这方面的现代化。

　　同时，应该注意的是，人类对于国家治理制度现代化的一般要求的认识和实践是不断发展的，不可能达到绝对完善的地步，不可能形成唯一正确的道路样板。历史地来看，是西方社会率先开始了国家治理制度现代化，为其他国家提供了值得认真思考和借鉴的关于一般要求的许多维度、许多内容以及许多成功的实践模式，但是，它没有也不可能提供关于一般要求的全部维度、全部内容、全部实践模式，后起的发展中国家正在进行的国家治理制度现代化，正在提供越来越多的关于一般要求的新的维度、内容和实践模式。因而从未来发展趋势来看，这将是全世界各国共同揭示和共同实现关于国家治理制度现代化的全方位的一般要求的历史过程，任何一个国家都不可能单独完成这一巨大成就。

另一方面，任何一个民族的国家治理制度，无论是发达民族还是发展中民族的国家治理制度，都是社会历史的。不同民族的社会情境或国情不同，在社会性质、历史文化传统、民族构成和存在状况、发展水平阶段、发展趋势等方面必定具有特殊性，这必定对一个民族的国家治理制度的现代化提出诸多特殊要求，包括社会性质对国家治理制度现代化的方向要求，历史文化传统对国家治理制度现代化的精神底色要求，民族构成和存在状况对国家治理制度中民族关系处理原则的选择要求，发展水平阶段对国家治理制度需要完成的主要发展任务的确定要求，社会发展趋势对国家治理制度需要处理的引领未来的社会行动目标的定位要求。同样，一个民族也只有真正实现了这些特殊要求，才算是找到了实现符合自身实际的国家治理制度现代化道路。忽视、淡化或悬置这些特殊要求，就不可能顺利前行，不可能取得真正的成功。

由此也可以得出，每一个民族的国家治理制度现代化的特殊道路，都会做出各自的独特贡献。这些贡献没有实质上的高低差距和优势差距，值得相互尊重和相互学习。展望更长时期的发展前景，可以肯定，人类各民族将会形成国家治理制度现代化的百花园，形成极其广阔、极其丰富、极其壮丽的全球画卷。

因此，人类的每一个民族在实现国家治理制度现代化的进程中，不仅需要同时实现一般要求和实现特殊要求，而且需要以实现特殊要求为本体前提，以实现一般要求为过程内容。具体来说，也就是只有在坚持以特殊要求为根本基础的前提下，把一般要求的实现植根于特殊要求的实现之中，使一般要求受到特殊要求的限定，才能使一般要求真正落地开花结果，反过来，也只有把特殊要求的实现融汇于一般要求的实现之中，使特殊要求受到一般要求的范导，才能够使特殊要求达到基本实现的高级阶段。一句话，只有在遵循特殊要求的框架下，把一般要求的实现与特殊要求的实现有机结合起来，建立起两种要求之间相互促进的格局，才能够顺利完成国家治理制度现代化这一艰巨的历史事业。

在这方面，我国改革开放以来全面推进的国家治理制度现代化，可以说已经创造出一种十分成功的崭新模式，开辟了一条不同于西方国家、合乎中国实际的具有独特意义的道路。我国的社会主义性质、初级发展阶段、持久深厚的历史文化传统、众多民族一体共存、巨大人口体量、地区发展不平衡等特殊国情，对自身国家治理制度现代化提出了以人民为本、人民共同发展、在集体利益优先前提下实现个人利益、努力实现社会基本平等、坚持各民族平等共存、坚持不同地区发展平衡、坚持全国统一发展等不同于西方国家的一系列特殊要求，正是以这些特殊要求为引领，我国确定了实现国家治理制度现代化之一般要求的特殊方式，以空前的广度和深度，展开了融合统一实现两种要求的宏大实践过程。

参考文献

导 论

一、中文著作

[1] 刘敬鲁. 价值视野下的国家治理[M]. 北京：商务印书馆，2015.

[2] 罗荣渠. 现代化新论：世界与中国的现代化进程[M]. 北京：商务印书馆，2004.

[3] 燕继荣，等. 中国现代国家治理体系的构建[M]. 北京：社会科学文献出版社，2018.

[4] 王浦劬. 国家治理现代化研究（第三辑）[C]. 北京：中国社会科学出版社，2019.

[5] [加]查尔斯·泰勒. 现代性之隐忧[M]. 程炼，译. 北京：中央编译出版社，2001.

二、中文论文

[1] 池忠军. 西方治理理论的公共哲学批判性诠释[J]. 南京师大报（社会科学版），2017（1）.

[2] 郝耕. 论中国哲学在国家治理现代化进程中的积极作用[J]. 国家治理现代化研究，2019（3）.

[3] 李兰芬. 国家治理现代化的伦理秩序建构[J]. 哲学动态，2015（1）.

[4] 刘敬鲁. 当代西方国家治理研究的两种价值取向及其意义[J]. 哲学动

态，2015（1）.

[5] 梅立润. 中国国家治理现代化研究的学术版图及热点分析[J]. 江汉学术，2019（6）.

[6] 杨章文，杜玉华."中国之治"的马克思主义哲学阐释[J]. 学习与实践，2020（6）.

[7] 叶方兴. 作为伦理实践的现代国家治理[J]. 复旦学报（社会科学版），2020（2）.

[8] 张文喜. 政治哲学视阈中的国家治理之"道"[J]. 中国社会科学，2015（7）.

[9] 周可真. 中国传统国家治理思想的三种基本类型[J]. 哲学动态，2015（1）.

第一章

一、中文著作

[1] 马克思恩格斯文集：第4卷[M]. 北京：人民出版社，2009.

[2] [苏联]列宁. 国家与革命[M]. 北京：人民出版社，2015.

[3] [古希腊]柏拉图. 理想国[M]. 郭斌和，张竹明，译. 北京：商务印书馆，1986.

[4] 马克思恩格斯文集：第5卷[M]. 北京：人民出版社，2009.

[5] 王绍光. 民主四讲[M]. 北京：生活·读书·新知三联书店，2008.

[6] 马克思恩格斯文集：第2卷[M]. 北京：人民出版社，2009.

[7] [美]詹姆斯·W. 汤普逊. 中世纪晚期欧洲经济社会史[M]. 徐家玲，等，译. 北京：商务印书馆，1992.

[8] [日]升味准之辅. 日本政治史：第4册[M]. 董果良，译. 北京：商务印书馆，1997.

[9] [德]安德烈·冈德·弗兰克. 依附性积累与不发达[M]. 高铦，高戈，译.

南京：译林出版社，1999.

[10] [美]大卫·科兹，弗雷德·威尔. 来自上层的革命[M]. 曹荣湘，孟鸣歧，等，译. 北京：中国人民大学出版社，2002.

[11] 李细珠. 晚清保守思想的原型：倭仁研究[M]. 北京：社会科学文献出版社，2000.

[12] 金冲及. 二十世纪中国史纲：第1卷[M]. 北京：社会科学文献出版社，2009.

[13] [英]洛克. 政府论：下册[M]. 叶启芳，瞿菊农，译. 北京：商务印书馆，1982.

[14] [英]边沁. 道德与立法原理导论[M]. 时殷弘，译. 北京：商务印书馆，2000.

[15] [美]罗尔斯. 正义论[M]. 何怀宏，等，译. 北京：中国社会科学出版社，1988.

[16] [德]黑格尔. 法哲学原理[M]. 范扬，张企泰，译. 北京：商务印书馆，1961.

[17] [美]桑德尔. 自由主义与正义的局限[M]. 万俊人，等，译. 南京：译林出版社，2011.

[18] [美]塞尔兹尼克. 社群主义的说服力[M]. 马洪，李清伟，译. 上海：上海人民出版社，2009.

[19] [美]古德诺. 政治与行政[M]. 王元，译. 北京：华夏出版社，1987.

[20] [英]简·莱恩. 新公共管理[M]. 赵成根，等，译. 北京：中国青年出版社，2004.

[21] [美]奥斯本，盖布勒. 改革政府[M]. 周敦仁，等，译. 上海：上海译文出版社，2006.

[22] [法]卢梭. 社会契约论[M]. 何兆武，译. 北京：商务印书馆，2003.

[23] 马克思恩格斯文集：第1卷[M].北京：人民出版社，2009.

[24] 亚里士多德全集：第9卷[M].颜一，秦典华，译.北京：中国人民大学出版社，1994.

[25] [德]韦伯.学术与政治[M].冯克利，译.北京：生活·读书·新知三联书店，1998.

二、外文著作

[1] Max Weber. *Gesamtausgabe Band* 22-4[M]. Wirtschaft und Gesellschaft：Die Wirtschaft und die gesellschaftlichen Ordnungen und Mächte. Nachlaß, Teilband 4：Herrschaft, Tübingen, J. C. B. Mohr（Paul Siebeck）, 2005.

[2] George. R. Whyte. *The Dreyfus Affair：A Chronological History*[M]. New York：Palgrave Macmillan, 2008.

[3] James Petras, Morris Morley. *The United States and Chile*[M]. New York：Monthly Review Press, 1975.

[4] J. Lenz. *The Rise and Fall of The Second International*[M]. New York：International Publishers, 1932.

[5] John Rawls. *Justice as Fairness：A Restatement*[M]. London：The Belknap Press of Harvard University Press, 2001.

三、外文论文

[1] Woodrow Wilson. "The Study of Administration" [J]. *Political Science Quarterly*, Vol. 56, No. 4, 1941.

第二章

一、中文著作

[1] 党秀云. 公民社会与公共治理[M]. 北京：国家行政学院出版社，2014.

[2] [美]弗朗西斯·福山. 政治秩序与政治衰败[M]. 毛俊杰，译. 桂林：广西师范大学出版社，2015.

[3] [德]弗里德里希·恩格斯. 反杜林论[M]. 中共中央马恩列斯著作编译局，译. 北京：人民出版社，1970.

[4] 江必新，鞠成伟. 国家治理现代化比较研究[M]. 北京：中国法制出版社，2016.

[5] [美]罗伯特·D. 帕特南. 使民主运转起来[M]. 王列，赖海榕，译. 南昌：江西人民出版社，2001.

[6] 马克思恩格斯全集：第1卷[M]. 北京：人民出版社，1956.

[7] [德]马克斯·韦伯. 经济与社会：上卷[M]. 林荣远，译. 北京：商务印书馆，1997.

[8] [德]马克斯·韦伯. 经济与社会：下卷[M]. 林荣远，译. 北京：商务印书馆，1997.

[9] [英]齐格蒙特·鲍曼. 被围困的社会[M]. 郇建立，译. 南京：江苏人民出版社，2006.

[10] [法]让-雅克·卢梭. 社会契约论[M]. 何兆武，译. 北京：商务印书馆，2003.

[11] [美]塞缪尔·亨廷顿. 第三波：20世纪后期民主化浪潮[M]. 刘军宁，译. 上海：上海三联书店，1998.

[12] [美]斯科特·戈登. 控制国家：西方宪政的历史[M]. 应奇，陈丽微，孟

军，李勇，译. 南京：江苏人民出版社，2001.

[13] 王绍光. 民主四讲[M]. 北京：生活·读书·新知三联书店，2008.

[14] [美]W. E. 哈拉尔. 新资本主义[M]. 冯韵文，黄育馥，译. 北京：社会科学文献出版社，1991.

[15] 俞可平. 推进国家治理和社会治理现代化[M]. 北京：当代中国出版社，2014.

[16] 俞可平. 治理与善治[M]. 北京：社会科学文献出版社，2000.

二、中文论文

[1] [英]鲍勃·杰索普. 治理的兴起及其失败的风险：以经济发展为例的论述[J]. 国际社会科学杂志（中文版），1999（1）.

[2] 陈国申. 从传统到现代：英国地方治理变迁[D]. 华中师范大学博士论文，2008.

[3] 陈金钊，俞海涛. 国家治理体系现代化的主体之维[J]. 法学论坛，2020（3）.

[4] 陈亮. 治理有效性视域下国家治理的复合结构与功能定位[J]. 求实，2015（11）.

[5] 陈世宏. 协同治理与和谐社会的构建[J]. 广西民族大学学报（哲学社会科学版），2006（6）.

[6] 冯周卓. 论公民社会与国家治理[J]. 理论与改革，2003（6）.

[7] 李德顺，王金霞. 论当代中国的"人民主体"理念[J]. 哲学研究，2016（6）.

[8] 李汉卿. 协同治理理论探析[J]. 社会科学，2014（1）.

[9] 梁芷铭，徐福林，罗福勇. 多元主体与合作共治：国家治理结构的国际经验与本土资源[J]. 前沿，2015（7）.

[10] 林金忠.从"看不见的手"到"市场神话"[J].经济学家,2012(7).

[11] 刘建伟.国家治理能力现代化研究述评[J].探索,2014(5).

[12] 马骏.经济、社会变迁与国家治理转型:美国进步时代改革[J].公共管理研究,2008(6).

[13] 许斗斗,宁杰.国家治理中人民主体的责任价值[J].学术研究,2017(1).

[14] 杨光斌.国家治理视野下的自由主义民主与人民民主[J].行政科学论坛,2017(9).

[15] 杨武松.公民在国家治理中的作用及制度维护[J].河北法学,2015(1).

[16] 俞可平.推进国家治理体系和治理能力现代化[J].前线,2014(1).

[17] 臧雷振.国家治理现代化的建构路径——作为治理主体的灵巧型政府实践[J].中国治理评论,2015(7).

[18] 张天勇,韩璞庚.多元协同:走向现代治理的主体建构[J].学习与探索,2014(12).

[19] 周伟,谢斌.我国政府主导下的跨域公共问题多元主体合作治理理路探析[J].理论导刊,2015(3).

三、外文链接

[1] https://wiki.mbalib.com/wiki/%E7%A4%BE%E4%BC%9A%E7%BB%84%E7%BB%87#_note-a

[2] https://bk.tw.lvfukeji.com/baike-%E5%85%AC%E6%B0%91_(%E6%B6%88%E6%AD%A7%E4%B9%89)

[3] https://bk.tw.lvfukeji.com/wiki/%E4%BA%BA%E6%B0%91

第三章

一、中文著作

[1] [英]伯特兰·罗素. 权力论：新社会分析[M]. 吴友三，译. 北京：商务印书馆，1991.

[2] 董仲舒. 春秋繁露[M]. 张世亮，译注. 北京：中华书局，2012.

[3] [英]杰里米·边沁. 政府片论[M]. 沈叔平，译. 北京：商务印书馆，1995.

[4] [英]洛克. 政府论：下册[M]. 叶启芳，瞿菊农，译. 北京：商务印书馆，2019.

[5] 马克思恩格斯全集：第42卷[M]. 北京：人民出版社，1979.

[6] 马克思恩格斯全集：第39卷[M]. 北京：人民出版，1974.

[7] [德]马克斯·韦伯. 经济与社会：上[M]. 北京：商务印书馆，1998.

[8] [英]霍布斯. 利维坦[M]. 黎思复，译. 北京：商务印书馆，2019.

[9] [英]以赛亚·伯林. 自由论[M]. 胡传胜，译. 南京：译林出版社，2003.

[10] [英]约翰·埃默里克·爱德华·达尔伯格-阿克顿. 自由与权力[M]. 侯建，范亚峰，译. 南京：译林出版社，2011.

[11] [美]约翰·罗尔斯. 政治自由主义[M]. 何怀宏，译. 南京：译林出版社，2002.

二、中文论文

[1] 刘旺洪. 权利本位的理论逻辑[J]. 中国法学，2001（2）.

三、外文著作

[1] JeremyBentham. *ConstitutionalCode*（Volume1）[M]. ed. F. Rosen and J. H.

Burns, The Collected Works of Jeremy Bentham, Oxford: Oxford Press, 1983.

第四章

一、中文著作

[1] [美]法默尔. 公共行政的语言[M]. 吴琼, 译. 北京: 中国人民大学出版社, 2005.

[2] [德]哈贝马斯. 公共领域的结构转型[M]. 曹卫东, 译. 上海: 学林出版社, 1999.

[3] 何颖. 行政哲学研究[M]. 北京: 学习出版社, 2011.

[4] [英]吉登斯. 现代性与自我认同[M]. 夏璐, 译. 北京: 中国人民大学出版社, 2016.

[5] [美]科恩. 论民主[M]. 聂崇信, 译. 北京: 商务印书馆, 1988.

[6] [美]缪勒. 公共选择[M]. 王诚, 译. 北京: 商务印书馆, 1992.

[7] 任剑涛. 公共的政治哲学[M]. 北京: 商务印书馆, 2016.

[8] 舒炜. 公共理性与现代学术[M]. 北京: 生活·读书·新知三联书店, 2000.

[9] [加]泰勒. 自我的根源[M]. 韩震, 译. 南京: 译林出版社, 2012.

[10] 谭安奎. 公共理性与民主理想[M]. 北京: 生活·读书·新知三联书店, 2015.

[11] [美]托马斯. 公共决策中的公民参与[M]. 孙柏瑛, 译. 北京: 中国人民大学出版社, 2010.

[12] [美]西蒙. 管理行为[M]. 詹正茂, 译. 北京: 机械工业出版社, 2013.

[13] 修斯. 公共管理导论[M]. 北京: 中国人民大学出版社, 2015.

[14] 徐贲. 通往尊严的公共生活[M]. 南京: 江苏人民出版社, 2016.

[15] 张康之. 合作的社会及其治理[M]. 上海：上海人民出版社，2014.

二、中文论文

[1] 陈嘉明. 个体理性与公共理性[J]. 哲学研究，2008（6）.

[2] 韩璞庚. 罗尔斯"公共理性"理念及其启示[J]. 云南社会科学，2007（6）.

[3] 姜晓萍. 国家治理现代化进程中的社会治理体制创新[J]. 中国行政管理，2014（2）.

[4] 刘敬鲁. 论公民社会价值理念对我国社会的管理创新的有限意义[J]. 教学与研究，2013（4）.

[5] 李萍. 社会共识是管理伦理的规范基础[J]. 学习与探索，2007（3）.

[6] 欧阳康. 构建和完善中国特色国家治理体系[J]. 行政管理改革，2019（11）.

[7] 唐任伍. 行政管理过程中个体理性与集体理性冲突研究[J]. 中国行政管理，2013（6）.

[8] 史云贵. 现代社会中的理性与公共理性[J]. 江苏社会科学，2007（4）.

[9] 应奇. 商谈理论的内在超越之路[J]. 天津社会科学，2011（4）.

三、外文著作

[1] Gutmann Amy & Dennis Thompson. *"Why Deliberative Democracy?"* [M]. Princeton：Princeton University Press，2004.

[2] Hirst，Paul and Veit Bader. *Associative Democracy: The Real Third Way*[M]. London：Frank Cass，2001.

[3] Ronald Dworkin. *"A Matter of Principle"* [M]. Cambridge：Harvard University Press，1985.

四、外文论文

[1] Amy Gutmann and Dennis Thompson. "Moral Conflict and Political Consensus" [J]. *Ethics*，1990（1）.

[2] John Kekes. "moral Conventionalismy" [J]. *American philosophical quarterly*，1985（1）.

第五章

一、中文著作

[1] 曹沛霖.制度的逻辑[M].上海：上海人民出版社，2019.

[2] 陈唯声.世界文化史（古代部分）[M].哈尔滨：哈尔滨工业大学出版社，1994.

[3] [美]德沃金.认真对待权利[M].信春鹰，等，译.北京：中国大百科全书出版社，1998.

[4] 董云虎.世界人权约法纵览[M].成都：四川人民出版社，1990.

[5] [英]哈耶克.自由秩序原理[M].邓正来，译.北京：生活·读书·新知三联书店，1997.

[6] [法]霍尔巴赫.自然政治论[M].陈太先，等，译.北京：商务印书馆，1994.

[7] [德]康德.法的形而上学原理[M].沈叔平，译.北京：商务印书馆，1991.

[8] [美]罗尔斯.正义论[M].何怀宏，等，译.北京：中国社会科学出版社，1988.

[9] [英]洛克.政府论[M].叶启芳，瞿菊农，译.北京：商务印书馆，1964.

[10] [美]麦金泰尔.追寻美德[M].宋继杰，译.北京：译林出版社，2003.

[11] [法]孟德斯鸠.论法的精神[M].张雁深,译.北京:商务印书馆,1982.

[12] [英]米尔恩.人权哲学[M].王先恒,等,译.北京:东方出版社,1991.

[13] [德]普芬道夫.人和公民的自然法义务[M].鞠成伟,译.北京:商务印书馆,2010.

[14] [美]桑德尔.公共哲学——政治中的道德问题[M].朱东华,陈文娟,朱慧玲,译.北京:中国人民大学出版社,2013.

[15] 沈宗灵.现代西方法律哲学[M]//张文显.法学基本范畴研究.北京:中国政法大学出版社,1993.

[16] [古希腊]亚里士多德.尼各马可伦理学[M].廖申白,译.北京:商务印书馆,2017.

[17] [古希腊]亚里士多德.政治学[M].吴寿彭,译.北京:商务印书馆,1965.

[18] 俞可平.社群主义[M].北京:东方出版社,2015.

[19] 周辅成.西方伦理学名著选辑[M].北京:商务印书馆,1964.

二、中文论文

[1] [美]贝姆.重建权利和义务的平衡[J].漆玲,译.道德与文明,1993（1）.

[2] 储昭华,汤波兰.在权利与义务之间——西方正义思想的价值论基础及其耦合[J].湖北大学学报（哲学社会科学版）,2015（4）.

[3] 龚向和.国家义务是公民权利的根本保障[J].法律科学（西北政法大学学报）,2010（4）.

[4] 吕世伦,张学超.权利义务关系考察[J].法制与社会发展,2002（3）.

[5] 刘敬鲁.论桑德尔和罗尔斯在正义与善问题上的对立以及批判式融合的可能性[J].道德与文明,2015（2）.

[6] 彭诚信,邹潇.义务观念的现代理解[J].学习与探索,2005（5）.

[7] 郑成良. 权利本位论[J]. 中国法学，1991（1）.

[8] 周少青. 西方权利正义理念的发展演变述评[J]. 民族研究，2015（1）.

三、外文著作

[1] Follett Mary Parker. *The New State：Group Organization the Solution of Popular Government*[M]. London：Longmans，Green & Co，1918.

[2] Hayek. *Studies in Philosophy，Politics and Economics*[M]. UK：Routledge & Kegan Paul，1967.

第六章

一、中文著作

[1] [英]大卫·休谟. 道德原理探究[M]. 王淑芹，译. 北京：中国社会科学出版社，1999.

[2] [英]弗里德利希·冯·哈耶克. 通往奴役之路[M]. 王明毅，冯兴元，译. 中国社会科学出版社，1997.

[3] 马克思恩格斯选集：第3卷[M]. 北京：人民出版社，1995.

[4] 马克思恩格斯文集：第7卷[M]. 北京：人民出版社，2009.

[5] [美]罗伯特·诺奇克. 无政府、国家与乌托邦[M]. 姚大志，译. 北京：中国社会科学出版社，2008.

[6] 李惠斌，李义天. 马克思与正义理论[M]. 北京：中国人民大学出版社，2010.

[7] [美]迈克尔·沃尔泽. 正义诸领域——为多元主义与平等一辩[M]. 褚松燕，译. 南京：译林出版社，2002.

[8] [英]亚当·斯密. 国民财富的性质与原因的研究：下卷[M]. 郭大力，王

亚南，译.北京：商务印书馆，1974.

[9] [美]约翰·罗尔斯.正义论[M].何怀宏，何包钢，廖申白，译.北京：中国社会科学出版社，2009.

二、中文论文

[1] 段忠桥.马克思认为"与生产方式相适应，相一致就是正义的"吗？——对中央编译局《资本论》第三卷一段译文的质疑与重译[J].马克思主义与现实，2010（6）.

[2] 段忠桥.正义在马克思的论著中是价值判断而不是事实判断——答李其庆译审[J].江海学刊，2011（5）.

[3] 洪镰德.马克思正义观和伦理思想的新近诠释——兼评《马克思、正义、和历史》[J].现代哲学，1990（4）.

[4] 刘宾，陈波.经济金融化与美国收入分配差距的扩大：理论与实证分析[J].上海金融，2019（12）.

[5] 刘敬鲁.论分配正义的结构整体标准[J].中国人民大学学报，2017（3）.

[6] 李石.平等理论的谱系——兼论平等与自由的关系[J].哲学动态，2016（10）.

[7] 李实，岳希明，史泰丽，佐藤宏.中国收入分配格局的最新变化[J].劳动经济研究，2019（1）.

[8] 李其庆.关于马克思《资本论》第三卷一段论述的理解与翻译——对段忠桥教授质疑的回应[J].马克思主义与现实，2011（1）.

[9] 刘伟，王灿，赵晓军，张辉.中国收入分配差距：现状、原因和对策研究[J].中国人民大学学报，2018（5）.

[10] 刘修岩，李松林，陈子扬.多中心空间发展模式与地区收入差距[J].中国工业经济，2017（10）.

[11] 李义天.认真对待"塔克-伍德命题"——论马克思正义概念的双重结

构[J]. 中国人民大学学报，2018（1）.

[12] 王晶，李佃来. 驳析伍德的马克思主义非道德论[J]. 山东社会科学，2019（2）.

[13] 吴晓明. 论马克思政治哲学的唯物史观基础[J]. 马克思主义与现实，2020（1）.

三、外文著作

[1] David Miller. *Principles of Social Justice*[M]. Cambridge，Massachusetts：Harvard University Press，1999.

[2] John Rawls. *A Theory of Justice （Revised Edition）*[M]. Cambridge：Belknap Press of Harvard University Press，1999.

[3] Samuel Fleischacker. *A Short History of Distributive Justice*[M]. Cambridge：Harvard University Press，2004.

四、外文论文

[1] Elizabeth Anderson. "What is the Point of Equality？"[J]. *Ethics*，Vol. 109，No. 2，1999.

[2] G. A. Cohen. "On the Currency of Egalitarian Justice"[J]. *Ethics*，Vol. 99，No. 4，1989.

[3] Allen W. Wood. "The Marxian Critique of Justice"[J]. *Philosophy & Public Affairs*，Vol. 1，No. 3，1972.

[4] Ziyad Husami. "Marx on Distributive Justice"[J]. *Philosophy & Public Affairs*，Vol. 8，No. 1，1978.

[5] Allen W. Wood. "*Marx on Right and Justice：A Reply to Husami*"[J]. *Philosophy & Public Affairs*，Vol. 8，No. 3，1979.

后　记

《哲学视野下的国家治理制度现代化》是中国人民大学哲学院郝立新教授主持的"北京市与中央高校共建双一流大学"遴选认定项目"现代化进程中的哲学问题与哲学话语"的一个组成部分，现在由辽宁人民出版社出版，值得庆贺。

需要说明的是，作为这一课题的主持人，我对课题十分认真负责，进行了较长时间的深入思考，力求全面阐发出这一研究对象的实质内涵和方面构成，同时，这一课题的完成也是各位成员努力劳动、精诚合作的结果。课题的主题主旨、核心观点和基本思路，是所有成员经过认真查找文献、深入思考、多次集体讨论才最终确定。各部分的内容结构、主要观点和写作方式，是我同各位承担者反复商讨、反复修改、几易其稿之后形成的。总体来看，这一成果抓住了国家治理制度现代化的根本问题和构成维度，在整体和部分这两个层次上都提出了颇有新意的观点，作出了有一定说服力的论证，具有明确重要的研究价值和现实针对意义。同时，限于我们的能力，这一成果也还存在一些有待进一步探讨的问题和薄弱之处。对此，我们将会进一步加以思考和完善。

全书承担务情况如下：

刘敬鲁：确定全书的主题、逻辑思路、内容结构、主要观点和论证过程，统改定稿。

导　论：乔　欢、刘敬鲁

第一章：高继鑫

第二章：刘柯兵

第三章：叶庆革

第四章：杨子臣

第五章：毕铭玉

第六章：符仁祥

结束语：刘敬鲁

本课题作为总课题的一部分，从统一申请、任务安排到写作过程，都得到了郝立新教授的大力支持和热情鼓励，同时，辽宁人民出版社付出了高质量的辛勤劳动。在此，我谨代表本课题组全体成员对他们表示衷心感谢！

刘敬鲁

2022年5月19日